U0639523

THE NEW WORLD ECONOMY
A BEGINNER'S GUIDE

极简
新经济学

读懂 36 个新经济现象的内在规律

[美] 兰迪·查尔斯·埃平 Randy Charles Epping —— 著

隋月红 —— 译

山东人民出版社 · 济南

国家一级出版社 全国百佳图书出版单位

图书在版编目（CIP）数据

极简新经济学：读懂36个新经济现象的内在规律 /（美）兰迪·查尔斯·埃平著；隋月红译. -- 济南：山东人民出版社，2023.1

ISBN 978-7-209-13993-9

Ⅰ.①极… Ⅱ.①兰… ②隋… Ⅲ.①经济学 Ⅳ.①F0

中国版本图书馆CIP数据核字（2022）第152864号

版权登记号：15-2022-125

责任编辑　魏德鹏

特约编辑　张旋旋

封面设计　林阿龙

极简新经济学：读懂36个新经济现象的内在规律

JIJIAN XIN JINGJIXUE : DUDONG 36 GE XIN JINGJI XIANXIANG DE NEIZAI GUILÜ

著　者　[美]兰迪·查尔斯·埃平

译　者　隋月红

主管单位　山东出版传媒股份有限公司

出版发行　山东人民出版社

出 版 人　胡长青

社　址　济南市市中区舜耕路517号

邮　编　250003

电　话　总编室（0531）82098914
　　　　市场部（0531）82098027　82098021

网　址　http://www.sd-book.com.cn

印　装　山东临沂新华印刷物流集团有限责任公司

经　销　新华书店

规　格　32开（148 mm×210 mm）

印　张　10.5

字　数　198千字

版　次　2023年1月第1版

印　次　2023年1月第1次印刷

ISBN 978-7-209-13993-9

定　价　59.80元

如有质量或印装问题，请拨打售后服务电话010-82838515

致埃莱梅尔·洪托什博士（Dr. Elemér Hantos），他是匈牙利政治和经济方面的远见卓识者，早在20世纪二三十年代，他就看到了经济合作作为对抗冲突和战争的堡垒的重要性。

致维塔奇书局的编辑安德鲁·韦伯（Andrew Weber），感谢他的孜孜不倦，使这本书对他那一代，还有我这一代，以及我们之间的一代又一代人来说既相关又有趣。

同时，非常感谢那些一路上帮助我，支持我的想法和给予我建议的人，尤其是我妹妹肖恩·恩格尔伯格（Shawn Engelberg）。她和我一样相信，世界经济的神秘面纱可以以一种让每个人都能参与到这场伟大的经济辩论中的方式揭开。

如果经济学家想要被理解，那就请他们使
用朴素的语言来表达……（并且）少对政
客说，多向普通民众传达。政治家关心的
是选民的想法，特别是选民集团们的想法，
而一点也不关心经济学家们的想法。因此，
与政治家谈论经济问题，纯属浪费时间。
让政府表现得好像他们懂经济的唯一方式，
是让他们直接面对懂经济的选民。

——《经济学人》（*The Economist*）

前言

世界将会变成什么样子？世界各地的民粹主义政府都以保护就业和确保经济长期增长为名，废除了贸易协定，筑起高墙，把经济合作抛诸脑后。这些举措听起来不错，也是应该的。谁需要外国人？谁会想要让世界其他地方变得富有和安全？

唯一的问题是，现在做的很多事情，表面上看是出于经济原因，实际上是为了推进政治家们的政治议程而做的，而最终伤害的是那些他们声称想要帮助的人。在过去的30年里，世界上许多发达国家的工人阶级的实际工资水平一直处于停滞状态，而收入最高的1％的人的收入和财富却如天文数字般增长。同时，民粹主义政客正在大幅减税，从理论上讲是为了刺激经济增长和创造就业机会，但这往往会造成巨额财政赤字。许多公司却选择利用减税带来的额外利润回购股票，以使富裕的股东更加受益，而不是去雇用更多的工人，这不足为奇。最后，贸易战通常会帮到那些渴望得到市场保护的一小部分公司，却会伤害其他所有人，包括那些本应得到贸易壁垒保护的工人。

但是，我们能做什么呢？全球经济体系似乎太大、太复杂，且瞬息万变，我们都感到困惑，无法理解。因此，我们选择让政客们为我们做决定。不幸的是，政客们并不总是会做对我们有利的事情，而是会做对他们自己和使他们获得连任机会的最有利的事情。

加密货币、移民、贸易战，以及抢走我们工作的机器人。在过去的几年中，经济内部发生了一场虚拟的复杂性爆炸，而我们被要求了解所有这一切。新闻中经常出现诸如"排污权""基于算法的人工智能"以及"热钱"之类的词语，而我们中的许多人都不知道它们的实际含义。此外，那些频频出现在新闻和互联网上的散播恐慌的只言片语，也让我们感到困惑和焦虑。

但实际上，我们有可能揭开所有的神秘面纱。从本质上看，世界经济并不比我们每天所面对的国内经济复杂多少。在购买电器时，我们不会反复思考如何利用互联网或走街串巷以获得更优惠的价格。用我们的钱去投资或买卖商品和服务的时候，是否跨境并没有太大区别。合理的经济判断是立足当今世界需要的技能之一。而且，我们从政治家那里听取的大部分言论都是操控性的言论，他们利用了我们的恐惧，加剧了分歧，我们将不得不关注自己的经济利益。创作本书的目的，不仅是让您对世界经济方面正在发生的事情有基本的了解，还为您提供能够理解未来经济事件（好或坏）的工具。

无论我们是谁——大学生或商人，环保人士或农民，家庭主妇或工会积极分子，如果我们要成为负责任的公民和消费者，就必须了解我们所处的经济环境中的基本知识。然而，对我们中的许多人来说，对于经济学的研究一直是徒劳无功的。经济学充满了晦涩的图表和方程式，与我们的日常生活严重脱节。

不幸的是，当今的大多数经济学家无法简单地将经济学知识解释清楚。我还记得我在耶鲁大学（Yale University）时的第一位经济学教授——他无论从哪方面来看都是一位出色的人——认为任何问题都只能用复杂的图形或公式来回答，而不能用简单的是或否。什么是通货膨胀？他会回答："让我给你列一个方程式。"什么是贸易战？ 他会说："让我给你看一张图表。"我坐在那里，盯着他在墙上写的一系列复杂的数字和希腊字母，心想，这是教授经济学的唯一方法吗？

今天的新闻充斥着经济学术语，但很少有人试图帮助我们理解这些正在轰炸我们的复杂术语。如何补救呢？答案是找到一种将经济概念与日常经验联系起来的方法。什么是股票指数？想象一下在杂货店中观察一些物品的价格，了解其整体市场价格的变化情况。什么是杠杆收购？想一想跷跷板，在一端施加一个较小的力就可以举起另一端沉重的物体，杠杆收购就是让借钱的投资者获得更多的回报。什么是关税？关税是对进口商品和服务的征税。最后，我们都能理解世界经济，只是需要用简单明了的语言来解释。

人工智能和网络通信的爆炸式发展，正使不断发展的全球经济以我们前所未闻的方式影响我们的生活。通过了解有关世界经济的基础知识，我们将能够对个人和集体的经济未来做出更好的决策。通过文化素养不断提高的选民的推动，政客们也将开始做出更加理性的决定，从而在未来创造一个更加繁荣、更具社会意识、更环保的世界。我们都是这个相互联系的世界的公民，我们必须了解影响我们日常生活的经济力量。

在这本书中，我结合了许多读者对我之前版本的书的评论。（请随时通过 RCEpping@aya.yale.edu 向我发送电子邮件。）来自世界各地的众多读者，包括慈善家、电子商务专业人士、高管和学生，都将我的书作为工具，来帮助他们理解新的全球经济。

没有理由认为经济学是无聊或晦涩的。本书没有复杂的图表，也绝对没有方程式。书中的统计数据也会附带真实的例子，以赋予其数字意义。正如本书书名要表达的意思，《极简新经济学：读懂36个新经济现象的内在规律》将清楚简洁地介绍我们日常生活中所接触到的有关经济的基本概念。

如何读这本书？您可以从本书开头的全球经济概念入手，但每个部分都可以单独阅读。您可以从前到后，或者从后到前阅读这本书，也可以以最适合您的方式随机阅读各个部分。当您遇到不熟悉的术语时，后面的术语表可以作为快速参考。新世界经济的专业术语越来越多地出现在我们的报纸、杂志、网站、博客和电视节目，甚至茶水间的闲聊中。如果我们要成为有效率的消费者、商人和选民，就一定需要精通新的"融合经济"语言。

无论我们是谁，无论我们生活在哪里，只要我们参与世界经济，就都需要了解这些基本知识。迟早，我们都会参与进来。

祝您阅读愉快。

目录

第二部分 / 新经济学方法论

第一部分

新经济
现象解析

空中的蝴蝶：什么是新"融合经济"？

有位观察家描述了英国女王与经济学家们的对话。英国女王问经济学家："为什么你们对近期的英国金融危机没有发出预警？"结果，经济学家们只是礼貌性地在他们各自熟悉的领域"喃喃自语"了几句。他们内心的回答应该是："该死的传统经济理论！我们 —— 或者任何人 —— 怎么可能知道未来发生的事情呢？"

在经济全球化过程中，新情况和新动能不断涌现，导致用过去的旧范式越来越难以解释和预测未来的经济走向。就像核聚变将氢原子聚合在一起，并释放出大量的能量一样，日益趋同的全球经济释放出大量令人难以理解的能量，并引发了不可预测的事件。

过去，我们可以以一个非常简单的方式，获得一个合乎经济逻辑的结论：一个更好的产品或更高效的企业背后是更高的生产率，这意味着几乎每个人都有更高的生活水平。但是现在，事情并不是那么简单。我们怎么能说，一个国家无限制的经济增长加剧了污染，导致了进一步的全球变暖，将是一件好事呢？而事实上，青少年甚至儿童花在社交媒体上的时间越长，幸福感就会越低，孤立感增加，甚至会抑郁甚至自杀。我们又怎么能说，通过智能手机用色拉布（Snapchat）或脸书（Facebook）无限制地访问我们朋友的空间会带来更多的幸福呢？

混沌理论的经典观点认为，世界上的许多事件是根本无法预测或控制的。一些非线性事件，比如天气、股市波动或我们的大脑对不同刺激的反应，取决于一系列广泛的因素，以至没有人 —— 即使是配备最强大计算机的人，也无法说出当前行为对未来的影响。麻省理工学院（Massachusetts Institue of Technology）的气象学教授爱德华·洛伦兹（Edward Lorenz）是混沌理论的最早研究者，他这样解释蝴蝶效应：像一只蝴蝶在亚马孙河上空扇动它的翅膀这样微不足道的行为，也能引发美国得克萨斯州的一场风暴。

21世纪的经济将这一概念带到了另一个高度。原因与结果融合在一个几乎不可能完全被认知的复杂网络中。但是，一切将在哪里结束呢？世界各地的选举正在被精心设计的投放在社交媒体上的广告所操纵，有些不择手段的候选人雇用数据分析公司来寻找最脆弱的目标选民；但是，没有人知道这类行为将产生什么影响，甚至连候选人或政客自己也不知道。

在不断发展的全球经济中，连接到相互关联的网络中的个人设备的数量正在呈指数增长。到2010年代末期，物联网中已经连接了超过300亿台设备，其中，由语音控制的语音设备（Alexa 和 Siri）被战略性地放置到全球数亿个家庭中，它们能够听到我们所说的每个字。这些访问和信息，将会如何被利他的非政府组织和不道德的政客所利用呢？

在金融和投资领域，新的融合经济的不可预测性正在造成破坏性影响。在计算机算法的指导下，强大的投资公司可以在任何一天在全球范围内转移数十亿甚至数万亿美元、英镑、欧元和日元。即使他们掌握了全部的数字技术，也无法解释为什么市场会在不同的时间点出人意料地崩盘。这些"闪崩"有时会在眨眼之间发生，影响整个市场或整个世界经济，而无法得到任何合理的解释。在2010年代中期，美国10年期国债突然下跌，导致全球市场急剧下跌；而美国国债曾被认为是全球相当安全、稳定的金融工具之一。当其暴跌将市场推向崩溃边缘时，交易员们难以置信地盯着屏幕。这次暴跌偏离了正常值7个标准差，这种情况之前从未出现过。没有人能够完全解释发生了什么事，也无法判断可以采取什么措施以防止它在将来再次发生。

在世界某个地区发生的孤立事件，例如阿根廷的信用违约事件或意大利政府的更迭，可能会对全球市场产生直接影响。在一个领域亏损的全球投资者，往往倾向于出售其在另一个领域或世界其他地区的投资，以弥补亏损。当纽约或伦敦的股票大幅下跌时，投资者会争相抛售海外股票以筹集资金偿还国内债务，这可能会导致从巴西到印度的新兴市场基金也急剧下跌。市场，即使自己没有错，也可能因一些其无法控制的因素而受到惩罚。

对于那些拥有在经济动荡时期被视为"避风港"的货币的国家而言，情况正好相反。例如，当市场崩溃时，日元、瑞士法郎和美元往往会从中获得巨大收益。即使是面对美国经济崩溃导致了全球经济崩溃的2007年大衰退，大多数全球投资者的第一反应还是购买美元。

美元是近三分之一的国家的中央银行的主要储备货币，多年来在很多方面提供了许多优势，尤其是将其作为主要储备货币的国家可以轻松地从国外借钱筹资以应对金融战争和国内赤字支出。将美元作为主要储备货币也有不利之处，因为货币的较高价值会使产品的出口价格更加高昂，这样往往会出现贸易账户赤字。这些持续出现的贸易逆差，导致美国总统于2018年发起了一系列贸易战，他希望在利用全球贸易战的威胁来消除赤字的同时，继续保持美元作为全球储备货币的优势。

在大萧条期间，在美国单方面决定建立贸易壁垒之后，其他国家也树起自己的壁垒进行报复，世界陷入了混乱。国际货币基金组织（International Monetary Fund, IMF）主席在2018年看到"阴云密布"的形势后，为了避免另一场美国为首的贸易战造成类似的结果，呼吁全球各国财政部长齐聚华盛顿，讨论如何避免全球经济崩溃。她指出每个国家与特定贸易伙伴都会存在贸易逆差，并重申了自由贸易的好处，表明"减少（贸易）壁垒才是提高经济增长速度的明智之举"。

这种思维，可以应用到新的融合经济的许多方面。在新的全球经济中，创新和成功将在很大程度上取决于那些看似不重要的因素。许多学校被建立起来，教孩子们如何掌握与科技和商业完全无关的能力。例如，硅谷的半岛华德福学校（Waldorf School of the Peninsula）根本就没有电子屏幕，老师们用黑板、粉笔、豆袋和水果块向学生教授技术或非技术技能，而其中许多学生的父母都是在附近的高科技行业工作的人。这样做的目的是让学生有机会放慢脚步，以一种非线性的方式思考，为学生创造远离电脑和智能手机的平和宁静的环境，让他们能够进行创造性思考。

在新的融合经济中，成功可能在很大程度上取决于我们对一些无法控制的因素的认识。在我们现在生活的错综复杂的世界中，成功可能更少地依赖于事先的计划，而更多地取决于机缘巧合和"混乱"。最终，让我们走得更远的，可能是徒劳的追逐和死胡同，而不是遵循直接的线性路径。随着经济和政治事件以越来越令人眩晕的速度在我们周围发生，从反复无常的政治家到经济崩溃，再到恐怖袭击，任何一个国家或个人对经济前景的控制力和影响力在未来都将会越来越有限。

02 ——————

比特币和区块链：加密货币是真正的货币吗？

当古希腊人想要穿过敌人的防线传递机密信息时，他们想出了一个办法——将传递者的头发剃光，在头皮上文上信息，等待头发长出来，然后再将这个传递者送出去。这种传递重要信息的方法可以保证信息传送的安全隐蔽和准确无误。这种信息加密技术，虽然原始但是有效，只要到达的传递者依旧有着出发时的满头长发，信息接收者就会绝对确信，在路上没有人看到或更改过传递者头皮上的信息。

为保证私密信息传递的安全性，21世纪的解决方案是借助现代计算机，用一连串的代码对信息进行加密，未经所有人许可，这些代码将永远不能被更改。这种区块链加密技术之所以有效，就是因为一旦有人尝试去更改信息，所有其他用户都会收到警报。这种加密技术还可用于很多领域，例如鸡肉产品的信息跟踪，即从鸡舍到煎锅的整个过程；又如纳税申报单的安全提交。这种方法可以确保我们接收到的信息未被篡改，且准确无误。

区块链技术的首次使用是对一种叫作比特币的货币的持有进行加密和保护。这是世界上第一种去中心化的数字货币，不需要中央银行或中央货币当局对其流通实施控制。比特币是由一位化名为中本聪（Satoshi Nakamoto）的匿名计算机先驱人士在2009年发明的，其开源软件的设计架构允许任何人在任何时候在比特币的系统里看见谁拥有比特币。该系统允许匿名，因为比特币的所有者可以使用假名，以加密形式保证其真实身份的安全。

设计比特币或其他加密货币的目的是建立一个用户对用户的支付系统，从而避免过高的成本和摆脱货币当局的控制。一些观察者一直不愿意承认这种加密货币是真实的货币，但是纵观货币的产生与发展，一些没有内在价值的物品（如贝壳、珠子或纸片）都曾经成为被人们普遍接受的财富标记。正如唐老鸭的叔叔麦克老鸭（McDuck）对金币的认识，他认为除了可以跳入金币堆中消遣之外，这种累积的金币财富没有任何其他的用途，除非可以在全世界范围内花掉。

货币是什么？与普遍的看法相反，少数人认为货币本身并不会使世界经济运转，全球经济是依靠商品与服务贸易运转的。

但是如果没有货币，贸易将是一件非常困难的事情。想象一下，你要把桃子卖到法国，却需要等待下一批奶酪的付款，这是多么让人为难啊；或者你想以罗克福尔干酪（Roquefort）的形式保留你的部分收入作为储蓄金，而奶酪是不能被很好地保存在银行的保险库里的；谁又能算得清楚，多少个草莓的价值等于一块奶酪的价值呢？

这些问题的解决，都可以通过使用代表价值的某种东西来实现。无论货币的形式是一张纸、一块黄金还是比特币钱包中的信用，货币都有三个用途：第一，它是一种交换的媒介，让我们可以在国内外出售商品和服务；第二，它是一种价值储藏手段，允许我们和企业将某年的财富存储到下一年；第三，作为一个记账单位，它通过为我们提供一个我们普遍理解的参照点，来告诉我们事物的价值。

一些太平洋岛民曾经用大块石头作为货币。雅浦岛（Yap Island）上用于流通的货币，就是从跨海约280英里（约450千米）的帕劳（Palau）采获的大块石头；由于很难将这些石头带到雅浦岛上，整个岛经济中作为货币的石头数量有限，从而控制了货币供应，保持了雅浦岛上的商品和服务的价格稳定。

雅浦岛上的石头是现代加密货币的完美隐喻，因为它们不同于纸币，它们被存储在中立的地方，并且在交易中无须从一个人的手中移交到另一个人手中。因此，每块石头的所有权在所有人中主要以口耳相传的方式进行登记。当有人用自己的一块石头买新船时，口头上就表示：海滩左边的石头现在属于卖船的人，而不再属于买船的人了。

在加密货币的世界中，交易也是以类似的方式达成的。除非人们购买了一种稀有的、单独发行的有收藏用途的比特币，否则比特币的所有者不会实际持有比特币在手中，其所有权的证明登记在有区块链编码的信息仓库中。

当比特币的所有者决定购买某物时，系统会更新以反映比特币从买方到卖方的转移。交易是通过买卖双方的比特币钱包进行的，并且比特币所有权的变更信息会被添加到区块链中以供所有人查看和验证。交易一旦经过核实，便无法撤回。

与以现金和黄金的支付方式开展的交易一样，加密货币支付的主要吸引力在于它们可以完全匿名进行，而无须任何中央银行或货币当局介入。正基于此，许多国家担心加密货币很容易被用于诸如毒品或被盗枪支之类的非法商品的交易，从而开始禁止其使用。但是，这与允许使用传统纸币匿名购买非法商品有何不同？一种可能的解决方案是创建一种要求用户身份透明的加密货币，每笔交易都会被用户看到和验证，这样就可能有效抵制洗钱、逃税或其他非法活动。

许多人不愿意使用加密货币，并表示永远不会持有没有内在价值的货币。但是实际上，加密货币与现金和硬币并没有太大区别；只要人类文明存在，人们就会一直使用现金和硬币。自1973年金本位制废止，《史密森学会协议》（*Smithsonian*

Institute Agreement）创建的固定汇率体系崩溃后，大多数主要货币都被允许在国际市场上自由浮动。现在，除了人们愿意为之支付的价格以外，这些货币没有任何价值。剩下的只是一种体系，只有当人们确信发行机构［如欧洲中央银行（European Central Bank，ECB）或日本银行（Bank of Japan）］永远不会过多地发行货币从而导致货币贬值时，该体系才会发挥作用。

　　一些国家根据政府法令发行货币，这种法定货币体系并不总是稳定的。随着货币价值的大幅波动，以及如在津巴布韦或委内瑞拉发生的偶发性的货币崩溃，当前货币体系不一定会比使用加密货币的替代体系表现得更好。实际上，许多加密货币，例如比特币，对"货币供应"的未来增长有固定的限制，而任何法定货币都没有。2008年和2009年初制定的比特币协议，将流通中的比特币总数限制为2,100万个，这样可以保证其长期稳定发展。这一上限预计将在2040年达到。

　　如何创建加密货币？像许多其他加密货币一样，比特币也是由"矿工"通过复杂的计算机计算获取，并投入流通的。比特币系统通过激励机制吸引具有大型计算机的人员或公司来进行系统维护、更新分类账、验证待处理交易的合法性，并赋予其以可识别的格式［称为区块候选（Block Candidates）］进行处理。然后，其他用户可以将这些视为值得获得比特币奖励的内容并予以接受。

　　从本质上讲，这个系统可以简单地向公众或慈善机构提供比特币。但是，比特币协议预计，随着比特币越来越多地被接受为一种支付手段，其维护成本将越来越高。因此，协议决定将新的比特币提供给那些愿意做必要的工作以保持系统正常运行的人。

任何人都可以成为一名比特币矿工。最初的比特币主要是由个人开采的，但是到了2010年代后期，执行计算所需的计算能力需求变得巨大，以至只有大型财团和公司才能开采新的比特币。完成计算的大型服务器工厂所消耗的能量，相当于整个爱尔兰的所有能源消耗。随着进行挖掘的计算机变得越来越高效，为控制新比特币的供应，其计算也会变得越来越复杂。

许多比特币矿工是在寒冷的气候下开展业务的，例如在冰岛或者在华盛顿州东部的水力发电厂附近，以降低冷却计算机的成本。如果加密货币要取代当前世界上的其他主要货币，就必须找到一个长期的解决比特币开采对环境造成的影响的办法。

持有大量可以随时瞬间转移给其他匿名用户的加密货币，存在着固有的重大安全风险。在2010年代后期，几个持有加密货币的百万富翁被绑架，绑匪的明确目的是让受害者转移其大量资产。最终，价值数百万美元的赎金被直接支付到绑匪的加密账户中，永远无法被追踪到。此外，在2019年，黑客入侵了一个名为币安网（Binance）的交易平台，盗窃了价值4,000万美元的加密货币，这类似于从零售商店的数据库中窃取信用卡用户的数据。

比特币被广泛接受的另一个障碍是，交易变得越来越昂贵，处理的时间也越来越长。随着小额转账的平均成本接近卖家必须为大多数信用卡交易支付的2%~3%，比特币已不再是一种可行的选择。新开发的加密货币正在解决这些问题，为未来提供更加廉价而快捷的交易。例如，脸书在2019年宣布创建了另一种形式的加密货币，这种加密货币被称为"天秤座"（Libra）。该货币是基于现有法定货币池（如欧元、美元和英镑）而流通的，如WhatsApp、照片墙（Instagram）和Messenger平台的用户可以一种安全且易于追踪的方式将"天秤座"转移给其他用户。

最后一个问题是加密货币的高波动性。在2010年代的某些时期，比特币的价格波动幅度比黄金、标准普尔500或美元的波动幅度还要大几倍。除非加密货币持有者都是风险友好型的投资者，否则至少在目前，还是坚持股票、债券和房地产等传统投资可能会更好。总之，加密货币的高波动性，是其被普遍接受的巨大障碍之一。

03 ────────────

国际组织：世界银行和国际货币基金组织是否真的促进了经济增长？

在第二次世界大战即将结束之时，如何赢得战争并不是盟军领导人唯一需要思考的事情。44个盟国代表在新罕布什尔州的布雷顿森林举行会议，希望能够避免第一次世界大战结束时犯下的错误——肆虐的恶性通货膨胀、货币的竞争性贬值和经济孤立主义导致的极权主义的崛起。他们希望可以找到一种更好的世界经济运行方式，并避免未来发生战争。

布雷顿森林会议的一项重大成就是制订了一项计划，即通过一种固定汇率制度，将世界上几乎所有主要货币与美元挂钩，使美元成为全球经济稳定的锚。而美元的价值将与黄金挂钩，即每35美元等值于1盎司黄金。通过这种方式，全球贸易将蓬勃发展起来，因为每个人都可以知道每种货币的价值，包括美元及固定数量的黄金。

当时，西方世界中坚定的非孤立主义领导人认为，实现持久和平的唯一方法是建立一个互惠公平的全新经济体系。他们的目标是避免再次犯下在第一次世界大战结束后犯下的错误——战胜国试图通过严格限制战败国的经济重建来惩罚战败国（尤其是德国），并得到巨额的战争赔款。他们决定由战胜国帮助战败国重建，并让战败国成为战后经济建设的全面参与者。为了实现这一目标，国际复兴开发银行得以建立；后来，这个机构不断发展演进，并更名为世界银行（The World Bank）。

此后，总部设在华盛顿的世界银行及其姊妹机构国际货币基金组织，不仅监督了饱受战争摧残的欧洲的重建工作，还承担了促进全球经济稳定和增长的使命。国际货币基金组织为许多处于财务困境的国家提供了短期贷款，帮助它们调整经济结构，以让它们在强大的金融扶持下重新加入世界经济。例如，阿根廷的改革派政府在2018年向国际货币基金组织寻求500亿美元的临时贷款，以解决延续了2010年代大部分时间的经济危机，为改革赢得了时间。

世界银行则从更加长远的角度出发，向有需要的国家提供贷款和发展援助，特别是发展中国家。世界银行提供的项目包括建造学校、医院以及诸如发电厂、水电大坝等大型基础设施项目。世界银行的援助机构——国际开发协会（International

Development Association, IDA）也被用来启动一些中等收入国家的私营部门。通过国际开发协会，世界银行每年向一些发展中国家提供数十亿美元的贷款，主要用于抗击贫困、鼓励经济增长等长期项目，包括基础设施建设项目、艾滋病和其他疾病的防治计划。

世界银行和国际货币基金组织的最初计划是通过指挥和组织商品和服务的流动，来避免大萧条和随之而来的政治动荡导致的混乱。在布雷顿森林会议召开期间，美国拥有全球三分之二以上的黄金储备，因此，整个世界都使用美元作为主要储备货币，似乎是合乎逻辑的。美元被认为与黄金一样，因为任何人都可以走进银行，在毫无疑义的情况下要求以每35美元兑换1盎司黄金。

直到1970年代，人们对布雷顿森林体系都是满怀信心的。这一体系使许多国家得以发展和繁荣，从日本到德国，从法国到巴西。这个世界从未在如此短的时间内经历过规模如此巨大的经济增长。但是，当美国开始出现巨额赤字——印刷巨额货币来支付从战争到"大社会"（Great Society）反贫困项目的一切费用的时候，其他国家开始对美元失去信心。

在1960年代后期，法国就对这一体系失去了信心，要求将手中持有的美元换成实物黄金；紧接着，其他国家也开始效仿这一做法。不久，美国一半以上的黄金储备被转移到了国外。看起来，美国似乎将失去其作为新经济秩序的主导者的角色了。

美国政府决定放弃金本位制，这也是唯一的解决方案。从1971年开始，美元以及世界上几乎所有的货币都成为法定货币，仅以人们使用这些货币的信心作为后盾。

从此以后，布雷顿森林体系下的固定汇率制就转变为自由浮动汇率制，货币价值由外汇市场决定。

但是，布雷顿森林体系中的货币协议的终止，并不意味着世界银行和国际货币基金组织的终结。直到现在，这两个机构仍在积极促进全世界的发展和经济稳定。但是，许多批评家认为这些机构是富裕国家的工具，富裕国家为其预算贡献了大部分资金，因此获得了最大份额的选票。此外，国际货币基金组织经常对陷入经济困境的国家实施经济限制，要求它们削减公共开支、削减工资以及进行国有企业私有化改革，否则不能得到紧急财政援助。这一做法广受批评。这种"一刀切"的解决方案，通常没有顾及当地的实际情况和需求。

一些新兴的经济大国（如巴西和南非）一直在努力改变国际货币基金组织的结构。亚洲基础设施投资银行（Asian Infrastructure Investment Bank, AIIB）和新开发银行（New Development Bank, NDB）分别设立于北京和上海，已分别融资1,000亿美元和500亿美元，旨在为亚洲及其他地区的基础设施项目建设提供融资，替代了世界银行和国际货币基金组织的功能。另外，"清迈倡议"（Chiang Mai Initiative, CMI），也为面临财务压力的亚洲国家提供了替代性资金来源。

世界银行在一些发展中国家开展的一些项目，因不利于环境保护而饱受批评。例如，世界银行决定提供资金修建贯穿巴西亚马孙雨林的高速公路，以及印度的水电项目，但这些都会导致农业土地洪水泛滥。于是人们呼吁暂停接受世界银行的资助，即使要建设，至少应该得到更好的环境和社会影响评估。

还有一种批评是，在接受国际货币基金组织和世界银行资金支持的许多国家中，普遍存在的腐败现象导致很大一部分接受的资金流向了少数有权势的地方精英手中。大部分被转移的资金最终流入国外的银行账户，而没有进入国际货币基金组织和世界银行原本打算帮助的公司的账户。致力于发展新兴市场的慈善机构乐施会（Oxfam）表示，从世界银行的附属机构——国际金融公司（International Finance Corporation）获得融资的撒哈拉以南非洲地区的公司中，有一半以上的公司都利用避税港来转移资金。

在某些情况下，世界银行和国际货币基金组织已开始拒绝向有腐败猖獗历史的国家提供新的贷款，但腐败严重的国家通常也是最需要外国援助的国家。还有一种解决方案是利用诸如私募股权基金之类的金融中介机构作为渠道为这些国家提供资金；但是，这仍然面临相同的问题，即大部分的钱往往进入了精英阶层的口袋，而不是被转移到有需要的人手中。

对国际货币基金组织和世界银行援助的另一个主要批评是，由于这些资金是以贷款而非发展援助的形式提供的，因而增加了受援国家的债务负担。偿还外债所需的钱，包括利息和本金，占了这些发展中国家财政预算的大部分，从而大大减少了它们可用于社会福利或建设学校和医院的资金。

最后，减少贫困，不应只是为了争取越来越多的贷款来刺激经济生产和增加收入，必须考虑其他方面的发展。例如，联合国开发计划署（United Nations Development Programme, UNDP）发布的人类发展指数显示，衡量贫困的因素包含识字率、婴儿死亡率、预期寿命以及购买力等方面。除了为建造学校和医院提供资金外，还必须努力保证适当的人员配备和管理，并确保所有儿童都能真正上学。例如，在巴西，当每个家庭获得的福利金与其孩子在学校的出勤记录以及家庭医生的定期检查相关联时，识字率和预期寿命就会大大提高。

尽管世界上没有解决贫困的灵丹妙药，但如果在地方政府和超国家组织的共同努力下运作得当，是有机会确保贫困国家的人民在未来变得富裕的，而且能够享受到更好的教育、更健康的生活和拥有更长的寿命。

⬣04

贸易战会摧毁全球经济吗？

　　尽管一些民粹主义领导人认为打贸易战是好的，甚至是"容易取胜的"，但一场全面的贸易战通常最终会伤害经济体中的几乎所有人，甚至包括这些政治家表示的他们试图提供帮助的领域。美国中西部地区的农民和工人震惊地发现，自2018年美国挑起贸易战开始，其他国家大幅提高了对美国小麦、大豆和包括哈雷戴维森摩托车在内的其他各种商品的关税，对美国的行为进行回击。

　　同样，美国自1929年股市崩盘后实施大规模的贸易壁垒，导致了经济的严重衰退。当世界其他国家采取了相应的应对措施时，数百万的美国人失业。这最终导致了世界范围内的萧条。

　　实际上，自由贸易的目标就是打造一个公平的竞争环境，使个人和公司有机会在国外出售商品和服务。从理论上讲，当世界上每个国家都被允许做自己最擅长的事情时，例如让法国人在时尚领域领先，让日本人在消费电子产品领域领先，让美国人在飞机制造和电影方面领先，世界经济就会繁荣起来，几乎每个人的生活都会过得更好。一般而言，贸易会增加收入；伴随着收入增加，公司和消费者在允许商品进口的情况下，会有更多选择。但是，当一个国家的进口大于出口的时候，会发生什么呢？会导致失业吗？是仅仅通过简单地封锁国家贸易就可以解决的吗？

　　基本上，在任何多边贸易体系中，交易的商品和服务的货币价值总会存在失衡、赤字或盈余。例如，一个国家正经历伴随着充分就业的经济繁荣期时，自然会寻求外国生产商提供的商品和服务，以满足不断增加的本地消费需求。实际上，当本地工厂在满负荷的情况下运转时，进口是增加消费的唯一途径，就像美国在2010年代后期经历的情形。当这些进口不能用相等数量的出口来弥补、平衡的时候，则可以通过向国外输送其他东西来 "支付"——通常是股票和债券等纸质资产。购买美元证券就是大多数国家补偿与美国贸易中的不平衡的方式。尤其是亚洲和中东地区的许多国家或地区，它们已经利用出口收入购买了价值数万亿美元的美国国债，以作为应对未来不确定性的储备，或者在未来用于购买美国的商品和服务。

因为赤字的缘故而对任何一个国家发起贸易战，这无异于是在惩罚那个向你出售你真正需要的东西的国家。想象一下，如果你因为在当地的一家咖啡店买自己喜欢的低脂拿铁咖啡花了很多钱而抵制这家咖啡店，结果会怎样？在相互关联的全球经济中，你花的钱永远不会停留在一个地方。印度从其众多呼叫中心获得的收入，可以用于购买韩国的电视；韩国从出口中获得的收入，也会用于购买巴西的鸡肉或美国的拖拉机。最后，所有这些收支都会累加起来。

大多数为贸易战摇旗呐喊的政客使用的经济术语是贸易顺差和贸易逆差——主要集中在实物商品贸易上，这意味着唯一需要关注的，是出口更多的洗衣机和飞机，而进口更少的电视和香蕉。但是，许多国家正在通过出口银行、娱乐、旅游和技术平台等服务赚取越来越多的钱。还有一些国家，例如美国，每年都能从国外获得大量的投资。

一味地将问题归咎于贸易赤字是一种错误的应对方式，因为商品和服务的赤字与盈余会由于货币转移而抵消。因此，大多数经济学家关注的是商品和服务贸易总额，即经常账户，也包括在国外工作的公民汇回本国的资金以及偿还外债的利息等资产转移。这一经常账户由包含所有投资（主要是通过国际金融资产的买卖）的资本账户来平衡。这两个账户加在一起，总和为零；一个平衡另一个。这就是为什么贸易总额被称为贸易平衡。

那些在贸易中谈论"赢"或"输"的政客们不明白，所有的商品和服务贸易都是通过向相反方向的货币转移来实现平衡的。从本质上讲，全球商品和服务贸易以及国与国之间的货币流动的和为零，但其中的贸易不是零和博弈，即一个国家在贸易上的损失必然是另一个国家的收益。从一开始，每个国家都应认识到贸易的利大于弊，需要权衡贸易利得与贸易损失。虽然自由贸易确实会使一个国家及其工人面临外国的竞争，并可能导致公司裁员和工厂闲置，但对进口商品设置壁垒，可能会破坏更多的就业机会，因为世界其他经济体也会采取设置贸易壁垒的方式来应对。

贸易壁垒有三种形式：关税、配额和补贴。关税本质上是一种税收，而那些主张"不征收新税"的政客们，在呼吁对来自海外的商品和服务征收更高的关税时，需要慎重考虑。就像资本主义体系中的大多数事物一样，任何形式的税收最终都是由消费者承担的。另外，通过实施配额，一个国家可以限制外国产品的进口数量。配额和关税都会使外国商品的价格上涨。最后，政府还可以使用纳税人的钱为本地生产者提供补贴，从而人为地使当地商品的价格低于进口的同等商品的价格。

大多数贸易壁垒都是由一个国家单方面施加的，以限制从国外进口的产品。设置这些壁垒通常旨在"暂时"保护本地生产商免受外国竞争，理论上可以提高本地厂商的生产率。而问题在于，本地生产商一旦获得了市场保护的舒适感，便很少会做出必要的努力以改善其产品或降低其价格。

从历史的经验看，发展中国家一直是减少贸易壁垒的最强有力的支持者，主要是因为它们保持可持续增长的一个重要因素是能够进入国际市场。那些坚持建立贸易壁垒的国家，例如巴西和印度，通常仍处于低生产率的陷阱之中，这使得它们的商品在国际市场上不具有竞争力，并不断累积巨额贸易逆差。瑞士和新加坡等贸易壁垒低的国家，即使本国货币坚挺，却仍然持续保持了贸易顺差，并为其公民提供了自由获取全球低成本产品的机会。

当然，一项普遍的自由贸易协定将会解决消除那些贸易壁垒的问题；但是，要使世界经济中的每个国家就任何事情达成共识不是一件容易的事，尤其是在某些政客坚持日益激进的孤立主义立场的时候。在21世纪的前几年，多哈回合（Doha Round）贸易谈判陷入停滞，主要是因为富裕国家不愿降低农产品贸易壁垒，屈从于其农民坚持保护本地市场的要求。然而，这些政策最终摧毁了贫穷国家的农民增加农产品出口并赚取生存所需收入的可能性。多哈回合谈判失败的另一个原因是，一些发展中国家越来越不愿意开放其工业制成品市场，以保护效率低下的当地工业。

最终，大多数国家决定签署双边自由贸易协定，以开展小规模的贸易。这些协定的谈判更容易成功，也更容易得到有孤立主义倾向的选民的支持，因为这样的协定可以带来更加明显的好处，并且国内企业也不一定要放弃补贴。例如，马来西亚的第一个自由贸易协定是与日本签订的，该协定允许日本出口汽车到马来西亚受保护的市场；相应地，日本减少进口马来西亚的胶合板、热带水果和虾的壁垒。但是，日本仍然保留对稻米种植者的慷慨的补贴。

一旦自由贸易协定生效，就需要某些机制来确保各国遵守承诺。除了设立双边贸易的监督委员会，世界范围内监督全球贸易的最重要的机构就是世界贸易组织（World Trade Organization, WTO）。该组织总部设立在瑞士日内瓦，各国通过一个组织化的论坛解决争端。民粹主义领导人指责世界贸易组织与联合国一样存在各种各样的弊端，但实际上，它的作用也是相当有限的。世界贸易组织本来就是全球性的圆桌会议，在此各方可以表达不满并试图解决贸易争端。

与赋予董事会决定权的世界银行和国际货币基金组织不同，世界贸易组织的所有决定都是通过协商一致做出的，各成员国共同努力决定哪些国家可以实施制裁。无论出于何种意图和目的，世界贸易组织均无权强迫一个国家做出任何有损本国利益的事情；其真正的权力在于，允许遭受超过现行贸易协定授权范围的贸易壁垒的国家构建自己的壁垒，其通常是以关税的形式。例如，2013年，美国向世界贸易组织投诉印度坚持要求其国家太阳能项目只使用国产太阳能电池板，这是钻制度的漏洞，导致美国出口到印度的相关产品总量减少了90%。2016年世界贸易组织裁定，允许美国把对印度产品加征关税作为应对方法。这导致印度取消了其非法贸易壁垒，美国向印度出口的太阳能电池板的数量急剧增加。

然而，美国政府在2018年开始对许多进口商品单方面征收关税，这被认为是对在世界贸易组织圆桌会议上解决贸易争端这一规则的直接侮辱。美国声称这只是在保护国家安全，但这一说辞很难为人所信服，因为其"威胁"来自加拿大和英国等长期盟友。欧盟（European Union）和加拿大立即做出回应，呼吁限制来自美国的进口，目标产品是肯塔基波旁威士忌、李维斯牛仔裤和其他多种美国产品，这些产品不一定与国家安全相关，但在一定程度上具有战略意义，因为这些目标产品来自美国中西部地区，那里居住着大量有孤立主义倾向的选民。

在过去，贸易战有时会以真正的军事冲突告终。例如20世纪末美国与几个欧洲国家之间的香蕉战争（Banana Wars），其重点是消除欧洲对由美国实际控制的拉丁美洲香蕉生产国的壁垒；以及1980年代中期的意大利面战争（Pasta Wars），里根政府威胁对进口的欧洲生产的意大利面征收惩罚性关税，以促使欧洲向美国开放柠檬和核桃的市场。这两次贸易争端，随着双方逐渐消除彼此有争议的关税壁垒，最终得到友好解决。

尽管贸易会带来压倒性的好处，但某种形式的贸易壁垒总会存在，并且很可能在将来会一直存在。关键是要找到一种鼓励自由贸易的方式，既能把对现有的产业和公司造成的损害降到最低，又能促进世界上较贫困地区的发展。废除世界贸易体系只会加剧现有的问题，并可能摧毁全球经济持续增长的态势，而全球经济增长对工人和企业领袖来说都至关重要。为了提高实际工资，政府需要提高生产率，拓展对国外市场的准入，这会使市场变得更有效率并更具竞争力，从而提高整个国家的财务健康状况。

05 ————————————

英国脱欧和边界墙：经济孤立有经济意义吗？

在2016年英国公投决定留在欧盟还是退出欧盟时，英国民粹主义政客游说选民，称英国一直在向欧盟支付数十亿欧元的额外资金，以支持贫穷国家从农业补贴到基础设施建设的一切事务；退出欧盟将不必再缴纳这些资金，将使英国变得更好。但是，几乎每一位英国经济学家，包括英国政府自己的预算责任办公室，都指出，失去与欧洲其他国家进行优惠贸易的机会，实际上会降低经济增长速度并减少可用于医保及其他一切事项的资金。

在世界各地，由于不断增加的移民问题以及超国家组织的干预，选民都开始动摇了，开始采取"不要迷惑我，我知道我想要什么"的态度。这导致很多国家，从澳大利亚到匈牙利再到美国，呼吁限制贸易和移民甚至几乎所有看起来属于外国的东西。而问题在于，21世纪的经济主要基于商品、服务和思想的合作及自由交流，仅凭一己之力独自发展，几乎总是会带来负面的经济影响。

例如，在后脱欧时代，英国公投脱欧的一个直接影响就是英镑的急剧贬值。投资者因担心英国经济前景黯淡而纷纷抛售英镑；由于无法进入欧盟市场，英国的出口量预计将急剧下降，这使得来自国外的销售收入减少，进一步降低英镑的吸引力。此外，英镑购买力的下降意味着中东汽油和德国汽车等进口商品的价格上涨；在不到两年的时间里，英国整体通货膨胀率从全民公投时的0.4%迅速蹿升到3%以上。

许多支持脱欧的选民希望英国能在世界经济中有举足轻重的地位，并呼吁英国迅速撤出欧洲市场，转向亚洲和拉丁美洲等新兴市场，包括遍布全球的前殖民地。可问题在于，欧盟是英国的主要贸易伙伴，英国对欧盟的出口额占英国全部出口额的40%以上，而新加坡和马来西亚等国家只占一小部分。英国脱欧公投时，英国与马来西亚的贸易总额约占英国与比利时（欧盟较小的经济体之一）的贸易总额的10%。实际上，英国被要求离开的整个欧盟贸易区包括三十多个国家，其中有冰岛、挪威和瑞士三个非欧盟成员国。

与其他国家进行贸易的一条规律是，在所有其他条件相同的情况下，两国之间的距离加倍时贸易量会减少一半。通常，与邻国的贸易量自然要比与在世界另一端的国家的贸易量多得多。为了实现经济繁荣，英国选民背离其庞大的邻国，而选择经济发展潜力值得怀疑的发展路径。甚至连英国央行行长也将英国脱欧公投视为"去全球化"的一个例子，并预测本国消费者将面临更高的支付价格，政府有必要通过提高利率来控制通货膨胀。

英国政府在启动脱欧进程时，开始面临一系列艰巨任务——与欧盟建立一种尊重后脱欧时代选民意愿的新关系。起初在脱欧公投的时候，在"英国应留在欧盟还是退出欧盟？"的问题下，选民被要求选择"留下"还是"离开"，而没有人设计如何从欧盟脱离。这使得英国脱欧谈判变得极为困难，并导致谈判陷入数年的混乱和争斗，引发许多选民要求进行新的全民公投的压力。

最极端的情况就是"无协议脱欧"（No-deal Brexit），这要求英国恢复到正常的欧盟第三方贸易伙伴的地位，如孟加拉国或玻利维亚，这些国家的贸易是根据世界贸易组织框架下的一系列基本准则开展的；英国将不再享受欧盟成员国的任何优惠待遇。而且，这意味着所有欧盟边界，包括爱尔兰共和国与英国北爱尔兰地区之间的边界，都必须得到尊重；这使得英国变成了"外国"，其货物和人员的流动都会受到严格的限制。

若要进入欧盟市场享受优惠待遇，需要达到三个条件，即签署基本的自由贸易协定、继续成为关税同盟的一部分、留在欧盟单一市场中,这意味着完全接受欧盟的规则。

第一种解决方案,也是最简单的解决方案,即英国作为欧盟自由贸易区的参与者,采取类似《北美自由贸易协定》(*North American Free Trade Agreement*, NAFTA)的安排,减少或完全取消从一个国家流向另一个国家的商品、服务的关税或配额。多年来,许多国家都已经达成了这种自由贸易协定,其中很少有自由贸易协定要求参与者接受人员从一个成员国到另一个成员国的自由流动。

第二种解决方案是英国加入欧盟关税同盟(EU Customs Union),其同盟国同意对欧盟以外的进口商品征收相同的关税。加入关税同盟的好处是,一旦使用共同商定的关税,任何进口商品都可以被运往任何其他同盟国。例如,英国从美国进口的手机或汽车可以被送到关税同盟的任何其他国家,而无须担心其来源。但是,根据大多数脱欧民意调查,投票支持英国脱欧的一个重要因素是,英国可以制定自己的关税规则并达成自己的贸易协定。然而,要成为欧盟关税同盟的正式成员,英国就必须让欧盟决定关税规则和贸易协定的事宜。

参与欧盟市场的第三种也是最雄心勃勃的方案是成为欧盟单一市场的成员。按照这种安排,英国不仅要接受关税同盟的共同外部关税,还必须尊重关税同盟内商品、服务、资本和人员完全自由流动的原则。但是,选民投票支持英国脱欧的一个主要原因是想要关闭英国边境,禁止不受限制的移民入境。英国如何能够在不接受欧盟成员国家的公民从一个国家到另一个国家自由流动的原则的情况下，成为欧盟单一市场的一部分呢？即使是那些激进的欧盟独立派，如瑞士、冰岛和挪威，也允许欧盟护照持有者在本国生活和工作，以此作为自由进入欧盟单一市场的条件。选择采取何种脱欧方式变得如此棘手，以至人们担心英国将会在与欧盟之间没有签订任何特惠贸易协议的情况下脱欧，从而使英国与世界其他国家一样。

在世界其他地区，建立贸易壁垒的运动，就像匈牙利和美国修建实际边界墙一样，导致了许多令人意想不到的经济后果。尽管许多反对贸易的领导人提出的理由从理论上讲都是以经济利益为出发点的，但修建边界墙是基于恐惧，包括对全球化的普遍厌恶、对失业的恐惧或基于某些情况公然的种族主义。例如，尽管美国经济几乎以最大产能运转，并且失业率处于历史低位，但其经济困境仍被认为是采取一系列保护主义措施（包括关闭联邦政府）的理由。

贸易战最终会伤害所有人，包括发起贸易战的国家。2018年，包括14名诺贝尔奖获得者在内的1,140位著名经济学家联名的一封信中，警告美国国会和美国总统——美国征收关税的举动必然会招致其他国家采取报复性措施，贸易保护主义措施实际上会减少就业。例如，对钢铁和铝征收关税最终会增加最终消费者的生活成本，并影响各种钢铁产品的生产成本，使其在世界市场上失去竞争力，从而导致更多的失业，而不是增加就业。

06 ━━━━━━━━━━

移民会抢走我们的工作吗？

移民已成为世界上许多选民和政府关注的头等大事。在过去的几十年里，叙利亚内战期间大量移民几乎无限制地流入欧洲；墨西哥的很多家庭也越过美国和墨西哥的边境进入美国；数百万非法移民越过漏洞百出的边界。这导致了许多新的极"右翼"民粹主义政党及其候选人的崛起，他们呼吁禁止移民进入并恢复"秩序"。许多观察家认为，英国脱欧公投和2016年美国大选主要都受到了选民对移民恐惧的影响。

到2010年代末，有超过2.5亿人生活在出生国以外的地方（见表6.1），人数是2000年的2倍。据估计，其中约有6,500万人因战争、暴乱或自然灾害而流离失所。大多数移民往往只是移居到比他们自己的国家生存环境要好的邻国，只有一小部分可以成功移民到欧洲、大洋洲或北美洲的富裕国家。

表6.1　一些主要国家的外国出生人口比例（2018年）

排名	国家	外国出生的人口比例
1	瑞士	28.3%
2	澳大利亚	27.7%
3	以色列	22.6%
4	新西兰	22.4%
5	加拿大	20%
6	澳大利亚	16.7%
7	爱尔兰	16.4%
8	斯洛文尼亚	16.1%
9	瑞典	16%
10	比利时	15.5%
11	挪威	13.9%
12	西班牙	13.4%
13	美国	13.1%
14	德国	12.8%
15	英国	12.3%

来源：经济合作与发展组织（Organization for Economic Cooperation and Development, OECD）

　　本地人对于移民最常见的抱怨就是他们抢走了自己的工作，这种抱怨在低技能工人中犹盛。还有一些人担心移民会使学校和其他公共服务不堪重负。本土主义者（即使不是种族主义者）认为不同种族背景的移民将削弱社会凝聚力和威胁国家安全。

一些投票给反移民政党的选民，他们主要的担心不是工作会被移民抢走，而是移民和其他种族背景的人会在经济阶梯上超越他们，从而导致他们社会地位的下降。

一种有关工作岗位的说法是，在任何特定的经济体中，工作岗位的数量是固定的，即使有新的劳动力投入到劳动力市场中，也不会改变这个数字。而经济学家把这称为"劳动合成谬误"（lump of labor fallacy），因为在现实中，人口的增加总会带来工作岗位的增加。通常，移民的工作，至少在刚移民到一个国家时做的工作，是本地人根本不愿意做的工作。在富裕国家里，即使是收入水平较低的人，也会不惜一切代价避免去做诸如宰杀牲畜或收割农作物这样的工作。

和21世纪经济中的大多数事物一样，工作不是一场零和游戏。当一个工作岗位被人占据时，并不意味着就不会创造出更多的工作岗位。新工人的到来往往会创造更多的住房、食品、理发以及无数其他商品和服务的需求，从而扩大经济规模。

移民往往会通过扩大产出以刺激整个经济发展。他们赚取的收入，即使一部分会转移到原籍国的家人手中，但大部分仍会在当地经济中再循环；通过支付工资税和销售税，移民最终也支持了当地政府的活动。例如，政府可以使用其中的一部分资金提供技能培训和其他形式的额外教育，以使本地人能够在经济阶梯上有所提升。移民的储蓄率也往往会比本地人高得多，这些储蓄被存入当地银行，当地银行进而可以向本地经济中的房主和企业提供贷款。

拥有大学学位和特殊技能（尤其是技术技能）的移民，已被证明可以为本地经济发展提供强有力的动力。他们通过投资当地企业甚至创办自己的企业，在北美洲和欧洲创造了数十万个就业机会。布鲁金斯学会（Brookings Institution）的一份报告显示，移民虽然占美国劳动力的15%左右，但他们占美国经济创业投资的25%左右；超过三分之一的新设公司（包括许多最终带来数以万计工作岗位的独角兽公司），在最初的创业团队中至少有一位移民企业家。另一项研究也发现，在美国科技行业里价值超过10亿美元的私人控股公司中，有超过一半的公司至少有一位移民创始人。

即使是没有大学学位的本地人，也可以从中受益，因为就像当前这个相互联系的世界中的大多数事物一样，一个领域发生的事情最终会对另一个领域产生影响。一个新的企业或工厂的建立通常意味着各种技能水平的工作岗位的增加，从翻汉堡包到操控工厂车间里的机器人。例如，在美国硅谷和英国硅沼（Silicon Fen），由移民创办的科技公司创造了大量的就业机会，它们雇用了大量人员，并为这些地区带来了持续的经济扩张，即使在其他地区出现经济衰退的时候也是如此。

许多经济学家指出，日本就是一个担心移民会带来一系列经济问题，于是基于社会和经济原因而选择严格限制移民的典型国家。但近几十年来，日本极低的出生率导致了人口数量的减少，加上没有引进低技能的移民（目前只有1.5%的人口是在国外出生的），造成了严重的劳动力短缺。与其他实行宽松政策的国家相比，劳动力的短缺以及通缩的货币政策等因素共同导致了日本经济的表现不佳。

在文化上具有多样性的劳动力往往会转化为公司和企业在国际层面上的竞争优势。发表在《哈佛商业评论》（*Harvard Business Review*）上的一项研究发现，具有高度多样性（包括国籍）的企业，其创新能力更强，盈利水平也更高。

很明显，移民虽然并不总是毫无问题，但在大多数情况下，可以为企业提供参与新的全球经济竞争所需的人力、技能和多样性，最终促进一个国家的经济发展。

07

全球化：危机之源还是解决之道？

　　不同政治派别的政界人士都在警告全球化的危险，其中许多人甚至呼吁采取类似大萧条时期实施的孤立主义措施。他们都在利用我们对所处现状的恐惧，即"精英"们正日益繁盛，而普通人正不可避免地遭受收入的减少和权力的减弱。

　　问题是，不同倾向的政客会根据自身的需要，对"精英"做出不同的定义。在左翼看来，"精英"是指经济精英，即所谓的1%的少数人，他们可以不受限制地进入资本和市场，在全球化的过程中受益并牟取暴利，而罔顾其他人受苦受难。在"右翼"看来，"精英"是指左倾的精英阶层，他们有机会接受教育和获得权力，并推动自由主义议程以实现文化多元化和边界开放，从而导致移民的大量涌入和贸易赤字飙升。

在西欧和北美发达国家的许多中产阶级工人普遍感到愤怒，这一点很容易理解，特别是在将当前的生活与二战后经济增长的黄金时代的生活相比较的时候。在黄金时代，低技能工人的平均工资几乎比以前翻了一番，这让他们能够在郊区购置房产，他们的孩子能够入读很好的大学。而在2008年大衰退前夕，许多国家工人的平均收入与过去30年里基本持平，而1%的高端人群在这一时期的收入却增加了3倍。

在大多数发达国家，新技术的出现，也极大地减少了对非熟练工人的需求。在大多数西方经济体系中，制造业现在只能提供不到10%的工作岗位，机器人以及类似机器人的设备已经开始接手过去曾得到丰厚报酬的中产阶级工人才能完成的大量工作。虽然全球化确实促使了许多高薪的制造业岗位转移到一些发展中国家，但毋庸置疑，这些工作岗位的消失，主要还是因为新技术的出现。同样，在一些发展中国家，随着以人工智能为基础的经济的出现，许多低工资、低技能工作岗位也在消失。摆在政治家和各种各样的选民面前的问题是，关闭边境是否就是解决问题的方法；更重要的是，回归孤立主义对谁的伤害最大？

正如电影明星琼·克劳馥（Joan Crawford）引用作家奥斯卡·王尔德（Oscar Wilde）曾经说的，"唯一比被议论更糟糕的事情，就是不被议论"。21世纪日渐趋同的全球经济面临的情况也是如此：唯一比开放边境贸易更糟糕的事情是不开放边境。

尽管商品、服务和资金的自由贸易有许多坏处，但好处几乎总是更多。从历史上看，几乎所有选择关闭边境的国家，无论在经济危机期间还是在经济繁荣期间，总是处于落后状态。

自第二次世界大战的悲剧发生以来，国家之间的合作日益增多，相互联系日益密切。只需将饱受战争蹂躏时的伦敦或柏林的照片与今天熠熠生辉的城市景象进行比较，就可以发现贸易和投资所能带来的差异。

对于大多数观察家来说，经济孤立主义显然是第二次世界大战发生的主要诱因。在大萧条时期，孤立主义导致了曾经稳定的民主国家里威权政府的崛起；而在当今这个混乱的世界中，类似的情况正在重演。美国在 1929 年经济大崩溃时期关闭了贸易边境，这不仅向世界其他国家发出了衰退的信号，而且导致其他国家也关闭了边境进行回应。很快，美国的经济衰退就演变成了全球性的萧条。结果呢？很多在股票市场赔了钱的人的确遭受了很大的损失，但他们中的大多数人仍然有储备资金或能够找到新的工作；而深陷困境的仅仅是农民和工人，他们在艰难时期面临着赤贫和饥饿。

纵观历史，那些打开国门与其他国家进行贸易往来的国家发展得更为繁荣，如古希腊、罗马、威尼斯、黄金时代的荷兰、大英帝国、日本、20 世纪大部分时间里的美国以及现在的许多新兴市场经济体，它们都是通过国际贸易繁荣起来的。而经过改革开放后，现在的中国有望成为世界上最大的经济体。

在1990年代初期，年收入2万美元以上的中产阶级，大约占世界人口的23%；而今天，超过45%的人属于这一范畴，这意味着大约23亿人在此期间摆脱了贫困。现在，世界上数以亿计的穷人已经踏进中产阶级的门槛，成为从汽车到音乐下载等各种商品和服务的颇具吸引力的新市场的主体。

从定义上看，全球化即打开国门，这让我们有新的机会去购买、销售和出国旅行。有些人可能会失业，但也有许多人会找到新的工作。从统计上看，贸易和交流能够带来经济增长。一般来说，当利润增加时，富人往往受益最大；但经济增长也意味着对劳动力的需求增加。

但是，这并不意味着我们必须盲目地接受全球化加剧的不平等。我们为什么要把收入不平等归咎于全球化，而不去责怪那些允许大部分新创造的财富流入富人金库的政府部门呢？政府可以运用一种工具——税收——来重新分配财富，这种方法其实已经运用了几个世纪。方法也非常简单：相对于穷人，政府可以从富人那里收取更多的税金，然后给那些需要帮助的人提供一些项目。随着中产阶级的壮大和繁荣，日益增多的消费活动会导致经济扩张，几乎每个人的生活最终都会得到改善，而不只是少数人过得更好。

自由贸易的运作其实也很简单。如果某件商品在国外的价格比国内的低的话，人们通常就会选择从国外购买。这样就会使得每个国家出售其生产成本低的产品，而进口其他产品。各国在出口其在生产方面具有相对优势的产品，例如法国出口奶酪、韩国出口电视、美国出口电影，赚取宝贵的外汇之后，再进口其他国家的服务及其更擅长制造的商品。例如，厄瓜多尔的一个玫瑰种植商会利用其贸易收入购买一台新的苹果电脑，来跟踪其所有的国际业务。

比较优势的概念正是基于这样的理念：每个国家——即使是那些在某些领域生产效率不高的国家——都可以在世界舞台上参与竞争。简单来说，一个国家只要让本国货币贬值，就可以使其商品和服务在国际市场上更具竞争力；当然，这也意味着进口商品会变得更加昂贵，一旦货币贬值过多，也会大大增加通货膨胀的压力。

但是，那些由于竞争而失业的工人怎么办呢？显然，在任何情况下都没人失业将是理想的状态。但是，在自由市场资本主义体系中，情况一直在不断变化。即使没有全球化，就业机会也会不断地被创造或被摧毁。资本主义的基础是变革。重要的是找到一种方法，确保创造的新的就业机会要比失去的更有价值，并确保每个人都可以适应新的经济形态。但不幸的是，许多全球化的反对者认为，需要不惜一切代价维持现状。

但是，与其杀鸡取卵，为什么不能找到一种更加公平的分配鸡蛋的方法呢？例如，瑞典政府就遵循"保护工人而不是保护工作"的政策。这种"斯堪的纳维亚妥协"让政府倾向于关闭某些高工资低贡献的行业，例如造船业；而同时提供慷慨的社

第一部分 / 新经济现象解析 / 043

会服务和补贴，以帮助这些失业的工人渡过难关。

在第一个类人猿离开非洲并定居"国外"的时候，全球化就已经开始了。从那时起，人类就一直在其他土地上开展交易、探索、战斗和传教。今天，全球贸易商不再使用驴或小型帆船，而是乘坐大型喷气式飞机旅行，通过铁路、集装箱船或飞机运输货物，但理念是相同的：开放边境会带来机会。

当然，全球化，无论是新式的还是旧式的，并不总是有益的。工作的外包意味着本国人失去了国内的工作，移民导致了民族和人口的变化，从遥远的地方运来的货物会造成污染并增加产品的碳足迹；但所有的问题都可以通过不断扩张的经济资源来解决。最后，我们必须扪心自问，我们可以为我们的未来和后代做点什么？基本上，在最低限度的贸易壁垒下，消费者就有机会以最合理的价格购买到世界上最好的产品。从贫穷国家进口商品，一方面可以为富裕的工业化国家的公民提供广泛的产品选择，另一方面可以为陷入绝望、需要挣足够多的钱去谋生的人带来越来越多的就业机会。试想一下，南非的糖农因为不能将农产品出售到国外，而被告知由于无法偿还贷款而不能赎回一块土地；或者危地马拉的女裁缝被告知她所在的服装厂即将倒闭，因为一个富裕国家的政府强迫消费者只购买本地制造的衣服。

对于贫穷国家的家庭来说，能够获得工资通常高于当地普遍工资的出口导向型工作，往往是他们的最大希望。因为凭借这份工作，他们能为孩子提供好的饮食和教育、建设更美好的未来。

发展中国家的经济腾飞，也使得富裕国家能够集中精力发展工资更加高的信息技术密集型产业，并最终扩大自己的经济规模。随着发展中国家的经济增长以及其公民可支配收入的增加，他们可以从发达国家购买商品和服务，如汽车、冰箱、电脑和流媒体。最终，贸易的增加导致世界各地更多的经济增长，从而为每个人创造更多的财富。

关键是，需要找到一个分配新创造的财富的最佳方法；其中最重要的，就是认清贫困和不平等的关系并做出权衡。如果全球化确实让每个人都过上了更好的生活（尽管是以不平等的方式），那么我们真正需要做的应该是集中精力在新财富的分配上，而不是在摧毁创造新财富的机器上。

08 ————————

通货膨胀 vs 通货紧缩

当民粹主义盛行的委内瑞拉政府在2018年底呼吁采取新的经济措施以结束狂飙的恶性通货膨胀时，当地的货币已经变得几乎一文不值。在经历了前一年800,00%的通货膨胀之后，买一条面包需要花超过600万玻利瓦尔，前提是你还能找到一家有面包库存的商店。经过十多年的经济失序之后，至2010年代末，金融危机已经变得非常严重，该国的国民们只能分配到很少的干净的水，病情严重的国民无法得到与世界上其他国家的病人同样的能够维持生命的治疗，在临时医院里等待死亡。

另一幅极端图景是21世纪初日本的经济危机，表现为严重的通货紧缩，长期的物价下跌导致了数十年的经济低迷。当通货紧缩伴随着消费者数量的急剧下降（预计到2050年，日本总人口将急剧下降）时，日本的通货紧缩危机似乎将与委内瑞拉和世界其他地区的通货膨胀危机一样棘手。其实，严重的通货紧缩与严重的通货膨胀一样，都会造成经济的不确定性，并导致经济增长陷入停滞。

在一个持续通货紧缩的国家，随着价格不断下跌，消费者将不再购买商品和服务，而期望在未来的某个时候获得更好的价格。同样地，当公司认为自己的产品价格很快就要下跌时，也会倾向于推迟投资新工厂和新机器。在通缩环境下，公司也会努力寻找降低投入成本的方法，这往往又会导致工资的减少；而工资的降低又将进一步导致消费支出的减少，从而使公司陷入通货紧缩型经济危机的恶性循环。

正如三只熊的粥[1]一样，经济不应该太热也不应该太冷。急剧的通货膨胀和急剧的通货紧缩都不利于经济的持续健康发展。一些民粹主义领导人希望通货膨胀率达到3%甚至4%，但大多数经济学家还是建议"刚刚好"的通货膨胀率，即每年2%左右。但这又该如何实现呢？

首先，我们需要判断一个经济体中的通货膨胀或通货紧缩水平。这通常是通过观察普通公民日常所需的一篮子商品和服

---

[1] 典故来自英国19世纪童话《金发姑娘和三只熊》（*Goldilocks and the Three Bears*）。一个名叫 Goldilock 的金发姑娘闯入熊屋，偷吃了三只熊的食物并在它们的床上睡着了，她觉得不冷不热的粥和不大不小的床最好。故金发姑娘原则（Goldilocks Principle）指代"恰到好处"。——译者注

务的价格来实现的。例如，在一些发展中国家，食品占一篮子商品的60%以上；而在美国和西欧国家只有10%，这反映了每个家庭在食品上的支出相对较少，而其余的都是用于其他商品和服务。这就说明，在一些发展中国家，食品价格的不断上涨对通货膨胀有更大的影响。

在美国和许多其他国家，衡量通货膨胀的主要工具是消费价格指数（Consumer Price Index）——在英国被称为零售价格指数。该指数跟踪的是包括牛奶、租房和理发等在内的大范围的商品和服务的价格。然后，这一指数会被用来调整养老金和社会保障金等固定收入，对那些依赖这些收入来满足日常的绝大部分需求的低收入人群来说，这是极其重要的。如果不考虑通货膨胀因素，固定的收入在物价长期上涨的情况下将变得毫无价值。

耶鲁大学著名经济学家詹姆斯·托宾（James Tobin）认为，通货膨胀并不一定是个经济问题——只要对从工资到社会保障的所有一切都进行相应调整。根据他的理论，通货膨胀的主要成本是"鞋底成本"（Shoe Leather），因为只要工资跟随上涨的物价一起上涨，消费者只需简单地多去几趟自动取款机提取现金，多磨坏几双鞋底，就可以应对这个问题。

但是，在恶性通货膨胀造成的混乱世界中，政府几乎不可能对价格和工资进行指数化，因此，没有人能够不受无法控制的通货膨胀的影响。经济危机最终会伤害到每个人，从最富有的1%的人到最贫穷的人，但是受伤害最大的还是那些最脆弱的人。当一条面包的价格超过委内瑞拉每月最低工资时，处于经济阶梯底部的人将面对饥饿（这是最坏的经济困难的表现），数百万经济难民将逃往哥伦比亚和巴西。

同样地，恶性通货膨胀也摧残了德国、墨西哥和阿根廷等国家；甚至元代的中国也是如此，流通中的纸币过多导致了不受控制的通货膨胀。在一战后魏玛共和国时期的德国，1923年的通货膨胀变得异常严重，以至政府不得不发行价值500亿马克的邮票，而人们不得不用手推车携带足够的现金去购买日常的家庭用品。

对抗不受控制的通货膨胀，主要的方法就是政府和货币当局减少货币供应。由于最主要的货币形式是银行存款，中央银行控制货币供应的最有效方式是调节银行贷款和准备金要求。一般来说，当银行有更多的钱借给客户时，经济就会增长；当银行减少放贷时，经济增长就会放缓。

中央银行的货币政策之所以如此有效，是由于乘数效应（Multiplier Effect）。一般情况下，我们存在银行里的钱不只是被放在那里蒙上灰尘，银行也可以把钱借给其他人。例如，存放在波特兰的一家银行的100美元最终可能会被借给基韦斯特的个人或企业。银行将每笔存款中的一小部分留作准备金后，可以自由地将剩余部分的钱借出。其结果是不需要印刷任何额外的货币就可以增加货币供应量。一家银行发放的贷款最终会在另一家银行被再次借出。

银行提供贷款的能力只受两个因素的限制，即存款金额和准备金要求，这都是由中央银行或货币当局决定的。大多数银行需要将其资金按规定的最低比例（如存款的10%）作为准备金，并被禁止将这些准备金借给客户。如果中央银行要求提高存款准备金率，就意味着银行向企业和消费者提供贷款的数额会减少，从而减少货币供应。另一方面，通过降低存款准备金率，就像2008年大衰退期间世界上的几家央行所做的那样，它们允许银行释放出更多的可用于贷款的资金，从而刺激经济发展。

降低利率也被证明是一种控制经济增长的有效工具。例如，当中央银行认为经济增长过缓时，可以简单地降低给商业银行的贷款利率，这在美国被称为贴现率。商业银行可以获得这些"更便宜"的钱，也就能够向企业和消费者提供更便宜的贷款，为经济增长提供重要的刺激。同样，如果中央银行提高利率，企业和消费者从商业银行贷款会"更昂贵"，便会减少购买房屋、购买汽车、置办工厂和度假，从而减缓经济发展速度。

就像火车头牵引一列长长的火车，中央银行的利率往往会影响整个经济体的利率。例如，当商业银行必须支付更多的利息才能向中央银行借款时，银行同业之间的贷款利率（欧洲的银行间利率和美国的联邦基金利率）就会上升；反之，当商业银行可以以更少的利息从中央银行借款时，这些利率就会下降。更高的货币成本，最终总以更高的贷款利率的方式转嫁给消费者和企业。

所有的利率都是相互关联的，因为货币像大多数商品一样是可以互换的。银行和个人会去利率最低的地方——基本上就是钱最"便宜"的地方。例如，华盛顿的美国联邦储备委员会（Federal Reserve Board）的利率变化，不仅会影响迈阿密或明尼苏达州的消费和商业贷款利率，还会影响到世界各地的利率。在国际货币市场中，利率已经成为反映经济活动的脉搏。

就像谨慎的司机关注着前方的道路一样，一个国家的央行行长也努力关注着反映经济走向的主要经济指标。典型的领先经济指标主要包括住房开工率、零售额、新工厂和新器械的投资额。滞后经济指标，如国内生产总值（GDP）增长引起的通货膨胀，只反映经济在过去的表现。但是，无论是领先经济指标还是滞后经济指标，都有助于挖掘经济的走向，尽管没有人能够准确地预测未来的经济表现。

与恶性通货膨胀相比，过度通货紧缩问题在一定程度上更加难以解决。在通货膨胀时期，中央银行会提高利率，且基本上没有限制。但在应对通货紧缩时，一旦利率降至零，央行在刺激经济进一步增长方面几乎没有其他办法可用了。一旦利率达到零，可以做的两件事就是负利率和量化宽松。

在负利率时期，存款人将钱存入银行也要支付费用。过去，瑞士和丹麦等国的情况就是这样。这会鼓励消费者和企业去购买额外的商品和服务，最大限度地将资金投入到整体经济中。

面对2008年金融危机后的经济崩溃，一些央行选择通过量化宽松刺激奄奄一息的经济，利用央行的无限购买力在公开市场购买大量债券，向经济注入现金。央行利用量化宽松政策"创造"了新的货币，而这在以前是不存在的。

如何做到这一点呢？中央银行每次动用"金库"，利用其不受限制的金融资源，从商业银行或其他投资者手中购买现有债券时，都会"创造"货币。这些购买活动通常被称为公开市场操作，为经济注入了新的资金，因为商业银行现在持有的不是债券，而是从中央银行那里获得的"现金"。这些钱可以用于向个人发放贷款，从而刺激经济增长。

然而，在危机时期，中央银行往往无法改变消费者和商人的观念，即价格不断上涨或下降的恶性循环将永无止境。因此，要解决过度通货紧缩和恶性通货膨胀，本质上还是要找到一种能够改变长期预期的方法；而在一个失控的经济体中，这也是一件相当困难的事情。

09 ——————

什么是货币操纵？

2018年，美国政府发起针对中国的贸易战，称中国为 "货币操纵国"，称被低估的人民币导致美国几十年来与中国之间持续存在贸易逆差。而事实上，美国在此期间与世界上超过80个国家之间都存在贸易逆差。因此，人民币相对美元价值较低只是美国遇到的难题中的一个。美国政府应该说美元太强势，而不是人民币太弱势。

根据定义，每一种货币的价值都与世界经济中其他货币的价值相关联。当比索相对美元升值、美元相对欧元升值时，比索相对欧元升值的幅度会更大。而且，货币也不仅仅是以美元、比索和欧元等纸币的形式出现，任何代表价值的东西都可以是货币，从比特币到信用卡再到我们口袋里的现金。但这些货币的价值如何？

正如街市上前一天有成堆的苹果在卖，第二天却没有了一样，任何稀缺商品的价值都会上升，而货币就像任何其他商品一样——它本身就是一种商品。商品和服务从一个国家转移到另一个国家，总会伴随着货币的反向流动。由于每个国家或经济集团都有自己的货币，所以出口的商品和服务的价值直接受到本国货币价值的影响，反之亦然。

在世界市场上，从芝加哥到上海再到巴黎，货币交易每天24小时、每周7天在计算机系统和分散在世界各地的交易大厅里进行。货币的价格通常不断发生着变化，每秒就会变化几次。在21世纪的经济中，决定货币价值的是市场，买家和卖家会在不断变化的环境中权衡得失。

买入或卖出一种货币会有各种各样的理由，其中一种可能就是支付从国外进口的商品或服务。但如果有投机者认为一种货币在未来会发生价值变化，他们也可能买入或卖出这种货币。谁会在市场下滑的情况下买房呢？你宁愿等到价格开始上涨后再出手。在货币市场，道理也是一样的。如果有投机者认为未来几年内美元将升值，那么投机者和投资者就会买进，进而以某种自我实现机制推动价格上涨。

有时候，一个国家或地区可以通过干预外汇市场，人为地降低或提高其货币在世界市场上的价值。政府可以通过大量购买或出售某种货币，极大地影响其价值。在21世纪初，有超过

100个国家或地区会以这种或那种方式操纵它们的货币；但只有少数国家或地区承认直接操纵——将一种货币与另一种货币挂钩或加以固定。例如，西非和中非的14个国家将非洲金融共同体法郎（CFA franc）与欧元挂钩，中国香港、阿拉伯联合酋长国和大多数加勒比国家将其货币与美元挂钩，这些都是实施钉住货币制度（Pegged Currency System）的例子。这种钉住货币制度有时被称为"肮脏"的浮动制度，以区别于英国、欧元区国家以及美国等发达工业经济体采取的自由浮动货币制度。

大多数国家或地区操纵货币的最初目的是保持本地货币的稳定。一般来说，一个货币强势的国家，由于进口成本下降，通货膨胀率就会降低。强势的货币，有利于个人出国旅行和企业购买外国资产；当然，也有不利之处，一国货币被高估会限制其商品和服务在海外的销售，并进一步减少就业机会，这也是许多国家避免本币走强的原因。

无论如何，一直限制某种货币在世界市场上的升值或贬值是不可能的。世界各地的货币崩溃，从英国到阿根廷再到泰国，证明了投机者有能力在世界外汇市场上压低货币的价值。而投机者之所以能成功，也是因为疲软的政府没有足够的能力恢复货币稳定。如果政府提高利率以吸引外国投资者对其债券的投资，那结果可能是经济低迷，会吓跑那些其曾试图吸引的外国投资者。

通常，一国的中央银行在控制货币价值方面做出的努力，会受到世界经济中越来越多的该货币持有者的阻碍。例如，近80%的美元储备不是由主要的中央银行（如欧洲、加拿大或日本的中央银行）持有的，而是由新兴市场的中央银行（如波斯湾地区石油丰富的国家的中央银行）持有的，这些国家将大量出口收入再投资于以美元计价的证券，比如美国政府债券。据统计，在2010年代末，新兴市场的中央银行拥有超过6万亿美元的外汇储备，所有这些储备都可以用来控制各种货币的波动。按照供求规律，在公开市场上买卖一国的大量货币，可以使稀缺货币的价值上升，而供给增加的货币价值下降，最终实现货币控制的目的。

世界上重要的储备货币，这一定位对美元的价值产生了巨大的影响，并且对美国贸易赤字也产生了不小的影响。据估计，在2010年代末，全球贸易中约有40%是以美元计价的。当公司和国家在对外贸易中使用美元来支付，甚至在并无美国参与的贸易中也采用美元交易时，整个世界正在创造对美元的额外需求，并导致其价值不断上扬，而这无意中帮助了美国经济发展。

一个强势的货币，不仅有助于降低物价，还对一个国家的经济和军事地位意义重大。例如，美国过去几年的大部分军费开支都是通过外国人"筹集"的，他们把从贸易中赚取的美元用于购买美国国债。

持有世界储备货币的困境，有时被称为特里芬难题（Triffin Dilemma），比如，额外的需求会导致美元相比正常情况下更加强势，而美元走强又导致美国的出口商品更加昂贵，从而造成巨大的贸易赤字。

然而，影响一个国家贸易逆差的最大因素是该国在国外的支出，以及从外贸伙伴那里吸引了多少资金。例如，大多数经济学家将美国2010年代的高贸易逆差归咎于美国家庭的低储蓄率以及美国政府的高财政赤字。美国消费者选择在塔吉特百货（Target）购买新的外国生产的平板电视，而不是将钱存在个人退休账户中，他们向世界表明，他们宁愿花钱也不愿存钱。美国政府的巨额预算赤字也发出了同样的信号。

从本质上讲，美国以借钱的方式维持的超额消费，减小了商品和服务出口的可能性；基本上，出口这条贸易渠道被挥霍无度的美国政府和消费者的行为挤出市场。这有点像一家面包店的店主，在将面包卖给别人之前自己先吃掉一半。

当一个国家的进口超过出口时，衡量商品和服务贸易总额的经常账户的赤字必然会增加。为了弥补赤字，美国为其过度的进口而支付给外国的美元，必须以某种方式回到美国。要让美元回流，仅有两种方式：让外国人购买美国的公司和产品，或者购买美国政府证券。从本质上讲，美国财政部发行的数万亿美元政府债券，必须由某些人购买；而向美国出口并从中赚取大量美元的出口国，往往成为美国政府证券的最大买家。最终，美国因额外进口商品而支付的美元会通过外国人购买美国财政部的债券来抵消。

近年来，围绕货币操纵的争论往往更多的是基于政治的哗众取宠，而不是经济现实。只关注双边贸易流动的做法是有缺陷的。事实上，多年来，墨西哥和中国的经济模式已经从低工资、以工厂为基础发展到零部件进口、组装，然后销往国外。例如，到2010年代末，中国对美国的出口中，中国成分占比不到30%。智能手机，以及其他销往美国的标志性中国产品，通常是用从人均工资低于中国的邻国进口的零部件组装而成的。这就导致中国与许多国家持续存在贸易逆差，而同时也造成了中国与美国持续存在贸易顺差。

那些呼吁不惜一切代价进行贸易战的人，只关注商品和服务的双边贸易逆差，而忽视了运作良好的贸易体系所固有的许多经济优势。例如，中国拥有超过10亿消费者，并且他们的收入正在不断增加，对美国出口商来说，中国将是一个比日本、欧盟、加拿大以及澳大利亚等成熟经济体更优质的市场。

此外，随着全球市场目光日益转向高端产品，如自动驾驶汽车、机器人和其他高科技设备 —— 这些都是美国擅长的领域 —— 显然，就货币操纵问题开战并不是最理性的长期经济选择。

10 ——————

对投资的恐惧：投资会让我们陷入贫穷吗？

对许多人来说，包括那些生活在西班牙、英国和美国等相对富裕的国家的人，财务上的崩溃往往取决于一张工资支票。例如，到2020年，美国人均可用储蓄不足1,000美元。在世界各地，大多数人拥有的所谓的"雨天"资金，也就是用于诸如医疗费用等的意外支出或者退休支出的钱，通常也不足以支付下个月的账单。

尽管有压倒性的证据表明，股票和债券的多样化组合是我们未来投资的突出方式之一，但世界经济中的绝大多数成年人从未拥有过一份股份。即使是发达国家的年轻人，也更倾向于投资像比特币这样的加密货币，而不是更稳定的全球股市。即使在今天，女性，包括那些有高薪工作并负责监督家庭财务状况的女性，一般也比男性更不愿意将储蓄投资于股票和债券，这意味着在几乎所有的发达国家，女性最终用于投资的储蓄都较少。在英国，女性的储蓄大约是男性平均水平的四分之一。

性别之间的薪酬差异可以在一定程度上解释这种现象，但即使是收入高于男性的女性也往往将投资局限于低利息的现金或货币市场储蓄账户上，而这些账户的收益往往跟不上通货膨胀的步伐。这些低利率投资的"实际"回报，即根据通货膨胀导致的购买力下降进行调整的收益最终往往是负的。但是，在过去的半个世纪里，大多数国家的股票每年的平均回报率接近10%，远远高于通货膨胀率。

许多人不愿意投资，是认为构建和持有股票与债券投资组合是一件复杂的事。实际上，投资股票或债券与购买房子或选择手机套餐一样，并没有什么不同。从本质上讲，一份股票是一家公司部分所有权的凭证；任何拥有该公司股票的人都拥有其部分所有权，这被称为权益。如果公司盈利，股东将以某种方式受益。例如，当一家公司盈利时，公司的经理可以选择以股息的形式向股东支付利润，即以现金形式贷记到股东的银行账户上；也可以将这些盈利保留在公司内部，从而增加公司的总价值，这往往会导致公司股价上涨。

在21世纪，大多数股票都是以电子方式发行和交易的，但其本质没有改变，即股票持有者在将股票出售给他人之前，会相应地拥有公司部分所有权及其利润。但是，债券所代表的权利则大不相同，债券不能代表任何所有权，债券持有者仅仅拥有债券所代表的"贷款"或"欠条"的权利。债券的发行者——公司、政府或其他组织——只是简单地承诺在将来某一时刻归还贷款的本金及其产生的利息。

通常情况下，人们认为股票投资比债券投资风险更高。如果公司出现亏损或预期亏损，公司的股价可能会大幅下跌。相反，债券的回报通常是预先确定的；大多数债券都有固定的支付利息，并有固定偿还初始购买的票面价格的日期。

为了对权益投资者面临的额外投资风险给予回报，股票通常会提供比债券更高的收益。除非发生像1929年和2008年那样的金融市场大崩盘，否则随着时间的推移，股票的平均投资回报率将远远高于大多数固定收益证券，如美国的国债和银行的定期存款。例如，某人在第二次世界大战结束后投资1,000美元到标准普尔指数（Standard & Poor's Index）的股票中，时至今日，其价值会涨到近100万美元，这是由于受指数增长的影响，即利润是在早期利润的基础上获得的。因此，许多财务顾问会认为股票市场的长期收益潜力更大，会建议将退休基金等长期投资放在股票市场；而认为债券等较为保守的投资工具波动性往往较小，建议将度假基金之类的短期投资放在债券市场。

随着世界各地金融市场的扩大，投资选择越来越多，人们需要具备的金融知识水平也越来越高。从固定缴款计划（DC）到个人退休账户管理（IRAs），从信用卡借款到工资贷款，人们有了越来越多的储蓄和投资选择。但在世界许多地方,人们缺乏进行简单财务计算所需的资金。

例如,位于马萨诸塞州的美国国家经济研究局(National Bureau of Economic Research)的两位经济学家安娜玛丽亚·卢莎蒂(Annamaria Lusardi)和奥利维亚·米切尔(Olivia Mitchell)向世界各地的人们提出了三个简单的问题,几乎所有发达经济体中一半以上的人都无法正确回答。这些问题涉及利率、通货膨胀和投资多样化的简单计算。

这三个问题是:

假设你的储蓄账户里有100美元,利率是每年2%。5年后,你的账户里有多少钱?(a)超过102美元;(b)正好102美元;(c)少于102美元;(d)不知道,拒绝回答。

如果你的储蓄账户的利率是每年1%,通货膨胀率是每年2%。1年后,用这笔钱你能买到的东西:(a)比现在用这笔钱买到的更多;(b)与现在完全相同;(c)比现在更少;(d)不知道,拒绝回答。

你认为下列说法是(a)真;(b)假;(c)不知道,拒绝回答。"购买单一公司股票通常会比同时投资股票和共同基金获得更安全的回报。"

正确答案为(a),(c),(b)。

在美国,只有30%的受访者能正确回答这三个问题;德国和瑞士是仅有的超过一半的受访者能够正确回答所有问题的国家；而在俄罗斯，只有4%的受访者能给出正确的答案。即使在那些富有具备经济头脑公民的国家，比如瑞典和日本，也只有大约25%的受访者能通过测验。

在这个世界上，我们中的许多人离破产只有一份薪水的距离，在这种情况下做出的每一个财务决策都是至关重要的。但是，以支付高达40%的利息的方式偿还信用卡债务的时候，如果人们不能理解这对生存底线会产生巨大的影响的话，这笔债务的数额将不断增加，这将使我们无法保证自己和我们的家庭有一个安全和幸福的未来。

为了使投资更容易，股票指数为我们做了很多分散投资的工作。例如，人们可以投资于交易所交易基金（Exchange-Traded Fund, ETF），这种基金的管理者会购买指数中的每种股票，并打包出售给投资人，收取的管理费用比普通股票基金的要低得多。在一个股票市场上，典型的股票指数会选择有限数量的代表性股票，这些股票的表现被期望能够代表所有股票的表现。正如一个农民每隔一段时间就会出门检查庄稼的生长情况，与检查田间的每一种作物相比，通常更容易操作的是抽取一些有代表性的样本，以了解所有作物的生长情况。股票指数使用同样的原理，计算一组代表性股票的"平均值"，让投资者了解整个市场的运行情况（世界主要股票指数见表10.1）。

表10.1 世界主要股票指数名单

主要股票所在地	主要指数名称	主要股票所在地	主要指数名称
澳大利亚，悉尼	所有普通股指数		MSCI 世界指数（摩根士丹利在2009年放弃对该指数的控制后，现在独立管理）
巴西，圣保罗	Bovespa 指数（圣保罗证券交易所）	荷兰，阿姆斯特丹	AEX 指数（阿姆斯特丹交易所指数）
加拿大，多伦多	S&P/TSX（标准普尔和多伦多证券交易所）	波兰，华沙	WIG20（华沙证券交易所指数）
中国，深圳	深证综合指数	俄罗斯，莫斯科	RTS 指数（俄罗斯交易体系指数）
欧洲	EURO STOXX 50（欧洲斯托克50指数）	新加坡，新加坡	海峡时报指数［由《海峡时报》（Straits Times）发起的指数］
法国，巴黎	CAC-40（连续辅助报价）	韩国，首尔	KOSPI（韩国综合股价指数）
德国，法兰克福	DAX（德国股票指数）	西班牙，马德里	IBEX35（伊比利亚指数）
中国，香港	恒生指数（由恒生银行编制）	瑞士，苏黎世	SMI（瑞士市场指数）
意大利，米兰	S&P/FTSE MIB 指数［标准普尔和《金融时报》（Financial Times）米兰证券交易所——博萨迪米兰指数］	英国，伦敦	FTSE100（富时100，《金融时报》和伦敦证券交易所的合资公司）
以色列，特拉维夫 - 雅法	TA35 指数	美国，纽约	道琼斯工业平均指数
日本，东京	TOPIX（东京股票价格指数）	美国，纽约	纳斯达克（主要是科技股票，由全国证券交易商协会于1971年成立）

（续表）

主要股票所在地	主要指数名称	主要股票所在地	主要指数名称
墨西哥，墨西哥城	IPC 指数（价格和报价指数）	美国，纽约	S&P 500（标准普尔500指数）

21世纪的经济为投资者开辟了一片广阔的天地。即使没有拥有任何股票或债券，每个人仍然都是这样或那样的投资者。养老基金和大学捐赠基金从国际投资中赚到的钱，最终会为人们的房子、医疗保健、宿舍或年老时所需的轮椅提供资金。

作为个人，我们也可以直接投资，利用一系列新型投资产品，让投资变得像把钱存到银行账户或者使用智能手机上的应用程序一样简单。一些应用程序，如 Stockpile 和 Bump，允许人们购买零碎份额的股票，拥有每日与其交易的如星巴克（Starbucks）和 Chipotle 等公司的价值5美元的股票。有些公司还允许人们发放包含部分股票的礼品卡。有些应用程序，如 Acorns，可以将人们的信用卡购买金额四舍五入到最接近的价格，然后将零钱自动投资到多元化的投资组合中。在一个许多股票的购买价格可能超过1,000美元的世界里，人们开始有能力将投资变成金额更小的、更容易管理的小额投资，并且可以轻松地每日进行操作。随着时间的推移，这些小额投资可以大量积累。

正如最初用于政治筹款的"初始的金钱就像酵母"理论，在人的一生中，早期的投资往往会呈指数增长。例如，Acorns 应用程序给了年轻投资者将额外的资金存入"存钱罐"的投资选择，并强调指出，一个人如果从25岁时开始每周投资25美元，到他70岁时其将增长到大约30万美元。复利收益使这种情况成为可能，即将在多样化投资组合中获得的持续收入进行再投资，从而随着时间的推移产生持续增长的收益。另一个未得到充分利用的投资选择是递延税款的退休储蓄账户，它允许存入的资金免税增长。这些类型的许多账户，当投资于多样化的股票组合时，特别是当存款的金额与雇主的缴款金额匹配时，就可以产生大量退休基金。

随着外国市场在世界经济中的作用不断扩大，聪明的投资者也开始在国际市场上扩大投资组合。现在，投资者们只需要比购买国内股票多花一点精力，就可以在网上购买国外市场上的股票。许多基于网络或应用程序的投资账户都允许人们购买外国股票，并可以使用本国货币支付。例如，在北美，人们可以购买美国存托凭证（ADRs），这是由可以购买外国公司股票并存入银行账户的美国银行发行的一种股票证书。这些美国存托凭证给予持有人获得对标股票的隐含权利，就像完全公开拥有一样。当外国股票的价值发生变化时，股票证书的价值也会相应改变。

对于初次涉足全球市场的投资者来说，可能更希望选择管理型基金，从市场专业人士的专业能力中获益。例如，共同基金就给予投资者在广泛的股票、债券或其他证券上进行分散投资的机会，并确保任何一项投资的急剧损失不会给总回报带来重大影响。例如，Vanguard 和 Fidelity 出售的共同基金，会有职业经理人来选择正确的证券组合，并收取一定的费用，包括一定比例的管理资金，以及在基金经营良好的某些情况下获得的绩效奖励。

在不断扩大的世界经济中，有许多类型的基金可供投资者选择，每种基金都有特定的目标或领域。一些基金可能会集中投资于新兴市场、小公司或任何特定行业顶级公司的蓝筹股，其他基金可能集中投资于专门从事加密货币、农业、房地产或可持续发展的公司。国家基金和区域基金还为投资者提供了将投资重点放在世界上特定国家或区域的机会。

一般来说，这些基金是由熟悉某些市场和证券的专业人员管理的，他们在管理基金方面会比普通投资者更成功。但不足之处是管理费将会减少总收益，有时只剩下一小部分利润给投资者。因此，交易所交易基金更加受到投资者的欢迎，其可以限制收益的波动性，并可以减少传统共同基金那样的收费。大多数交易所交易基金本身并没有受到管理，而是基于投资于构成标准普尔500指数等特定指数的所有股票，因此投资者可以避免承受传统共同基金的负担或者支付传统基金经理收取的高额费用。交易所交易基金还为投资者提供了广泛的选择 —— 世界各地的许多指数和市场。许多交易所交易基金还接受小额投资者只投资100美元，并收取较少的费用，或者在某些情况下根本不收取任何费用。

具有政治或社会意识的投资者，包括许多大学捐赠基金，更愿意用符合他们价值观的方式去投资。一个有社会意识的基金经理，可能会坚持只投资那些保证无种族、性别或性取向歧视的公司。有的投资经理可能会坚持认为，他们投资的公司需要尊重可持续发展原则，需要回收所有材料，或者需要为每一个人种植一棵树，或为在生产过程中消耗的每一棵树而种植一棵树。

虽然很难找到100%符合投资者的社会或环境目标的公司，但许多基金会尽量选择购买"这个群体中最好"的公司的股票。这些公司对环境的破坏程度小，或在尊重工人权利方面表现优异。

正如人们只在一家商店购物一样，在21世纪仅仅投资于当地货币和当地市场，很明显在经济上也是不明智的。海外投资所带来的多样化和机会使得人们有足够多的资金来抵御未来几年的经济动荡。随着一些地方养老金计划越发不稳定 —— 包括一些出生率下降、退休人员数量激增的国家的养老金计划 —— 作为谨慎的投资者，把资产投资在能够提供最佳回报和确保有一个健康的财务未来的地方，就显得越来越重要了。

⑪ ⎯⎯⎯⎯⎯⎯

收入不平等：这不可避免吗？

据估计，世界财富榜上前26位富有的人的财富总和超过了世界上其余一半以上人口的财富总和，收入不平等已成为21世纪经济的主要问题之一。在美国，到2010年底，富人和穷人之间的差距也达到了非常高的水平，许多公司的普通员工要工作三个多世纪，才能赚到普通首席执行官一年的收入。由此产生的政治和社会影响才刚刚开始显现。许多工人和未充分就业者的不满导致选民采取激进的立场，这在几十年前是闻所未闻的。随着民粹主义政党掌权，独裁者呼吁建立新的世界秩序。

更糟糕的是，在许多国家，人们摆脱贫困并在社会和经济阶梯上爬升的能力越来越弱，阶层流动的可能性实际上正在减少。难怪"不公平"是政客们在争取心怀不满的工人支持时所采用的常见词汇之一。尽管从巴西到印度再到中国等许多发展中国家最近使数亿人摆脱了贫困，但在大多数发达国家，要获得超过父母一代的收入水平的可能性正在消失。

最常见的衡量代际流动性的指标被称为代际收入弹性（IGE），表示子女的收入相比父母的收入有很大差异的概率。IGE 为 0 意味着高流动性，IGE 为 1 表明子女最终的收入水平将与父母的几乎相同。在过去 50 年中，美国的代际收入弹性从 0.3 上升到了 0.5 以上，表明流动性严重下降，这是发达经济体中最糟糕的水平之一。所谓的"了不起的盖茨比曲线"（The Great Gatsby Curve）表明，在收入不平等程度较低的国家，流动性往往会增加。例如，在收入差距较小的丹麦和挪威，在经济阶梯上爬升要容易得多。而在像巴西和美国等财富不平等程度很高的国家，生而富有的人意味着其一辈子都会富有，而那些出生在贫困家庭的人很少能够爬上更高的经济阶梯。

虽然不流动和不平等并不一定是完全一致的，但往往也是高度相关的。就像衡量流动性一样，收入是否平等也可以用基尼系数（Gini Coefficient）来衡量。完全平等的国家（对大多数观察家来说是乌托邦）的基尼系数为 0；而完全不平等的国家 —— 基本意味着一个家庭拥有所有的财富 —— 基尼系数为 1。不平等程度相对较低的瑞典在 2010 年代末的基尼系数约为 0.249，而不平等程度最高的南非的基尼系数为 0.625。美国是发达国家中收入不平等较严重的国家之一，基尼系数为 0.45（主要国家的基尼系数见表11.1）。

表11.1　主要国家的基尼系数（不平等）排名
（最不平等：1　最平等：0）

排名	国家（地区）	基尼系数	排名	国家（地区）	基尼系数
1	莱索托	0.632	95	印度	0.352
2	南非	0.625	116	英国	0.324
14	巴拿马	0.507	117	加拿大	0.321
15	智利	0.505	121	意大利	0.319
19	巴西	0.49	134	澳大利亚	0.303
29	中国	0.465	135	瑞士	0.295
39	美国	0.45	136	法国	0.293
54	阿根廷	0.417	137	丹麦	0.29
57	俄罗斯	0.412	141	冰岛	0.28
78	日本	0.379	144	德国	0.27
88	新西兰	0.362	146	挪威	0.268
93	韩国	0.357	152	瑞典	0.249

　　然而，全球的基尼系数或代际收入弹性远远超出相对合理
范围。不同的收入水平也反映了生活质量的巨大差距。例如，
在印度较贫穷的地区，三分之一以上的妇女从未接受过阅读教
育。在撒哈拉以南非洲，电力短缺对贫困地区的影响尤为严重，
并造成了从食品供应到本地医疗服务等所有方面的混乱。在美

国，低收入群体患肥胖、糖尿病、心脏病和肝病的可能性是高收入群体的3倍。所谓的绝望而死（主要由酒精或药物滥用引起的自杀和疾病致死），正在给那些收入较低的家庭造成越来越多的损失。

种族差异也是许多国家收入不平等的主要因素，如在巴西、南非和美国。根据皮尤研究中心（Pew Research Center）的数据，非裔、西班牙裔和其他少数民族占美国总人口的35%以上，但在财富排名前10%的家庭中只占不到10%。那些收入较低的人不得不将大多数钱花在诸如食品和交通等基本生活所需上。此外，许多收入较低的人周围都是有持续经济需求的人，且他们感到有义务为其家庭成员的学业或医疗费用而提供短期贷款，其中许多都是永远不会得到偿还的。

因此，大多数收入较低的人无法通过购买房屋、投资股票或债券组合来积累储蓄。比利·霍利迪（Billie Holiday）在大萧条结束时创作的歌曲《上帝保佑孩子》（*God Bless The Child*）开头唱道："拥有的将会拥有/不会拥有的就应该失去。"在用来描述今天许多处于经济阶梯底部的人所面临的困境时，这也同样恰当。在美国，与在世界上许多其他地方一样，拥有资本，特别是拥有自己的房子或者有资金投资于股票和债券，是实现持久财务安全的最重要的因素。

即使是一点小积蓄，诸如在工作生涯开始的时候父母给的一份小礼物，都会在以后创造晚年退休所需的财富方面发挥巨大的作用。在美国，如果一个人想在15年内成为百万富翁，假设平均每年回报率为8%，估计需要每月储蓄近3,000美元；而对于一个刚开始就有2万美元储蓄的人来说，每月只需要储蓄大约1,300美元，这相比没有起步优势的人每月要储蓄的，还不到一半。

许多低收入人群没有额外的现金购买住房或投资股市，他们会永远地停留在较低的收入水平。例如，在2010年代末的美国，白人家庭的财富净值的中位数大约是17万美元，大约是非裔美国人家庭财富净值的10倍。而且，大部分额外资本是长期投资的，往往会呈指数增长，会给那些有钱投资的人带来更多的财富。例如，即使考虑到通货膨胀的影响，典型的股票市场投资传统上每年的平均回报率也接近10%。拥有庞大资本储备的、处于经济领域顶端的家庭还会投资于其他长期项目，如教育、保险和优质医疗。

在全球范围内，许多低收入国家的债务陷阱与每个国家内的贫富差距问题非常相似。许多债务国需要偿还的外债甚至超过其国内生产总值总额，这常常导致其无法将资金投资于教育和建造基础设施。因此，一些发展中国家为发展优秀教师和学校教育而提供的资金严重不足，这就导致它们缺少受过良好教育的劳动力，也就无法在新的全球经济中竞争。

许多国家，如印度和巴西，通过设置贸易壁垒来保护其经济不受全球贸易的不确定力量的影响。在巴西，一部苹果手机

第一部分 / 新经济现象解析 / 073

的价格往往是纽约或迈阿密的 2 倍。结果是这些国家失去了自由贸易的许多优势，因此没有足够多的资金用于教育和建造基础设施。在封闭经济中创造的大部分资金最终流入了控制着当地银行和制造商的富裕精英的口袋，这进一步加剧了不平等。 相比之下，中国选择了向世界开放经济的道路，使其能够拥有大规模投资于基础设施和教育的资金。到 2010 年代末，中国在世界收入中所占的份额从 3% 增长到 20%，让数亿人摆脱了贫困，缩小了收入不平等。

对于其他发展中国家来说，削减债务往往被视为实现国家发展和繁荣的唯一途径。但使问题变得更严重的是，一些发展中国家借入的大部分资金都由于管理不善或腐败而被浪费掉了。要恢复财政健康，首先需要减少外债的利息支付，这部分往往超过了许多发展中国家在健康和教育方面的支出。另外，取消债务或重新规划债务偿还期，意味着在经济健康状况好转之前推迟偿还贷款，这可以帮助政府将宝贵的资源用于发展，而不是偿还贷款。但是，削减债务只是发展进程中的一个步骤，在解除了债务负担之后，又该怎么办呢？为实现国家经济的进一步增长，又该如何获得新的资金呢？

为促进贫穷国家的经济发展，有效的方法之一是为人们提供向国外销售商品和服务的机会。为了减少全球不平等，应该鼓励富裕国家的消费者从贫穷国家进口商品，而不是拒绝进口。显然，环境规则和对工人权利的尊重需要不断得到验证。最后，对于一些发展中国家的工人来说，任何工作，即使是以西方标准衡量的薪酬相对较低的工作，往往也是开始改善生活的最佳希望。

适当的职业培训也是可持续发展和减少收入不平等的必要条件。如果儿童得不到适当的培训，就不可能实现更公平的收入分配。例如，在许多国家，女童教育往往是一个低优先级的事项，但其已被证明是一个国家能够做出的合适的发展投资选择之一。令人难以置信的是，在一些国家，数百万女童甚至没有被送到学校上学。统计数据表明，接受过某种程度教育的女孩，即使只是上过小学，也能显著增加家庭收入；而且她们的孩子也更有可能活下来，并在以后的几年中健康成长，在达到入学年龄时会接受适当的教育。

在富裕国家，教育也是有希望减少不平等的因素之一。在许多国家，有限的教育机会导致受教育程度较低的下层阶级越来越贫困，而那些受过高等教育的人会获得新的数字经济创造的所有高技能工作。随着超过一半的顶尖大学毕业生进入高薪工作岗位，主要集中在科技、金融、管理咨询、医学和法律领域，财富的分配差距将越来越大。

据估计，在许多国家，那些富有的人，尤其是收入水平较高的10%~20%的人，正积累着越来越多的世界财富。理论上，那些收入高的人应该支付更高的税款。例如，那些收入超过100万美元的人将按更高的边际税率缴纳税款，比如说，对额外收入按50%的边际税率征收，而不是在较低的起征点根据收入按较低税率进行缴纳。但是，在许多国家，情况并非如此。

诺贝尔经济学奖获得者约瑟夫·斯蒂格利茨（Joseph Stiglitz）指出，美国90%以上的收入增长都流向了富有的1%的人，到2010年代末，美国已经成为一个极度贫富不均的国家，富人变得越来越富有，而穷人却仍在苦苦挣扎。他将此归咎于工会的消亡、金融和银行在经济中的作用日益增加，以及少数族裔社区缺乏创造财富的机会等诸多因素。随着机器人和人工智能取代了低技能的工作，必须将重点放在教育工人上，以填补客户服务、数据分析等领域创造的就业岗位的空缺。

政府可以通过提供税收激励来帮助企业对那些被技术取代的工人进行再培训。包括微软（Microsoft）创始人比尔·盖茨（Bill Gates）在内的一些人提议，对机器人征税，以提供必要的资金来培训那些失业的人。例如，在德国，政府从高中阶段就开始为广泛的工人培训项目提供资助，以努力避免出现大规模裁员，并在此过程中为未来的经济发展做好准备。

在美国以及其他地方，减少收入不平等的一种解决办法是，从根本上改变税收政策，减少富人群体在穷人还在底层挣扎时可以通过投资变得更加富有的优势。据估计，在美国，从抵押贷款利息到雇主赞助的健康计划和退休储蓄等各种减免项目上的联邦税收支出总额，超过了医疗保险或医疗补助的全部成本，而后者都是向弱势群体提供医疗保健服务的基本工具。

最后，减少不平等的最有效方法应该是政府简单地增加对最上层的人的税收。这主要可以通过使用累进税来实现，这样，收入较高的人的一些额外财富可以用来补贴给收入较低的人。在极端情况下，最低收入，有时被称为全民基本收入（Universal Basic Income, UBI），可以用来进一步减少不平等。然而，不允许人们保留辛勤工作的回报，可能会导致人们不愿意更努力地工作或努力寻找解决世界难题的创新办法，而这些重要的活动最终可能会帮助到所有人，无论贫富。

12 ————————

什么是热钱？

　　通常，热钱是指投资在国外的以期获得短期收益的货币。热钱的问题在于，它可以在某个时刻快速涌进来，例如当一个国家的利率显著高于其他国家的利率时；但是，也可以同样迅速地离开。养老基金或富有的大学捐赠基金，如耶鲁大学和哈佛大学（Harvard University）在2010年代末都有超过300亿美元可供投资，随着市场和利率的变化，一直在寻找最有利可图的投资机会，将短期资金从日本转移到印度、德国再到墨西哥，以期获得可观的回报。据估计，在21世纪经济发展的某一特定时刻，将有数万亿美元的热钱被投资，轻而易举地使世界上大多数国家的总经济价值相形见绌。为了便于比较，自所罗门王时期以来开采的所有黄金的价值，都只是如今世界短期市场投资的一小部分。

　　就像所有的金融机构一样，这些投机资金的所有者也在寻找能够获得可观回报的投资项目。一般来说，热钱投资者都希望把钱短期存储在当前汇率上涨或货币升值潜力更大的国家，这会比投资在本国市场更好。通常，在经济稳定时期，热钱会从低利率、经济增长缓慢的富裕发达国家流向经济增长前景较好的发展中国家。在过去的几年里，热钱流入了巴西、印度、中国、土耳其和马来西亚等国家。

　　热钱的流入通常会使东道国的贷款流动性增加，更低的贷款利率会导致商业投资和消费者支出的增加。随着稳健的货币政策的实施和以市场为导向的改革，许多发展中国家成为经济强国，世界各地的投资者纷纷前来投资。这些热钱投资者可能包括银行、对冲基金和其他知名投资者，如主权财富基金，甚至大学捐赠基金。例如，加州公共雇员退休系统（California Public Employees' Retirement System），是世界上较大的单一投资者之一，拥有数十亿美元可投资于世界市场；其进出某个特定市场，不仅会影响国外市场，也关系到从棕榈泉到萨克拉门托的退休人员的经济福利。

　　在短期内，如果一切顺利，热钱投资者将获得可观的利润，然后转向更有利可图的市场。但是，对于那些接收大量热钱的国家来说，这对宏观经济的影响可能是灾难性的。更高的通货膨胀率和不断升值的货币汇率会导致经常出现账户赤字，出口到国外的商品和服务的价格会上涨，进而导致出口下降。就像全球经济中大多数相互关联的活动一样，在世界上一个偏远角落做出的小小的投资决策可能会影响全球市场。

当美国的利率上升时，比如在2018年的利率上升时，一个热钱投资者可能会利用华盛顿的变化，决定出售一家新兴市场股票基金的份额。这一决定随后引发了一系列事件，甚至在阿根廷的一个小村庄都能感受到。投资者将会发出赎回一支市值10万美元的新兴市场股票基金的指令，其他人也会做出同样的决定，最终迫使基金经理出售该基金中的部分股票以支付给离开的客户。这可能会导致阿根廷的利率迅速上升，以阻止货币进一步贬值。因此，布宜诺斯艾利斯小巷里的店主可能被迫向当地银行支付更多的浮动利率贷款的利息。随着越来越多的投资者加入这一行列，热钱的外流可能会导致当地经济衰退甚至更糟。

金融恐慌往往是自食其果，导致外国债权人和投资者甚至是那些与热钱没有利益关联的人将投资资金撤出一个国家，以便将资产保存在世界上更安全的地区。在许多情况下，东道国为阻止这种恶性循环，唯一的办法就是为无限制的资金外流设置障碍。从中国到委内瑞拉，世界各国纷纷使用资本管制，并在短期内取得了成功。但是，当伦敦或纽约的投资经理担心不能轻易取回资金时，长期资金可能会枯竭。

一些国家的领导人认为热钱的流动会导致政治和社会动荡，

呼吁出台新的法律来阻止热钱的无限流动。有些人甚至呼吁针对热钱流动征收特别税。一个例子是托宾税（Tobin tax），其以诺贝尔经济学奖获得者詹姆斯·托宾（James Tobin）的名字命名。这项特别的税最初只是针对货币交易，后来适用于全球所有投机资金流动，从而减少进出世界市场的资金数量。从理论上讲，这项税收所筹集的资金可以用于发展中国家的经济援助和社会投资方面。

金融交易税（Financial Transaction Tax, FTT）的早期支持者，包括20世纪初著名的经济学家约翰·梅纳德·凯恩斯（John Maynard Keynes），认为这是一种降低世界市场波动性以及减少恣意的投机行为的方法。在2008年金融危机之后，许多欧盟国家呼吁征收金融交易税，以偿还欧盟各国政府对银行提供的金融援助成本。后来的支持者，比如2016年的美国民主党候选人和2010年代末的英国工党，都呼吁对金融交易征税，主要是为了从对冲基金和银行等"富有"投机者那里获得资金，进而将其提供给大学等公共机构，以及促进发展中国家的经济增长。

尽管到2010年代中期，已有大约40个国家征收了金融交易税，但许多国家都只是对证券期货交易征收相对影响较小的印花税和收取少量费用。更广泛的控制热钱流动的计划，如欧盟提出的征收1.0%的金融交易税的计划，可能会对GDP产生负面影响。具体的影响可能很难确定，但据一些人估计，广泛征收金融交易税可能会对经济增长产生负面影响，其所造成的损失可能高达经济增长总额的1%~2%。

反对对热钱征税的人认为，这基本上是一场注定失败的战斗，因为经济增长减缓，筹集的税收资金实际上将会被一般税收的减少所抵消，从而导致资金短缺的政府出现净亏损。包括伦敦市长在内的一些领导人担心，任何金融中心一旦开始征收外国交易税，都可能导致大量交易流向其他没有征税的地区。

无论如何，随着经济和社会动荡以令人眼花缭乱的速度在全球各地发生，任何一个国家控制或显著影响经济格局的能力，包括热钱从一个地区大量流向另一个地区，在未来几年将越来越有限。

⑬ —————————

门口的野蛮人：私募股权投资者、风险投资家和高频交易员

从《了不起的盖茨比》(*The Great Gatsby*)到《漂亮女人》(*Pretty Woman*)，书籍、电影和无数的肥皂剧都把金融大亨描绘成利用资本主义以牺牲他人的利益为代价谋取财富的权势人物。例如，在《华尔街之狼》(*The Wolf of Wall Street*)中，莱昂纳多·迪卡普里奥(Leonardo DiCaprio)扮演的角色在投资仙股(Penny Stocks)[1]时采取欺诈的交易手段，这使他成为金融巨头，然而最终他被关进了监狱。

---

[1] 仙股，根据美国证券交易委员会(Securities and Exchange Commission, SEC)的定义，指交易价格低于5美元/股的股票，又称为微型市值股票(Micro-Cap Stock)。其投资风险较高，常伴随着高度投机行为。——译者注

但是这些玩家到底是谁，他们又是如何通过合法或其他的途径成功地赚了这么多钱的呢？过去的情况是，大玩家都用"别人的钱"来给自己赚钱。他们通过大量借款，利用杠杆收购（Leveraged Buyout），只用少量自有资金收购公司来做到这一点。就像游乐场里的跷跷板一样，杠杆收购通过大量借款来提高初始投资的购买力，从一笔小额投资中获得大量的权利。杠杆收购的做法通常是拆散公司，出售其部分资产，在此过程中有时会赚一大笔钱，有时会让很多人失业。

21世纪的大玩家仍然在使用别人的钱，但通常是进行长期投资。对冲基金、风险投资公司和高频交易员的背后都有大型投资者，包括银行、养老基金甚至是个人，他们投入了大量资金，希望这些专家发挥自己的"魔力"，让每个人都赚大钱。其中的逻辑是，管理基金的专家们会利用他们的特殊技能，通过提高效率或者重组被投资公司的财务结构，使得被投资的公司更有价值，最终让他们有利可图。一般来说，对冲基金投资者和风险投资者被认为比普通投资者更有经验、更懂市场。甚至连银行也创建了对冲基金，利用其管理的巨额财富（在某些情况下会高达数千亿美元）投资于世界经济。

什么是对冲基金？正常的金融对冲的最初目的是，通过投资来防止亏损，当其他投资都下跌时对冲投资反而会上涨。与试图在全球市场上获利的投机者或套利者等其他投资者不同，传统对冲基金投资者试图在快速波动的市场上避免赔钱。例如，农民可以通过购买锁定明年价格的金融期货来对冲今年的小麦收成，让自己睡得更香。具有讽刺意味的是，如今人们对对冲基金比对许多其他金融产品管理得更积极，而且投资者主要对对冲基金提供的高回报感兴趣——让他们从市场波动中获利，或者至少能经受住市场波动。截至2010年代末，全球管理的基金总额已超过3万亿美元，对冲基金已成为投资基金领域的一个重要分支。近几年来，养老基金和大学捐赠基金等许多顶级的投资者发现，投资于主要股票市场的交易所交易基金等更简单的投资产品通常可以以较低的投资成本获得更高的回报。尽管如此，许多人仍然认为对冲基金经理拥有技术优势，他们可以借助计算机和交易算法投资于各种容易买卖的证券，主要包括股票、债券和衍生品。这种洞察市场的方法结合了市场洞察力和计算机力量，这在前计算机时代基本上是不可能做到的。

在某些情况下，负责对冲基金和其他复杂交易的人员会使用高频交易方法，以极快的速度进行大量自动化交易，发现普通投资者很难发现的差异和机会，然后根据这些信息采取行动，买进或卖出数量巨大的证券，为投资者带来巨大的利润或巨额的损失。决策速度是非常关键的，以至许多高频交易员将他们的交易区安排在靠近主要股票交易所的建筑物内，使他们能够在纳秒内发现市场的变化并采取行动。例如，在新泽西州开展的高频交易业务的地点，只要距离纳斯达克证券交易所（NASDAQ）或纽约证券交易所（NYSE）更近一些，该交易就可以持续获得高于在中西部地区开展的交易的回报。

对冲基金交易员还使用期权、期货或其他复杂的金融产品等衍生品，使投资者在上涨或下跌的市场中都可以赚钱。他们如果发现价格异常，会迅速采取行动；由于交易的数额巨大，即使市场出现了微不足道的价差，他们也能赚取巨额利润。

对冲基金交易员和其他高频交易员经常会受到批评，因为他们利用其独特的地位和计算技术在市场运作中得到了不公平的优势。普通投资者利用新的市场信息进行交易并获利之前，高频交易员已经做了所有事情，因此一些评论家认为这无异于内幕交易。就像拥有巨型计算机中心的比特币矿商已经取代了小型矿商一样，世界市场正日益被大公司主导。据估计，到2010年代末，高频交易占欧洲所有股票交易的40%以上，占美国股票交易的70%以上。

与对冲基金一样，21世纪的私募股权投资囊括了广泛的投资活动，通常可以分为三个主要领域：风险资本、成长资本和杠杆收购。基本上，私募和股权这两个词指的是这样的情况，即由拥有大量资金的大投资者组成的投资企业，承诺收购私有公司或正在私有化的上市公司。大多数私募股权投资的目标是，持有那些发展良好的，以长期经营为目的的公司的大量股份，并努力使这些公司变得更有价值，以在未来出售这些公司股份时可以获得巨额利润。通常，私募股权投资者会向被投资的公司预先承诺一定数额的资金，当这些资金被需要时再支付。

　　风险投资（VC）通常持有年轻的、成长中的公司的股份，而这些公司通常不会被整个经济中的大多数投资者所关注。用自有资金进行投资的风险投资者通常被称为天使投资人，这反映了一个事实，即如果没有投资者的干预，这家新兴的公司将无法成长。另一方面，大多数银行和对冲基金交易员只想为上市公司融资或购买其股票，这些公司有着良好的业绩记录，并且最好具备强劲的收益。例如，亚马逊公司（Amazon）花了几十年的时间才开始盈利，它最初是一家位于西雅图的小型企业，由创始人杰夫·贝佐斯（Jeff Bezos）的朋友和家人资助 —— 他们提供少量捐款。由于许多创业者没有足够多的资金来资助他们的初创企业的最初几年的运营，他们常常求助于天使投资人，希望他们提供初始资金 —— 通常在5万~25万美元，以把公司发展到更高层次。

　　天使投资的下一步往往是引入更大的风险资本投资者，他们可以提供更多的资金来换取公司20%~30%的股份。这些高风险投资者一般是资金雄厚的个人投资者或银行、养老基金等机构。然后，风险投资者通常会提供建议，并引导公司走向风险投资的"圣杯"——赚取巨额利润，或者是让公司上市，以大幅提高公司股票的价值。如果一切按计划进行，最初的风险投资者会得到10~100倍于他们最初投资的回报。小投资者通常不能直接获得大多数风险投资的机会，但他们正越来越多地有了负担得起的选择，如AngelList Syndicates，它允许小投资者将低至1,000美元的资金投入到高风险、高回报的项目中，而这些项目以前只面向百万富翁。无论如何，每个人最终都会以这样或那样的方式参与风险投资活动，因为世界上大多数养老基金和大学捐赠基金都会转向风险投资，以获得收益并支付我们的退休金和大学奖学金。

成长资本投资主要面向相对成熟的公司，这些公司正在寻找伙伴来分担重大创新活动的风险，如收购、重组或大规模业务扩张。这些公司可能已经在盈利，但缺乏下一步发展所需的大量资金。由于银行通常不愿意为高风险的新企业提供资金，寻求发展的公司转而求助于私募股权基金或其他成长资本投资，以将公司发展到更高层次。

在许多情况下，私募股权投资经理会收取大量费用，有时可达数十亿美元。与对冲基金经理一样，大多数私募股权投资经理的佣金会占投资资金的1%~2%，并且会从所产生的利润中分一杯羹，通常占20%左右。一些国家，如美国，还为私募股权投资经理提供额外的好处，如对其收入按资本利得税率征税，而资本利得税率远低于所得税税率。但在大多数情况下，由于私募股权投资的大多数企业没有公开报价，因此也无法知道投资经理真正能得到多少报酬。

对于大多数私募股权投资来说，投资者群体正日益公开化，因为主要投资于它们的养老基金甚至主权财富基金都是"公共"实体。例如，挪威政府利用销售天然气赚取的巨额收入建立了一支长期主权财富基金;新加坡、阿拉伯联合酋长国和许多其他资金丰富的国家也是如此;甚至阿拉斯加州也设立了一支基金,以循环投资多余的石油收入。许多此类基金的投资者正将他们的很大一部分资金,在某些情况下是数千亿美元,投资到利润丰厚的私募股权领域。据估计,到2010年代末,每十名美国工人中就有一名受雇于私募股权投资占主要份额的公司,这是许多传统的投资活动所无法比拟的。

14

21世纪的公司

在2008年全球经济衰退期间，苏格兰皇家银行（Royal Bank of Scotland）和保险巨头AIG等知名跨国公司都得到了资金本已紧张的政府的救助。因此，许多纳税人都抱怨说，在众多小公司和房主被迫破产的情况下，政府还将数千亿美元的资金用于拯救经营失败的大公司。其背后的理由是，"大而不能倒"。一些公司，如通用汽车（General Motors），对经济的健康发展是如此重要，以至不被允许破产，美国政府会拿出100亿（纳税人的钱）对其进行援助。

越来越多的公司在规模上超过了与他们开展业务的国家，许多人都发出疑问：21世纪的公司是不是太大了。世界银行最近的一份报告列出了世界上最大的100个经济实体，只有31个国家在名单上，其他69个是公司（2019年度全球九大公司年收入见表14.1）。例如，沃尔玛（Walmart）的年收入超过了西班牙、澳大利亚和荷兰的 GDP 总额。

表14.1　年度全球九大公司（非国有）的年收入排名（2019年）

公司	行业	总部	年收入（10亿美元）
沃尔玛（Walmart）	零售	阿肯色州，本顿维尔	514
荷兰皇家壳牌石油公司（Royal Dutch Shell）	油气	荷兰，海牙	397
英国石油公司（British Petroleum）	油气	英国，伦敦	304
埃克森美孚国际公司（ExxonMobil）	油气	得克萨斯州，欧文	290
大众公司（Volkswagen）	汽车	德国，沃尔夫斯堡	278
丰田汽车公司（Toyota Motor）	汽车	日本，丰田	273
苹果公司（Apple）	科技	加利福尼亚州，库比蒂诺	266
伯克希尔 - 哈撒韦公司（Berkshire Hathaway）	金融	内布拉斯加州，奥马哈	248
亚马逊（Amazon）	科技	华盛顿，西雅图	233

资料来源：《财富》，2019年

　　大多数国家在法律上对大公司和小公司有明确区分。一般来说，上市公司都是那些规模足够大的公司，其股票可以在公开的股票交易所进行交易。规模较小的公司，其股票均为一小部分投资者所持有，这些公司通常被称为私人公司或未上市公司。例如，在英国，公开股份有限公司（PLC）通常在主要的交易所报价，而普通的有限公司则不是。在美国，S 型公司 [1]（S Corporation）被给予有限责任的好处 —— 只向投资者征一次税，通常在只分配利润给公司所有者时才征税。

几乎每一个跨国公司开展业务以及纳税时遵循的规则都是基于有限责任的概念，即如果公司破产，公司的所有者会受到保护。有限责任在公司名称后的表示方法，各个国家不同。在大多数英语国家，是 "Ltd."；在美国，是 "LLC" 和 "Inc."；在西班牙语和法语国家，是 "SA"，指的是 "Sociedad Anónima" 或者 "Société Anonyme"。这意味着公司的所有者是 "匿名的"，破产公司的债权人无权追讨股东的个人资产来弥补公司的损失。

21 世纪经济的一个重要特征是公司所有权的转移方式。过去，几乎所有的投资都是以持有上市公司股票的形式进行的；个人投资者没有太多其他选择，养老基金和保险公司这样的机构投资者则非常喜欢上市公司的透明度。但随着私人资本的出现，越来越多的从事公开交易的上市公司转向私有化。私有化的主要优势之一是，公司可以避免麻烦的股东报告和烦琐的财务报告问题，而可以以一种更私人化、更有利的方式经营公司。

---

[1] 美国股份有限公司分为 C 型公司（C Corporation）和 S 型公司。两者的差异主要在于缴税模式不同，C 型公司需要缴纳企业所得税和个人所得税，即 "双重课税"（Double Taxation），S 型公司则仅缴纳个人所得税。—— 译者注

　　控制公司的实体有三个：管理层、董事会和股东。传统上，管理层会得到股东和董事会的默许，能够很好地以自己的方式行事。但在21世纪初，情况开始发生变化。越来越自信的股东和活跃的董事会迫使公司的管理层适应新的经营方式。

　　在多起涉及首席执行官薪酬过高和公司管理层滥用职权的丑闻曝光后，许多股东开始发挥更积极的作用。例如，大众汽车的股东们，在管理层指示的在美国和其他几个市场检测柴油排放量时作弊的丑闻曝光之后，转而求助于公司的董事会，并要求赔偿因管理层的不当行为导致股价暴跌而造成的损失。丑闻被曝出后，首席执行官被要求退还他的大部分工资和支付补偿金作为惩罚。此外，他还因欺诈和违反《清洁空气法》（*Clean Air Act*）在美国面临监禁。

　　新获赋权的股东越来越多地要求"对薪酬有发言权"，要求施行股东审批高管薪酬方案。公司经理的工资和其他薪酬方案受到了越来越多的批评，特别是从美国证券交易委员会和欧盟委员会（European Commission）等公司监督机构要求全面披露所有高管的薪酬方案以来。此外，在2010年代中期，欧盟对每年给予管理层的奖金的数额设定了上限。

　　提供股票期权是给高管支付薪酬的另一种形式，也受到股东们越来越多的审查。股票期权在行权之前通常不征税，也没有被记录在公司账簿上，因此其隐藏的价值和责任也可能是巨大的。近年来，标准普尔500指数成分股公司首席执行官的平均薪酬（包括股票期权和其他福利）已超过1,000万美元。据估计，许多公司高管的平均薪酬约为典型制造业工人平均年收入的400倍。

股东审查的另一个目标是向离职的高管发放"黄金降落伞"（Golden Parachutes）。这些款项有时达数亿美元，经常被许诺在高层管理人员被解雇时支付给他们。但股东们也提出疑问，如果一位高管是因为业绩不佳而被迫离职的，那为什么还要奖励他呢？

在出售公司或将其私有化的决定中，许多股东还坚持自己拥有更大的发言权；他们希望在公司私有化时拥有保留股份的选择权。但常见的批评是，股东手中掌握如此大的权力，可能会限制管理层的权力，使其无法做出提高公司股份长期价值的大胆决策。许多高管担心，21世纪的公司将遭受"全民公投式管理"（Management by Referendum），即做每一项决定时都会因股东集团之间的利益冲突而受到制约。一些股东，比如政治活动家，可能会迫使公司做出不利于股东整体利益的决定，比如强迫公司不在侵犯人权的国家开展业务，虽然这可能对整个世界有好处，但可能对公司的股价不利。

政治压力，比如美国政府最近试图迫使公司关闭在偏远地区开展的制造业而"把工作带回家"，这可能是不必要的，因为公司已经对世界经济格局的近期变化做出了反应。当利润在2010年代末开始下降的时候，资本回报率已经跌至20年来的最低水平，许多美国跨国公司开始重新思考在国外的经营方式。靠近供应商是全球贸易的一个明显的优势，但不断上涨的燃料成本以及政府出台的关税和配额等贸易壁垒措施，严重破坏了贸易和运输。

设在本地的业务也变得更加复杂，互联网的运用和3D打印技术都复制了全球公司在创新和生产方面的优势，人们无须在国外花费大量金钱建造办事处和工厂。例如，通用电气公司（General Electric）和西门子公司（Siemens）已开始将供应链本地化，将生产和就业集中到区域性的甚至国家性的实体。

在许多情况下，必须把"跨国界"（Multinational）和"超国界"[1]（Metanational）这两个概念放在不断变化的经济环境中。许多行业实际上不再真正"制造"任何东西。优步（Uber）和爱彼迎（Airbnb）就是典型的例子，说明公司如何演变为主要基于技术而不是制造某些东西的伞状组织。因此，在科技和人工智能完全改变了经济格局的情况下，要求21世纪的公司创造许多民粹主义政客所呼吁的那种制造业就业机会，可能是不现实的。

---

[1] 超国界，概念出自2001年出版的《从全球化到超国家化》（*From Global to Metanational*）一书。——译者注

15

什么是物联网？

随着智能手机和互联网的普及，我们已经进入了一个新的时代，我们的工作和生活正在以我们过去无法想象的方式发生着改变。一些人开始把在互联技术的影响下生活和工作方式的转变称为"第四次工业革命"。

18世纪的蒸汽，19世纪的电力，20世纪后期的计算机，这些都在那个时代彻底改变了我们的生产方式和交通方式。在21世纪，通过互联网将嵌在汽车和家用电器等日常物品中的大量计算机设备连接起来，就是所谓的物联网（IoT）。这使我们能够以在过去工业时代闻所未闻的方式生活和工作。通过编程，冰箱现在可以"感知"牛奶和鸡蛋何时会被食用完，并自动从网上零售商那里订购新产品。

物联网革命之所以成为可能，是因为云计算使用在互联网上托管的远程服务器网络来实现存储、处理和分析海量数据所需的大量内存和计算能力。

一些公司已经发现，将新技术与访问云结合起来，可以让它们以全新的方式工作。在过去，从汽车到电梯等所有产品的生产都是在集中控制下的工厂里进行的，这些工厂运用自己的计算机来自动化地完成单项任务，例如日产（Nissan）汽车公司装配线上的车门组装。产品必须分批次进行大规模生产，以保持低成本和高产量。而在新数字经济时代中的生产 —— 有时被称为"工业4.0" —— 使用云技术和物联网可以在各种各样的机器、工厂和国家中实现复杂任务的自动化。例如，西班牙北部的服装制造商可以针对莫斯科或悉尼商店的销售趋势迅速做出反应，并自动调整那些销量下降的颜色和设计款式的服装的生产量，以集中精力生产那些正在变得流行的款式。

即时制造现在已经成为常态，使企业能够节省积压的库存成本，并能够更快地将产品送到世界各地的消费者手中。正如企业已经懂得使用店内销售的数据来调整生产结构一样，机器装备的高质量传感器也可以帮助制造商改进和加速生产。例如，电梯制造商蒂森克虏伯（Thyssenkrupp）已经开始在其面向全球销售的数百万台电梯中安装传感器，从而获悉哪些部件正在磨损并即将失灵，并在零件损坏之前派遣人员修复，最终避免用户受到中断的影响 —— 浪费昂贵的时间。

第四次工业革命是由大幅提高的计算能力驱动的，而这种计算能力的提高速度是受摩尔定律所支配的。摩尔定律指出，压缩到集成电路芯片上的晶体管数量每18个月就会增加1倍。但到2010年代末，计算机芯片处理能力的指数增长已经开始达到极限。如果摩尔定律不受物理学的限制，到2050年，组成晶体管的元件的尺寸将会小于单个氢原子的。

第四次工业革命的一个关键组成部分——物联网——意味着人们不必仅仅依靠坐在电脑前去处理一切事情。访问云意味着生产者可以使用其他人的计算机来保持生产增长。更好地使用算法和软件也将使生产者能够跟上不断增长的对计算能力的需求的速度。

物联网还显示了一条定律，即梅特卡夫定律（Metcalfe's law），该定律认为一个系统连接的用户越多，这个系统就越好。罗伯特·梅特卡夫（Robert Metcalfe）在20世纪80年代初提出的这条定律，最初被用于如电话等"兼容通信设备"，认为参与系统的人越多，使用该系统的好处就会成倍增加。在数字经济中，这条定律仍然适用。例如，脸书或领英（LinkedIn）等社交媒体网站的用户越多，其运行效率就越高，对用户来说其就越有价值。

在不断扩大的物联网中，家电、车辆、房屋以及其他设备的数量接近300亿个。正如梅特卡夫定律所预测的，随着连接设备数量的增加，全新的虚拟-实物关系已经出现。例如，在医疗保健行业，医生借助心脏监测植入器、健身跟踪设备（如Fitbit）和智能手机等各种设备，得到人们完整的健康记录，如从血糖水平到每天步行活动量等各种信息。

越来越多的东西连接在一起，可以获得巨大的优势，如提高效率、降低成本；但也存在问题，如让我们所有的信息都可以被访问，即使是出于良性目的用于统计分析等，仍存在巨大的安全风险。试想我们在等待呼叫中心服务时，会听到这样的声音："为了进行质量控制，这个通话将被监听。"所有这些信息今后将会如何被利用呢？

在相互关联的全球经济中，安全漏洞正成为日益严重的威胁。世界上有超过30%的人正使用社交媒体来分享和获取信息，梅特卡夫定律暗示人们的信息被他人使用的可能性也在成倍增加，可能出于好意，也可能基于邪恶的目的。至少在目前，我们还能控制当前的技术发展和进程，在新的数字经济中创造机遇和巨大的财富。但不幸的是，许多政治领导人和决策者仍深陷认识世界的旧思维中，认为"每个人都为自己"，而没有想方设法利用当前颠覆和创新的力量为人们塑造一个更美好的未来。

16

数据是新的黄金吗？

在2016年美国总统选举结束后，脸书上开始出现大量政治广告。当时没有人怀疑这家不太知名的名为剑桥分析（Cambridge Analytica）的英国公司会为这些广告付费，并秘密获得了超过8,700万用户的个人资料。这些资料包括兴趣爱好、感兴趣的新闻、用户的姓名和地址等所有个人信息。几年后，这一数据泄露事件被曝光，一场世界性的丑闻爆发了。

大多数人对第三方能够获取他们的个人信息感到愤怒。脸书和许多其他网站、应用程序已经把分享我们的数据作为能够使用它们的服务的一个必要条件。基本上，大多数数据分析公司关注的不是我们的名字和地址，也并不真正关心我们是否喜欢可爱的小狗或日落的景色；它们真正想要的是经过分析后可以预测我们未来行为的数据。一旦经过分析并从中提取了有关行为模式和相关性的信息，基础信息就不再重要了。这就是处理和描述其他数据的元数据（Metadata）成为21世纪经济的新黄金的原因。

从电话民意调查时我们给出的回答到我们在网上的行为，数据收集者使用强大的计算机以各种可能的方式收集我们的大量信息。每次我们在谷歌（Google）上搜索东西，每次我们在亚马逊网上购物，都向这些公司提供了我们的信息。然后，它们从我们这里免费获得的数据，被这些数据的新的所有者通过复杂的算法加以分析并用于预测我们的行为。

心理学家通过广泛的问卷调查，可以得出一个基于五种人格品质（开放、认真、外向、随和和神经质）的复合人格画像；但如今的科技公司用少量的数据就可以进行类似的工作。据元数据分析人员估计，无须通过最亲密的朋友，只需要利用脸书上有关人们的行为的数据信息——70个点赞数据如此之少的信息——就能够了解一个人的个性。只要能获得多达300项点赞数据，计算机就能比配偶或家庭成员更了解我们的性格。这使他人有能力预测人们在几乎任何情况下的行为。当然，这些信息可以用于许多目的，其中的一些可能并不是善意的。

在从英国脱欧到美国总统选举的几场政治运动中，双方的支持者都使用利用元数据分析出的个人材料来影响甚至操纵投票行为。对于具有"开放"或"尽责"特征的特定选民，有针对性的竞选广告可能会吸引到他们，比如英国离开欧盟会节省资金。但是对于倾向于有神经质、多疑或不友善的性格的选民，使用恐吓策略要有效得多，比如宣称移民对文化和经济构成了重大威胁。

理论上，在数据驱动下开展的活动可以改善我们的生活。产品和服务可以量身定制，以适应客户不断变化的需求。在员工招聘中，可以根据工作性质，找到与此相匹配的人。但有时对数据的利用会让人感觉像是被侵犯了隐私。例如，巴拉克·奥巴马（Barack Obama）2012年的官方竞选应用程序的元数据分析团队，不仅可以从使用该应用程序的人那里收集数据，还可以从用户的朋友那里收集数据。这使他们能够更好地分配资源，将竞选工作人员派往选民需要更多关注的地方。但是，使用那些从未被授权的数据信息是否公平呢？

有些人建议更谨慎地控制数据的使用，甚至允许用户从自己的数据中心获利，就像一个人写了一首歌或出版了一本书，其作品每次在被使用时其都会得到版税一样。因此，用户在未来其数据被使用时都可以得到稳定的支付流。例如，德国汉堡的一家杂货店或艺术空间提供了一个将数据货币化的模型，允许人们通过在脸书上发布有关艺术空间的照片来获得奖励——小食品。例如，获得1包烤面包要集8个赞。

到目前为止，大多数人都愿意免费或者在被给予一个非常小的奖励的情况下，提供他们宝贵的数据。毫无疑问，我们可以使用在线地图或搜索引擎来获得我们需要的东西；但是，我们的信息，包括旅行计划和在线购物的信息等，会被提供给这些公司，然后被这些公司利用以赚取巨额利润，而我们却没有得到任何回报。

在过去，情况并没有太大的不同。大多数人认为网络电视是免费的，而事实上，我们已经支付过费用了——通过我们盯着屏幕的眼睛。电视服务的购买者基本上都是广告商，他们可以依据观看者所处的细分市场调整他们的广告信息，例如为星期六早上看卡通片的人提供含糖谷类食品广告或者为观看超级碗（Super Bowl，美国橄榄球超级杯大赛）比赛的人播放百威啤酒广告。同样，我们作为免费应用程序或免费在线服务的用户，我们的信息也被卖给了广告商。数字经济中有了一种全新的"货币"，它不是现金，而是数据。

有人认为我们已经进入了一个新的以物易物的经济时代，这也开始引起世界各地政治家和经济学家的注意。正如前工业化时代的人们用小麦换葡萄酒一样，今天的人们在用数据换取服务。由于这些交易没有体现任何货币价值，政府无法对其征税，经济学家也无法评估这种活动对国内生产总值等经济指标的影响。

在以数据换服务的以物易物的经济中，交易的金额是巨大的。世界上最有价值的五家公司（亚马逊、微软、脸书、谷歌和阿里巴巴）正在使用和销售我们的数据，并从中赚取了数万亿美元。与以前成功的汽车制造商或石油生产商不同，以数据为导向的公司可以免费获得原材料；然后，这些数据巨头就会向零售商和广告商收取费用。当然，当我们通过谷歌地图在找到的餐厅里购买葡萄酒的时候，或者当我们通过旅游城（Travelocity，旅游网站）上的定向广告预订了一项假期服务的时候，所有这些在线广告的成本最终会以一个稍高的价格转嫁到我们身上。

有些人警告说，在未来，数据将是如此的宝贵，以至那些控制数据的人将以我们难以想象的方式控制我们和整个世界。在古代，拥有最多黄金的人就能发号施令。所罗门国王开采的500吨黄金，估计相当于今天的60万亿美元，这赋予其统治整个地区的权力。在中世纪，那些占有大部分土地的人成了统治者。在机器时代，工厂、铁路和炼油厂等资本的所有者成为现代贵族。现在，随着数据成为世界上最宝贵的商品，那些控制数据的人不仅拥有了巨大的经济实力，甚至可能拥有控制我们日常生活的能力。

生物技术的发展使得数据收集更加具有侵略性。从本质上讲，一旦收集到足够多的生物特征数据，数据分析师就能够以一种比使用脸书用户的"喜欢"信息来判断一个人最重要的性格特征更精确的方式来了解人类。一旦新技术减少了计算机"嵌入"我们大脑和行为的障碍，控制数据和计算机的公司将能够以深刻的方式改变人类的思想和行为。一些人认为，这些将会在未来几十年内发生。

影响思想和行为的力量已经出现了。如今的搜索引擎可以被设计成给出预设答案的自动填充程序，且这些答案与那些算法编程者想要实现的结果相匹配。例如，谷歌的自动填充程序已被证明会给出不利于必应（Bing）和雅虎（Yahoo）的搜索结果，而会给出有利于谷歌的搜索结果。

不难想象，未来数据的垄断公司或一个独裁政权，可以根据每个用户的个性特征调整搜索结果或精准投放政治广告，利用我们的思想来改变和控制我们的行为，以达到其邪恶的目的。我们最需要的是控制数据使用或访问的方式，但由谁来决定呢？提供数据的人还是持有数据的人？欧盟制定了一项名为《一般数据保护条例》（General Data Protection Regulation）的法律，要求公司在使用数据时必须得到用户的明确同意，对不遵守法律的公司会进行处罚，或关闭其在欧盟范围内的业务，或执行高达全球利润4%的罚款。

不幸的是，公司有无数的方法让我们同意他们随意使用数据。麻省理工学院和斯坦福大学（Stanford University）的研究人员曾经做过一项研究，在这项研究中，他们会向所有愿意泄露电子邮件联系人名单的用户提供一个比萨饼。大多数人都接受了。

17

什么是共享经济？

原始社会的人类会共享一切，从共同生火、吃饭到照顾孩子。但当我们变得更富有时，会认为最好要拥有自己的房子、农场和汽车。然而，在21世纪，智能手机以及其他设备让人们能够以从前难以想象的方式与周围的人联系在一起，创造了一个全新的共享经济模式。

共享经济使我们能够使用他人未使用或闲置的资产。世界经济中的许多参与者都认为租某样东西比拥有更好，从共享汽车、度假屋到共享儿童保育和音乐。开展共享业务的数字平台已经成为新世界经济中的最大玩家。例如，爱彼迎在其自身没有任何房产可供出租的情况下成为世界上最大的住宿公司，它只是把需要住宿的人与有备用房间或公寓的人联系了起来。优步在汽车方面也是这样做的，它在自身没有一辆车的情况下，让那些没有汽车的人搭乘别人的顺风车。这种"轻资产"模式现在正被世界各地的公司所采用，让我们能够获得包括名牌服饰、自行车、飞机以及农场设备等一切东西。

通常情况下，共享经济并不是真正的共享，而是通过在线平台购买他人的商品和服务。例如，当一名优步司机按照乘客的乘车服务要求提供乘车服务时，这真的可以被称为共享吗？无论是人对人还是企业对企业，共享经济中都会存在一个平台公司——促进包括车辆、办公场所等方面的交易，并且用户在大多数交易中都要向平台公司支付手续费。

随着共享经济的发展，其模式也在发生变化，有偿交换商品的经营活动越来越少。例如，在巴塞罗那，当地政府经营着一个"时间银行"，允许人们免费提供服务，如照顾他人生病的孩子或给养老院的人读书。他们得到的报酬不是货币，而是时间银行的"信用"，他们在外出度假时可以用此"信用"让别人来帮忙遛狗或给植物浇水。

共享经济包括三个要素：连接"买家"和"卖家"的数字技术、未使用的或闲置的财产（车辆或房屋等）以及信任验证（即利用评级和评论以确保我们以有效和可验证的方式得到想要的东西）。大多数共享经济交易能够实现的一个基本要素是，人们与共享的交易对象的距离足够近，这就是几乎所有的共享活动都在城市地区进行的原因。一个值得关注的例子就是，共享或租用的数字产品，如 Pandora 和 Spotify 等流媒体服务，可以在任何地方获得。

在非城市地区开展共享经济活动的另一个例子，是在许多发展中国家的农村地区，那里的大多数农民没有任何的机械设备。在印度，1.2 亿农民中只有不到 15% 的人拥有拖拉机或收割设备；共享平台可以让农民租到从脱粒机到水泵等任何东西，比如马辛德拉（Mahindra）农场设备制造商提供的 Trringo 服务。这种共享经济活动显著提高了生产力，增加了广大人口的粮食供应。

共享经济的主要驱动力还是经济因素。没有人愿意免费出租他们的公寓或闲置房屋，同时又有许多人宁愿选择自己没有所有权（即不是购买而是租赁）的房屋。以前的人们认为拥有自己的汽车或房子是必不可少的，而千禧一代正在抛弃这种观念。世界各地的人们和企业已经发现，通过租赁使用各种各样的房子或汽车更有利于自身目标的实现。想象一下，如果仅仅拥有一辆车，如何能够同时实现露营旅行、沿海岸线驾驶以及一个美好的约会之夜？而如果同时拥有吉普卡租车公司（Zipcar）的越野车、跑车和林肯城市汽车，我们虽然可以享受到各种各样的不同体验，但需要付出更多的经济代价。为此，"无限驾驶租赁"（Rent the Runway's Unlimited）服务计划的推出，为人们提供了永无止境的新时尚体验。

共享经济包括三种主要的互动类型：点对点或人对人（P2P），如 Easy Rent，将想要合租公寓的人联系起来；企业对企业（B2B）活动，公司之间共享大型资产，如起重机甚至建筑物等；共享经济活动中最具代表性的活动——P2B2P。在 P2P 交易中，像优步这样的公司充当中介，将两个人联系在一起并从中收取费用。

在其他模式中，企业的目的不一定是寻求利润，而是创造一个巨大的协作经济活动，让个人或企业能够打破传统商业模式，充分利用那些未被使用或未被充分利用的资产的价值。例如，停车飞租（Park Fly Rent）建立了一个社区平台，将欧洲机场内的停车场的会员与到达该机场并需要短期使用当地车辆的旅客联系起来。

另一类协作经济活动涉及重新分配那些未使用的、不需要的或不必要的物品。与其把这些物品扔掉或送到回收中心，不如通过 Zwaggle 或 Kashless 等网站赠送他人；或者选择利用 Swap.com 这样的网站来交换你想要的东西；也可以通过 Craigslist 或易趣（eBay）等久负盛名的平台出售这些物品来获得现金，但这从某些层面上来说不是共享，而是商品和服务的买卖。最终，将不需要的物品选择重新利用而不是扔掉，可以带来远远超过经济回报的巨大生态优势。

零工经济（Gig Economy）也正日益成为整个经济的重要组成部分。这些工作大多是兼职工作，会根据雇主的需要不断变化。例如，Udemy 和 Beastly 等提供了一种 P2B2B 平台，将人们与在有限的时间内对其专业知识有需求的企业联系起来。许多零工更喜欢全职工作（稳定），而有些零工实际上会倾向于选择不间断的零工工作，因为这样的工作具有多样性和新颖性，而全职工作太过单调。

众筹经济（Crowd Economy）也是共享经济的一个重要部分。在 Kickstarter 或 GoFundMe 这样的众筹平台上，简单地单击"开启筹资"按钮就可以创造一个在线筹集预定数量的资金的机会。众筹的活动可以是公益性的，如将筹资用于支付一个孩子的心脏手术费用；也可以将筹资用于一些奇怪的事情，如筹集 7,000 笔总计超过 5.5 万美元的资金，资助一个人做土豆沙拉。到 2010 年代末，全球通过众筹筹集的资金已超过 100 亿美元。

学术机构和政府进入在线协作世界也开始改变我们的思维和互动方式。维基百科（Wikipedia）和一些顶尖大学正在网上开设越来越多样化的讲座和在线课程以及提供那些可以免费获得的内容，包括 TED 讲座、可汗学院课程，从而使人们可以无限制地在线获取知识。共享经济或协作经济的发展，使人们获得的教育机会正在成倍增加。

许多国家和地区的政府也开始在线共享数据，让人们能够访问以前无法得到的信息。另外，一些国家也开始使用共享经济平台，将未使用的土地和其他资源配置给那些能够更有效利用它们的人。例如，纽约市通过 596 Acres 平台向那些有兴趣建设社区花园的人分配空置的地皮。共享经济给我们的生活带来了翻天覆地的变化，除了颠覆整个行业之外，最终可能会带来一定的透明度并增强我们的社区意识，这是自人类原始社会之后从未见过的。

18 ─────────────

欧盟和其他自由贸易区的未来会怎样？

诺贝尔和平奖不会每次都授予自由贸易区，但在2012年，诺贝尔和平奖委员会这样做了，将诺贝尔和平奖授予欧盟，以嘉奖其在促进和平与和解、民主与人权方面所发挥的作用。

大多数人认为自由贸易协定只是关于取消关税和开放对外贸易的，但事实上，自由贸易协定的作用远不止于此。1952年成立的欧洲煤钢共同体（European Coal and Steel Community，欧盟基于此发展而来），表面上是为了消除战后欧洲6个国家（联邦德国、法国、意大利、比利时、荷兰和卢森堡）之间的贸易壁垒。到21世纪初，已有超过20个国家加入欧盟，目标是为几个世纪以来不断发生冲突和灾难性战争的欧洲地区带来和平与繁荣。

1992年,《马斯特里赫特条约》(*Maastricht Treaty*)的签署,使得欧盟的成立不再仅仅是为了消除贸易壁垒,而是要将该共同市场发展成一种政治经济联盟,这是欧盟领导人几个世纪以来的梦想。通过允许成员国之间人员、资本、商品和服务的自由流动,欧盟发展为一种包含欧洲大部分国家的联合体。虽然其中的每个国家都有自己单独的政治和货币财政制度,但这些国家集成了一个拥有4亿人的更大的地区。

在《马斯特里赫特条约》签署之后,葡萄牙公民可以在从伦敦到雅典的任何地方生活和工作,货物可以在没有任何额外手续的情况下从芬兰运往意大利,资金可以不受限制地从马德里转移到法兰克福。1999年欧元的正式启用,意味着在决定采用欧元的11个欧盟国家之间真正实现了无壁垒的贸易。但是,丹麦、瑞典和英国以及来自东部原苏联国家的大多数新加入的欧盟成员,决定继续使用本国货币。

抵制欧盟的西方国家(瑞士、列支敦士登、冰岛和挪威)决定采取观望态度,选择签订各种双边和多边贸易协定进入欧盟市场,而不是正式加入欧盟。这些相对富裕的国家起初通过加入欧洲自由贸易联盟(European Free Trade Association, EFTA)以实现无壁垒的贸易。但当时人们认为,欧洲所有国家最终都会成为不断扩大、不断壮大的欧盟的一部分,这只是时间问题。

然而,欧洲全面一体化的道路并非一帆风顺。2016年,当英国投票决定退出欧盟时，欧洲全面一体化的计划的发展就受到了阻碍。另一个挑战是2010年代的"欧元危机"，在2008年金融危机后，一些欧元区成员国面临破产，其中几个国家不得不接受救助；最主要的是希腊，也包括爱尔兰、塞浦路斯、西班牙和葡萄牙，因为它们显然没有足够多的钱支付巨额债务（利息和本金）。

就希腊而言，政府多年的超支加上普遍的长期逃税导致了欧盟迄今为止面临的最大危机之一。较富裕的欧元区国家被要求提供援助，但由德国领导的许多国家坚持认为在提供援助之前，债务国需要实施预算平衡和紧缩计划。但是，欧盟强制实施的紧缩计划导致失业率飙升和经济增长停滞，希腊和西班牙的失业率高达27%。由于经济增长缓慢，甚至出现负增长，资金短缺的欧元区国家很难找到资金来平衡预算和刺激濒临崩溃的经济。

欧元区所受的种种限制，使得这些国家的经济复苏变得愈加困难。一般来说，经济危机通常伴随着本国货币贬值，导致该国的商品和服务在世界市场上更具竞争力，进而导致出口收入激增。但希腊和其他陷入困境的欧元区经济体没有办法降低货币价值，这极大地限制了它们的政策选择。较富裕的国家，尤其是德国，出口宝马汽车和SAP咨询等高端商品和服务，拥有持续的贸易顺差，使欧元相对坚挺；而欧元区较弱的成员国则面临几乎无法承受的经济困难。希腊选民一度投票拒绝遵守德国和其他欧元区成员国强加实施的紧缩方案的规定，但当政府意识到唯一的选择是彻底退出欧元区，而这可能导致更严重的经济困难时，希腊政府就退缩了。欧元区危机的政治影响还导致了许多成员国政府的权力转移，超过一半的欧洲国家是极"右翼"或极左翼的政府在掌权。

2010年代末的移民危机也是影响欧洲一体化进程一个重大转折点。当德国政府决定允许100多万来自叙利亚和其他经历政治经济动荡的国家的移民进入欧盟时，它要求每个欧盟国家接受一部分新的"政治难民"。许多欧盟国家，特别是东部的一些国家，拒绝接受分配给它们的份额，指出其中大多数是经济难民，不需要政治庇护。移民危机造成的混乱导致了欧洲各地反移民政党的崛起；根据大多数脱欧民调，英国决定完全退出欧盟。

面对匈牙利、意大利、瑞典等国的选民希望获得更多政治和经济独立的要求，欧盟未来可能需要允许更多的灵活性，而不是更少，让欧盟成员国选择在多大程度上融入更大的联盟。一种值得考虑的方案是允许不同层次的欧盟成员存在，从使用一种货币的内部核心成员，到选择成为关税同盟的正式成员，再到与欧盟有密切贸易关系的外部圈子（如瑞士和挪威）。最后一种成员同意尊重欧盟规则，但不能就欧盟政策进行表决。这种涉及多层次成员结构的政策，将是欧盟加强内部合作并确保一致性的最佳途径。

　　与欧盟不同的是，加拿大、美国和墨西哥之间签署的《北美自由贸易协定》完全基于贸易，而不包括经济、货币或政治联盟的计划；此外，对来自联盟以外的进口货物实施共同关税或配额。《北美自由贸易协定》的目标是，让从寒冷的北极冻原到温暖的加勒比海岸范围内的每个国家，基本上都能够从各自的相对优势中受益。例如，加拿大人不会在育空地区（Yukon）种植烟草或香蕉，而是从南方邻国进口这些商品，并向对方出口其他商品和服务，如葡萄酒、木材和银行服务，这样他们的生活就会更好。

　　在21世纪初，《北美自由贸易协定》的实施，使得国家之间的商品和服务贸易不断扩大，并创造了大量就业机会，而这远远多于因竞争加剧而丧失的就业机会。尽管美国某些低工资地区失去了一些制造业工作岗位，如美国南部和东部地区的工厂遭受巨大损失，但集中在农业区以及西海岸各州的出口友好型部门创造了更多的就业岗位。墨西哥的经济收益也是巨大的，随着外资工厂的兴起，墨西哥全国各地都在组装免税的零件，从而大大缓解了贫困问题，并缓解了墨西哥公民向北方移民寻找工作的压力。

　　美国尽管威胁要退出并彻底摧毁《北美自由贸易协定》，但在2018年又达成了一项妥协，修订了该协定的某些方面，并将其改名为《美国－墨西哥－加拿大协定》（*United States-Mexico- Canada Agreement*, USMCA）。根据《跨太平洋伙伴关系协定》(*Trans-Pacific Partnership*, TPP)中的建议，新协定的起草者更新了关于知识产权、数字权利、环境政策和劳动行为的保护政策。对原来的《北美自由贸易协定》的唯一重大改动与汽车制造业有关，即一家公司要想获得进口汽车免关税的资格，75% 的汽车零部件必须在北美制造，至少40% 的汽车制造工作必须由薪酬每小时至少16美元的工人完成。美国企图在协议中插入一条"日落"条款(Sunset Clause)，即在没有获得三国政府批准的情况下每五年自动终止协议，但加拿大和墨西哥拒绝接受美国这一试图改变争端解决制度的做法。

受欧盟和《北美自由贸易协定》成功促进贸易的鼓舞，世界上许多地区也开始着手建立自己的自由贸易超级市场。例如，在南美洲，南方共同市场(西班牙语为 Mercado Común del Sur，葡萄牙语为 Mercado Comum do Sul)将阿根廷、巴西、乌拉圭和巴拉圭汇集在一起。与欧盟一样，南方共同市场降低了成员国之间的贸易关税，对来自共同市场以外的商品征收共同关税，这使得包括啤酒、水果、银行服务等方面的贸易都在不断增长。

《跨太平洋伙伴关系协定》，作为雄心勃勃的多边自由贸易协定之一，试图将占世界贸易总额40% 的12个环太平洋国家聚集在一起，包括：加拿大、美国、墨西哥、秘鲁、智利、澳大利亚、新西兰、文莱、马来西亚、新加坡、越南和日本。在2017年，美国为了突显新一届政府"美国优先"的保护主义目的，还是退出了该协定。美国退出《跨太平洋伙伴关系协定》，也终结了该协定中许多颇具开创性的政策，如涉及非关税贸易事项的规则，包括确定工人权利、最低工资、工会权利，以及禁止非法伐木和使用童工。

事实上，许多新的自由贸易协定都侧重于个别国家的国内规则和做法，如禁止转基因作物和不允许当地工厂使用童工。在过去，农产品或工业制成品贸易是贸易协定关注的主要方面；但在未来，自由贸易协定将越来越关注21世纪的问题，如服务贸易以及数据和人工智能在全球市场中的作用。

19

暗网和其他黑市：非法经济的规模有多大？

　　与21世纪经济联系紧密的互联网，打开了难以控制的非法活动的潘多拉盒子。从对涉及政治敏感话题的电子邮件的黑客攻击，到网络敲诈和经济间谍活动，一切皆有可能。例如，当我们在塔吉特百货或蓝十字（Blue Cross）消费时的信用卡信息被窃取后，窃贼有很多的方法将这些有价值的信息货币化，例如出售盗取的有关信用卡卡号和有效期的信息，然后利用这些信息在各种市场上以各种方式实施欺诈。

　　如果把互联网描绘为一座巨大的冰山，我们看到的都是水面上闪闪发光的白色部分，这代表我们访问的所有正常网站，如YouTube、谷歌、脸书以及其他可以公开访问的网站和博客；而潜伏在水面以下的暗潮中的，是更大、更邪恶的深网（Deep

Web）和暗网（Dark Web）。这两个术语通常可以互换使用，但它们的含义截然不同。

一般来说，深网活动并不是非法的，其背后的人会选择脱离公众的视线。典型的深网功能包括网络银行、医疗记录存档、公司内部网络和其他私人网络。在这些网络中，我们不一定希望其他人看到我们所做的一切。

暗网是最深层、最隐蔽的互联网活动，这一名称源于其活动的隐蔽性，因为它们可能是涉及非法或其他高度隐秘的活动。暗网活动可能会涉及间谍通信、网上购买假身份证等，与敲诈勒索或毒品交易等大多数黑市活动没有太大的不同。

暗网一般通过 Tor[1] 或 I2P[2] 等门户访问，保证了用户的绝对匿名性。通过登录到像 I2P 这样的隐形互联网浏览器，暗网活动者可以打开搜索引擎进行几乎所有的非法活动。暗网市场上出售的商品包括被盗的手机、被盗或被黑的信用卡、假币、假护照、毒品和非法枪支。暗网服务包括卖淫，以及雇佣黑客、杀手等。

暗网中的交易通常是通过不可追踪的加密货币进行支付的，如通过 Lelantos 这样的公司提供的匿名的带数字编码的盒子。

---

[1] Tor，是 The Onion Router（洋葱路由器）的缩写，作为一种免费的开源通信软件，可屏蔽使用者的私人信息。——译者注

[2] I2P，是 Invisible Internet Project（隐网计划）的缩写，是一项混合授权的匿名网络项目。——译者注

这种盒子类似于亚马逊以及其他合法在线市场使用的不需要用户实名认证的投递柜。许多暗网网站模仿合法的在线市场，就像亚马逊或克雷格列表（Craigslist）那样，提供产品和信用评级。

在2013年被美国联邦调查局（Federal Bureau of Investigation, FBI）关闭之前，暗网丝绸之路（Silk Road）是世界上最大的匿名购买和销售合法，甚至非法暗网产品的在线论坛，类似于易趣。其创始人被逮捕、审判，并被判处终身监禁，不得假释。一些人批评判决过于严厉，认为他们还不应该被判定犯有暴力罪行。但是，该网站促成了大量非法药物销售，估计每年的交易金额超过1,000万美元，因此美国和其他地方的当局要求给予尽可能严厉的惩罚。

非法药物的销售是世界上规模最大的黑市活动，每年的交易额近5,000亿美元。虽然在世界大多数经济体中，大麻、可卡因和海洛因等毒品是严格禁止销售的，但问题是，只要存在非法药物的需求市场，就会有人为了赚取丰厚的利润而愿意冒着风险出售非法药物给那些热情的客户。例如，在1920~1933年，美国禁止饮酒，由此产生了一个巨大的非法酒类市场。其创造了巨大的黑市利润，并为美国的有组织犯罪埋下了种子。

在2010年代，美国的一些州开始将娱乐用大麻的交易合法化，大量原本非法的交易开始通过政府批准的、合法的企业经营，并为阿拉斯加、华盛顿、俄勒冈和加利福尼亚等州创造了巨额的税收。2017年，科罗拉多州合法的大麻销售超过10亿美元,每年产生的税收超过2亿美元。这些税收可以用于资助教育、公共卫生项目、经济适用房,以及可能有些违背直觉的药物滥用预防和治疗。

许多黑客活动伪装成合法的企业和经济论坛来赚取非法资金。例如,网络钓鱼(Phishing),其中一方发送的邮件看起来像是银行或信用卡公司这样的合法商业发送的,但其实是一种骗局。他们会声称对方的信用卡账户在如易趣、贝宝(PayPal)等在线网站上购物时出现了问题,需要提供个人信息来解决。欺诈性信息有时包含一个超链接,使网络钓鱼者可以从世界任何一个地方访问受害者的计算机。一旦收集到受害者的信息,他们就可以用来在网上进行购物,或者通过暗网出售给第三方,并且保证在过程中完全匿名。

黑客不是通过欺骗对方来获取信息,而是直接窃取。他们知道,通过访问存储在商业计算机上的个人数据可以赚很多钱。这些信息可以被用来进行欺诈性购买或卖给出价最高的人,并且经常被用来勒索公司。2017年,优步公司高官披露,公司的电脑被黑客入侵,以致这些黑客能够访问其全球超过5,000万个客户的姓名、地址和电话号码;优步公司向黑客支付了10万美元的赎金,以要求他们删除这些被他们盗走的数据,并对整个事件保持沉默。

包括美国家庭影院频道(HBO)和迪士尼(Disney)在内的其他公司也成为类似勒索事件的受害者。2017年,黑客告知网飞公司（Netflix），除非支付大笔赎金，否则就将其即将上映的《女子监狱》（*Orange Is the New Black*）中的重要一集在一个叫作海盗湾（Pirate Bay）的流行下载网站上发布。网飞公司不想开创先例，于是拒绝支付赎金；这一集就在黑客所说的网站上播出了，这大大损害了网飞的相关利益。在敏感数据被黑客入侵后，许多公司宁愿支付赎金，也不愿让客户遭受困境和损失。一些公司甚至开始储备比特币，专门用于支付给未来的黑客。

更危险的勒索攻击还包括侵入一家公司或政府的计算机，然后威胁要使计算机文件无法读取或销毁这些文件，除非支付大笔费用。例如，2017年，英国16家医院的计算机遭到大规模攻击，使得医院无法查阅病人的病历，其中许多医院取消了所有非紧急的手术。其他网络勒索者还威胁说，除非支付赎金，否则他们会破坏企业的运营或者泄露客户名单。例如，婚外恋交友网站 Ashley Madison 就遭到过这种攻击，黑客威胁说会泄露顾客的姓名、地址甚至性偏好等信息，直到得到大笔付款。

随着互联网的不断发展，还将出现新的非法活动。例如，2018年有消息透露，亚马逊的 Alexa 或苹果的 Siri 等受市场欢迎的数字助理程序可能会被黑客攻击。他们通过在这些助理程序中嵌入听不清的命令，可以访问用户的银行账户或进行未经授权的在线购买。

现在，世界上的许多非法在线活动都是基于政府的利益进行的，甚至是政府自己操纵的。因此，我们不得不面对一个古罗马人也遭遇过的难题，即如何处理最高层次的腐败和非法活动。在拉丁语中，这个难题被称为 "Quis custodiet ipsos custodes?"，意即"谁来监督监督者？"

20　————————

经济学 vs 环境：这是一个零和游戏吗？

　　世界经济体量现在如此庞大，以至我们赖以生存的星球已经被经济行为永久地改变了。当前，全球人口将近80亿人，并以每年大约8,000万人的速度快速增长，这需要我们找到一种合适的生活和工作方式，以应对有限的资源。

　　衡量世界经济的传统标准，即国内生产总值，是在人们普遍认为"世界资源是无限的"的时候制定出来的。经济学家利用国内生产总值分析判断经济状况，只是依据在特定时间内生产的商品和服务的货币价值来判断在该经济体中生活的人的幸福程度，但忽视了稀缺资源的消耗和造成污染所需要付出的代价。如果这种态势继续有增无减地发展下去，那么地球上的广大地区将在一个世纪内不再适合人类居住。

现代经济学中的 "公地悲剧" (Tragedy of the Commons)，是指许多个人、公司和国家并不认为需要对诸如海洋和空气等共同领域负责。正如中世纪时人们在村庄的公地上牧养了太多牛，导致过度放牧一样，今天的许多公司和个人也并不认为需要对更远大的图景负责。这导致了一系列正在摧毁世界共同财富的集体行为。

为了应对这一问题，一些人呼吁回归过去的田园式的农村生活 —— 人们居住在小茅屋里，只吃在自家花园里种植的东西。现在，世界上一半以上的人口都生活在城市中心，比如圣保罗、墨西哥城、孟买和东京，每个城市的人口都超过2,000万。世界上大多数人根本不会选择回归农村。经济和技术将继续向前发展，以不断支持当前的城市公民以及未来的数十亿新涌入者。

在许多方面，世界经济就像一辆自行车：为了不摔倒，它必须保持前进。随着越来越多的人渴望达到更高的生活水平，经济将不得不继续增长，这样可以避免社会、经济和政治的崩溃。看看叙利亚或委内瑞拉等国发生的内乱，其社会结构在政治和经济崩溃后几乎解体。

持续的经济增长使人们付出的环境代价越来越大，所以我们必须提出更好的经济衡量标准，包括在我们周围开展的经济活动的成本和效益。耶鲁大学和哥伦比亚大学（Columbia University）的科学家提出了环境绩效指数（Environmental Performance Index, EPI），这是一个全球公认的衡量各种环境活动的指标，包括空气和水的质量、渔业和农业活动对环境的影响、二氧化碳排放等。这种"环境国内生产总值"是基于这样一种观点，即所有生产要素，无论是土地、劳动力还是清洁的空气和水，都是稀缺的商品，有一个内在的"价格"，应该被纳入每一个商业和消费决定。对每个国家进行的排名和评估（部分国家指数见表20.1），都是基于所有相关的经济活动。

表20.1 环境绩效指数（2018年）
100分：表现完美 得分0：表现最差

排名	国家	得分	排名	国家	得分
1	瑞士	87.42	8	澳大利亚	78.97
2	法国	83.95	9	爱尔兰	78.77
3	丹麦	81.60	10	芬兰	78.64
4	马耳他	80.90	25	加拿大	72.18
5	瑞典	80.51	27	美国	71.19
6	英国	79.89	150	中国	50.74
7	卢森堡	79.12	177	印度	30.57

资料来源：耶鲁大学，耶鲁大学环境法律与政策中心（Yale Center for Environmental Law & Policy），2018年

注：得分反映的是在实现环境健康和生态活力方面的表现。

基本上，公司和个人只有在意识到污染的成本比清理所有不良后果的成本要高时，才会在生产和消费中减少对环境的负面影响。到目前为止，污染以及其他造成环境退化的负外部

性没有被计入产品的成本。这一问题被经济学家称为市场失灵（Market Failure），可以用几种不同的方案加以纠正。效果最明显的一个解决方案是为污染定价。不幸的是，要形成一个被普遍接受的价值观，以保持河流、海洋、空气清洁甚至让北极熊继续生存，是极其困难的。

在一些国家，政府已经能够对碳排放以及排入空气和水的污染物的数量施加限制。另一个解决方案是对空气污染物和碳排放征税；或者，政府可以鼓励公司和个人利用可再生能源，并提供税收抵免。所有这些解决方案都需要政治意愿，因此只有在选民具有强烈环保意识的国家才有可能实现。

最简单的解决方案是给污染物定价，让公司以碳税的形式直接向政府支付污染成本。几乎每个国家都会对柴油和汽油的销售征税，即使这些税是由消费者而不是公司支付，也会发挥同等的效果。一些国家甚至呼吁全球制定统一的碳排放价格，但问题是如何说服世界所有经济体都参与其中。我们已经看到，在《巴黎协议》（Paris Agreement）谈判中，即使不附加任何要求而仅仅让各国同意限制温室气体排放量的增长，都是异常艰难的。

一个有争议但更市场化的方案是"总量控制与交易"（Cap and Trade），即要求政府将所有温室气体的排放量限制在一个固定的水平，然后让公司和个人买卖他们的"污染权"。虽然听起来很奇怪，但污染权的交易解决了经济增长和清洁环境这两者之间看似不可调和的冲突，得到了许多环保组织的大力支持。与其简单地要求每一个人必须减少污染，不如采取总量控制和交易机制，允许市场这只看不见的手从经济角度来区分合理的污染和不合理的污染。

例如，一个高效运作的轮椅工厂生产每辆轮椅产生的污染通常比低效工厂要少得多。根据传统的反污染计划，政府只会要求这两家工厂减少产量。但根据污染权交易机制，高效的轮椅工厂可以利用其额外的利润从低效的工厂那里购买污染权，并利用这些权利生产更多的轮椅，最终使每个人在不增加总排放量的情况下生活得更好。

在减少污染方面提供经济激励还会产生更加深远的影响。例如，出售未使用的污染权可以获得更大的激励：现金。公司和个人如果能够出售其未使用的温室气体排放权，自然会想尽一切办法努力减少低效和高污染的经济活动。在适当的经济激励下，污染者将会投资于新技术以减少污染。

此外，由于许多银行和投资基金热衷于投资可持续发展的公司，这对环境友好型公司的经理和股东来说是相当大的财务奖励。那些产量更高、污染更少，并特别注重减少污染的公司，其股票价格通常增长得更快。例如，建造太阳能电池板和风力发电机的公司或开发可持续技术的公司，显然比那些盲目破坏环境的公司更能吸引投资者的关注。

最近，许多富裕国家的民粹主义领导人选择放弃保护环境和解决气候变化问题，有的甚至否认气候变化问题的存在。尤其在一些发展中国家，环境方面的问题往往让位于其他更紧迫的问题，如涉及人类生存的问题。理论上，根据库兹涅茨曲线（Kuznets Curve），随着经济活动的增加，污染度会增加到某个顶点，在达到这个顶点之后，一个国家就有能力支付发展绿色技术的资金，污染实际上会随着经济增长而减少。

显然，经济和环境之间的关系不是一方胜利而另一方失败的零和关系。我们在21世纪做的有关经济的一切决定都是有利有弊的，但没有绝对的好或绝对的坏。如果真有绝对的好坏，我宁愿选择停止呼吸，以减少对氧气的消耗和二氧化碳的排放。

我们需要谨慎地权衡所有的成本和利益，以及自己的个人偏好。如果被告知，在牛肉生产过程中释放到大气中的大量温室气体是导致全球变暖的主要原因，我们可能会决定成为素食主义者。如果被告知取消一次环球旅行将减少同等数量的温室气体的排放，我们会如何选择？同样，如果我们被告知，淋浴比用浴缸洗澡消耗的水要少，这似乎是一个简单的选择。但是，考虑到我们所使用的水是否可再生，或者用于加热水的电器是否对全球变暖有影响，我们又该如何选择呢？

基本上，我们作为消费者，不仅要从经济角度认真考虑，还需要有环保意识。最后，我们会清楚地发现，从经济角度看待环境，保护地球及空气和水不仅有利于我们的健康，而且还可能使世界经济在未来几十年内实现健康和可持续的增长。

21

什么会替代资本主义？

从里昂到西雅图再到首尔，几乎世界上每个角落的年轻人越来越多地表示，他们更喜欢以资本主义以外的方式来管理世界经济。面对当前偏向于保护既得利益者的制度，以及无论年轻还是年老的工人生活水平的下降，21世纪经济中的许多人开始寻求其他经济制度，如社会主义或者共产主义制度，试图以更公平的方式生产和分配财富。但问题是，究竟什么是社会主义、共产主义以及资本主义。对此，每个人都有不同的看法。

美国总统候选人伯尼·桑德斯（Bernie Sanders）自封为民主社会主义者，目标是建立一个服务于所有人的民主社会主义制度，而不仅仅是服务于那些拥有大多数财富和生产资料的少数幸运者的制度。与所有生产都由私人决定的纯粹资本主义模式相反，社会主义的理想是让政府在经济运行以及分配所创造的财富方面发挥重要的作用。其中，实施免费教育和单一付款人的医疗保健制度只是社会主义模式的冰山一角。

在社会主义体制下，政府不是让市场自由发挥，而是选择一条对整个社会更有利的经济道路。政府让处于顶层的人缴纳的税金比处于底层的人的要多得多，并控制顶层的人的财富，不让其按照自己认为合适的方式消费，而是将这些钱用来帮助那些需要它们的人。

许多社会主义领导人批评资本主义制度只不过是"富人的社会主义，底层人坎坷的个人主义"。他们指出资本主义政府通过抵押贷款利息的税收抵扣和资本收益的低税率，给予那些顶层的人大量补贴，却限制了穷人购买房子、获得优质教育或获得儿童保育项目的帮扶的机会。亿万富翁投资者沃伦·巴菲特（Warren Buffett）揭示了"资本主义"制度的内在矛盾，他认为在这种制度下，世界上最富有的人缴纳的税款占其收入的比例比他的秘书的还要低。

许多社会主义制度的支持者赞成保持资本主义制度的完整性，但同时分配制度要更公平。这种混合的民主社会主义模式试图将资本主义的优势与社会主义的平等结合起来。事实上，几个世纪以来，大多数资本主义国家，包括美国和法国，已经将这两种体系混合在一起。例如，美国的新政改革包括许多社会主义计划，如最低工资、失业保险、每周工作40个小时和社会保障制度；法国以及其他所有现代经济体，都建立了国民医疗保健体系，为每个人提供相同的基本医疗保健，而不论他们的支付能力如何。

对于许多民主社会主义的支持者来说，最理想的模式是建立于丹麦、挪威、瑞典和芬兰等斯堪的纳维亚国家的北欧模式，德国、奥地利和荷兰等其他欧洲国家采用的模式在一定程度上也属于此种。北欧模式的几乎每项指标均处于世界领先地位，从人均收入到性别平等，从反腐败到幸福感。北欧模式对资本主义体系进行了调整，以形成一个能够提供高水平社会福利的功能完备的市场经济体制。例如，丹麦的弹性工作制度，试图在无工资保障的资本主义与有终身工作保障的社会主义两个极端之间找到一个中间地带。在许多采用北欧模式的国家中，公司经营者与劳动者共同努力，确保人人都有高质量的工作，使社会受到罢工和失业带来的干扰影响减少。例如，在德国中小企业（Mittelstand）系统中，管理层和工人会定期协商，以寻找经营企业的最佳方式。

资本主义与社会主义甚至共产主义之间的界限越来越模糊，这使得世界上许多国家会选择每种经济制度中最适合它们的部分。当听到共产主义这个词时，我们会想到越南，或者是改革之前的苏联。但是，在当今世界中很少有国家完全赞同共产主义理想，即所有经济决策都由中央当局做出。19世纪时，人们希望建立一个没有阶级区分的更加平等的公共社会，以作为解决资本主义工业革命带来的弊端的替代方案，不再出现使用童工、工作条件不卫生和虐待工人的现象。虽然这些现象现在已经不再普遍，但21世纪人们对一个更加平等的社会的需求更加强烈，因为世界上越来越多的财富最终掌握在少数精英手中。

当我们听到资本主义这个词时，许多人只想到强调多元化、法治、自由市场和民主的西方模式。但中国以及其他崛起的亚洲"明星"（如印度、韩国和越南）在经济上的成功，让我们看到经济制度有多种类型。经济学家注意到，各国通常倾向于将两种以上不同类型的资本主义制度混合使用。例如，美国经济是大公司资本主义和企业家资本主义的混合体。这两种资本主义的结合，如苹果和谷歌与数千家互联网初创企业同时存在，使得美国和其他类似的经济体大大提高了生产力，而这是大多数经济福祉的基础，并最终创造了前所未有的繁荣。

相比之下，中国已经成功地将企业资本主义与由国家引导的资本主义结合起来，且重大的经济决策都由中央政府做出。这一混合体系是非常成功的，不仅使数亿贫困的人发展成新兴中产阶级，还有望使中国快速成为世界上最大的经济体。与此同时，俄罗斯的经济增长是以寡头资本主义为基础的，由国家引导的一小群企业家掌握大部分权力，这与20世纪初沙皇统治时的经济体系没有什么不同。其他一些欧洲国家，如匈牙利和波兰，已经进入一种被称为"裙带资本主义"的经济体系，在这种体系中，商业精英与政治精英联系密切并从中受益，但其他人群的利益往往会受到损害。

每个体系都有其优点和缺点。俄罗斯的寡头资本主义成功地结束了后苏联时代的经济混乱局面，并带来了稳定的秩序，但其经济增长速度一直低于其他金砖国家。在日本，政府和大公司形成了错综复杂的关系网。安倍晋三（Shinzo Abe）上任后，尽管实施了以其名字命名的"安倍经济学"（Abenomics），通过财政和货币计划刺激经济发展，但在21世纪初，日本经济增长明显放缓。就中国而言，"和谐社会"理念使其成长为超级经济大国；但中国对世界的开放，至少在贸易和发展领域的开放，可能是其经济成功的主要原因。

在某些情况下，另类或边缘的经济制度可以采取许多形式，给纯粹的资本主义提供可行的替代方案。例如，在以色列，一些人选择参与建立在基布兹（Kibbutz，以色列的集体社区）基础上的另一种公共经济体系，形成了一个基于集体劳动、热爱土地和毫不夸张的平等主义的混合经济共同体。当这个共同体中的一些成员为赚取更高的工资而准备离开共同体，并在基布兹以外拥有自己的房子时，基布兹就会向年轻成员做出确保他们能够购买住房并保留他们所创造的更大份额的收入的承诺来吸引他们回来。一些基布兹甚至开始向非成员出售土地，并允许他们利用诸如托儿所、学校等公共服务，以及获得农场生产的有机食品。

在大西洋的另一边，像委内瑞拉和玻利维亚这样的国家试图建立一个以古巴的马克思列宁主义政权为模板的社会主义乌托邦体系，在那里，中央政府控制着所有重要的生产资源。从理论上讲，在这一制度下，资本主义中饱含痛苦和不公平的经济组织将被一个以"各尽所能，按需分配"为原则的经济组织所取代。然而，2010 年代末委内瑞拉经济崩溃，专制政府将其归咎于外国的干涉以及作为委内瑞拉主要收入来源的石油价格的崩溃，而不是这种制度本身的失败。最终，委内瑞拉经济崩溃演变成严重的灾难，人们缺乏工作的动力，公司也缺乏进入市场的机会，数百万人忍饥挨饿，数千人不能得到药物治疗而死在医院里。

几乎所有成功的经济体最终都混合使用了多种模式。但需要决定的是：什么是正确的组合？对纯粹资本主义制度的"创造性破坏"无疑成功地给世界上数十亿人带来了前所未有的繁荣，但也附带造成了许多伤害。关键是要找到最适合各个国家人民的制度。由于巨大的文化和经济差异的存在，并非所有国家都能在某一特定的体系下繁荣发展。最终，要由人民来决定正确的制度组合。

22

工会在21世纪不合时宜了吗？

2016年，户户送（Deliveroo）的自行车和摩托车送餐工人在伦敦举行罢工，他们的主要诉求是确保自己的最低生活工资。当该项服务的客户——主要是比萨快递（Pizza Express）和拉面道（Wagamama）——拒绝满足他们的要求时，英国工党（Labour Party）谴责此举是对那个因19世纪普遍存在的公然剥削工人和工作条件恶劣等情况而臭名昭著的"维多利亚时期的英国"的回归。

21世纪的经济更加强调灵活的工作条件和新技术的应用，因此，工会被迫重新考虑它们的角色。过去，工会的活动主要集中在安全保障、工作条件、更少的用工时间以及薪酬上。但是，在过去的几十年中，许多国家制定了法律以保障更安全的工作环境，工会的任务则只专注于工人的福利和补偿。但在当今新型共享经济中，像户户送、优步和许多其他企业都把员工视为个人"企业家"，并认为他们不应该得到与全职员工一样的福利，比如养老金计划和医疗保健。21世纪的许多工人更喜欢具有灵活性的工作，允许他们在给定的一周时间内决定工作的时间和工作量，尽管这意味着要放弃工会会员资格所赋予的传统保障。

21世纪工会会员人数的减少可归因于很多因素，而不仅仅是许多年轻工人倾向于从事短期工作或零工，技术变革也是一个重要原因。参观今天任何一家现代工厂，都会看到与过去的工厂截然不同的景象。回看20世纪初福特T型汽车装配线，成千上万的工人在装配线上，视线所及之处都是流水线。而在当今的现代工厂中，机器人和其他形式的机械越来越多，在整个制造过程中，已经越来越少见到工人和工会了。例如，美国南部各州较新的汽车工厂的员工就很少参加工会。

服务行业，作为21世纪经济中增长最快的产业，也给工会带来了挑战，因为这些工作通常可以通过雇用大量的劳动力（未加入工会）来填补。一般来说，低技能工人的雇主，如酒店或清洁服务公司，都可以简单地将业务外包或更换员工。

在这样一个世界上，熟练工人和半熟练工人可以被机器人和日益提高的机械化所取代，而非熟练工人可以被无限供应的非工会员工所替代，工会代表劳动者进行游说的作用正日益减弱。

在过去的半个世纪里，在大多数工业经济体中，工会雇员的占比急剧下降（部分国家工会会员占比见表22.1）。但在斯堪的纳维亚半岛上的一些国家，这一比例仍然很高，部分原因是那里的工会提供失业保险，而其他许多西方国家政府是通过税收提供安全保障。在美国，工会会员数量大约是50年前的一半，是经济合作与发展组织中该指标水平较低的成员国之一。

表 22.1 工会会员占雇员总数的百分比（按国家）

国家	占比	国家	占比
冰岛	90.4%	德国	16.7%
瑞典	66.1%	澳大利亚	13.7%
比利时	54.2%	墨西哥	12.0%
意大利	34.3%	韩国	10.5%
加拿大	25.9%	美国	10.1%
爱尔兰	24.2%	土耳其	8.6%
英国	23.2%	法国	7.9%
日本	17.1%		

资料来源：经合组织，2019年

许多劳工领袖将工会成员人数的下降归咎于全球化，认为许多制造业工作岗位都转移到了劳动力成本更低的海外市场。也有人指出，即使没有全球化，科技的进步也会摧毁许多制造业工作岗位。外包（Outsourcing），即付钱给外部公司，让它们做公司部分业务的做法，已经导致许多工作转移到低工资国家；在过去的几十年里，这导致了高工资国家许多工作岗位和工会成员的流失。

因此，工会越来越依赖服务业工人和政府雇员。在一些国家，政府机构的所有雇员，如市政雇员，都被迫加入相应的工会，或者即使不是会员，也要缴纳工会会费。有人认为，工会活动会使所有雇员都过得更好，所有雇员都应该给工会支付一定的费用。在美国，这种情况一直持续到2018年。当时最高法院（Supreme Court）裁定，强迫人们加入工会或支付工会会费是侵犯他们的言论自由权，这一点由《第一修正案》（*First Amendment*）规定，因为工会活动的目的是游说政府制定有利于工人的法律，并支持倡导提高政府雇员工资和福利水平的特定候选人。

除了司法和政治方面的阻力，许多国家的工会还遭受人口结构变化的影响。年龄较大的工人正被年轻的工人所取代，前者通常更愿意参加工会和工会会员退休计划，而后者往往不太愿意让工会介入他们的就业选择和工作。感到不满的年轻零工不会寻求罢工，而是会求助于社交媒体来羞辱粗鲁的雇主，并曝光不可接受的商业做法。

只有在那些工会为适应21世纪的市场而进行自我改革的国家，工会成员人数才会壮大——而且在某些地方，工会会员人数实际上还在增加。例如，在德国，工会和工作委员会在公司经营层面发挥了积极作用。这种共同决策模式使工会积极参与公司管理，帮助推动可提高生产率和利润的高性能工作系统的运作。在许多情况下，这些额外的利润会进入工人的口袋，这是工会成为创新和变革力量的巨大动力。

有远见的工会日益关注如何提高工人的竞争力，坚持将职业培训作为所有会员的权利，使他们能够从自动化和数字化的发展中受益。重点是确保工人未来的生存能力，而不是维持现状。与公司一样，未来的工会也会追求低成本并利用数字技术，使其在21世纪经济中仍然可以发挥作用。

第二部分

新经济学
方法论

23 ──────────

区域经济危机是如何演变成全球经济危机的？

　　正如传染病跨境传播造成全球流行病一样，一个国家的经济危机也可能会对世界其他国家造成灾难性后果。例如，1930年代的大萧条，始于美国经济衰退时期的金融崩溃，使成千上万的美国人失业，无数公司和农场破产。1929年大崩盘后，美国联邦储备委员会开始采取行动限制货币供应，这导致了经济活动进一步放缓，加剧了失业率和破产率。面对严重的资金危机，美国的银行从外国收回贷款，这导致德国和阿根廷等债务国的银行体系崩溃。

　　然后，美国政府为了保护本国公司和农民，提高了进口商品的关税和配额。但是，《斯姆特－霍利关税法》(*Smoot-Hawley Tariff Act*) 的签署立即导致世界其他国家纷纷提高自己的关税，从而形成了一个恶性循环 —— 一个国家的经济衰退和孤立主义导致另一个国家更严重的衰退和出现更多的贸易保护主义，并最终导致世界范围内的萧条。德国、英国和美国的失业率达到前所未有的水平，超过25％的劳动力处于失业状态。在德国，恶化的经济形势是法西斯主义崛起的主要原因，阿道夫·希特勒（Adolf Hitler）在经济不景气和通货膨胀率飙升的情况下夺取了政权。

与1930年代的全球经济危机相似，最近的全球经济衰退也发端于美国房地产市场的崩溃。但金融崩溃的规模之大，需要政府和央行采取前所未有的干预措施。而在此之前，全球范围内的银行都利用不稳定的短期货币市场投资了美国次级证券；当这些投资造成灾难性的后果时，全球范围内的银行开始纷纷倒闭，一场席卷全球的危机已经来临。在某些国家，股市下跌超过50％，预示着全球经济的崩溃。

世界各国的中央银行［包括美国联邦储备委员会、英格兰银行（Bank of England）、欧洲中央银行和日本银行］共同行动，使局势暂时稳定了下来。但是，当整个国家（如冰岛和希腊）开始破产时，毋庸置疑，2008年危机的影响将持续数年。

美国联邦储备委员会以及世界其他中央银行在2008年面临的任务，是以某种方式解决眼前的问题，而不是创造会加剧未来危机的先例。有人认为，美国联邦储备委员会为应对2000年互联网泡沫破灭而采取的措施，增加了流动性，并促成了利率大幅降低，为房地产泡沫以及几年后的金融市场崩溃奠定了基础。也有人认为，亚洲新兴经济体以及德国等其他出口导向型国家的"储蓄过剩"（Savings Glut），使它们可以轻而易举地获得抵押贷款，这导致从都柏林到马德里再到旧金山的房地产市场过热，最终造成2008年的经济衰退。

有人指出，美国的银行和抵押贷款公司发现，它们可以向在通常情况下不能获得信贷的购房者提供贷款而赚很多钱。这些次级贷款人，被允许通过支付利率高于正常利率的、随一般信贷市场涨跌的浮动利率来获得贷款购买房屋。当这些银行和抵押贷款公司意识到，它们可以通过重新打包这些可疑的抵押贷款，并将其作为债券出售给世界范围内的投资者（主要是现金充裕的银行和金融机构）时，次级抵押贷款市场才真正腾飞起来。到2007年，每年交易的抵押贷款支持证券价值达数千亿美元，在规模上，次级债市场已经超过当时世界上最大的债券市场——美国国债市场。

最初人们认为，通过将成千上万个地理位置不同的抵押贷款打包在一起，所有这些抵押贷款在同一时间违约的概率极小。而向发行银行支付巨额费用的评级机构，也满足于利用计算机生成的风险分析系统，认为美国房地产市场各不相同，价格在同一时间下跌的情况几乎是不可能出现的。但这种情况恰恰出现了，成千上万的抵押贷款变得一文不值。当伦敦和东京的银行和投资机构都拒绝为全球经济运转提供资金的时候，美国的信贷危机随即席卷全球，各国政府和中央银行不得不匆忙寻求快速解决方案。

利率和货币供应量是美国联邦储备委员会和其他中央银行传统上用于控制经济增长的主要政策工具，而关键在于如何运用这些工具。就像发动机的速度受其燃料供应的控制一样，一个国家的经济也受其货币供应量的控制，而货币供应量决定着利率水平。每个国家的货币供应都受其中央银行控制：在英国，是英格兰银行；在瑞士，是瑞士国家银行（Swiss National Bank）；在美国，是美国联邦储备委员会；在欧元区国家/地区，是总部位于法兰克福的欧洲中央银行；在日本，是日本银行。这些准公共机构是由政府建立的，然后被赋予独立性，以使经济得到控制，而不会受到"流水式"的政治家的过度干预。

尽管媒体倾向于关注最新的主要经济统计数据，如国内生产总值增长或失业率等，但没有任何单一指标能告诉我们经济增长的速度，或这种增长是否会导致通货膨胀。此外，我们没有办法获悉经济对货币政策变化的反应速度。如果一个国家的中央银行允许经济过快增长，例如在流通中投入过多的货币，就可能会导致泡沫和严重的通货膨胀；相反，如果使经济增长放缓过多，则可能导致经济衰退，从而引发金融动荡和严重的失业。当经济停滞与高通胀（有时被称为"滞胀"）同时发生时，最坏的情况就出现了。

因此，中央银行必须有先见之明，并极其谨慎，一方面要关注通货膨胀，这通常是经济过热的副产品；另一方面要关注失业，这几乎始终是经济增长放缓的后果。在21世纪，随着全球资本的大规模流动，许多国家对货币供应的控制力减弱了，因此判断任何一项货币政策对本地经济的影响，几乎是不可能的，更不用说对世界经济的影响了。

鉴于2010年代极低的通货膨胀率，有人呼吁采用其他方法来控制经济增长。例如，采用"财政政策"来调整货币供应量，而不是通过中央银行所谓的"货币政策"来提高或降低利率，这实质上是允许政府越过央行来通过印钞增加货币供应。利用政府发行新货币的能力来影响经济增长，这通常被称为现代货币理论（Modern Monetary Theory, MMT）。但这并非毫无问题，因为通货膨胀可能会在短时间内卷土重来。虽然像美国这样的国家发行的货币被视为无风险（因为政府有能力印制新的货币），而且世界上的投资者随时都可以接受，但许多其他国家也可能会滥用MMT的力量，以缺乏世界各国央行提供的审慎指导的方式支付巨额赤字支出。

大萧条仅仅是区域危机演变成全球危机的一个最典型的例子，自19世纪经济全球化以来，已经发生了许多其他危机。从战争到气候变化再到政治动荡，所有的一切都一度让金融市场崩溃。然而，周期性的力量，例如生产过剩、投机活动或市场的狂热，是导致金融危机的最常见的原因，并常常导致股市崩盘、大规模裁员以及工厂关闭。

金融危机有时是由与原先的问题毫不相关的力量造成的，有时也是由与原先的问题毫不相关的力量解决的。例如，非洲南部的黄金产量的增加，结束了美国内战之后的黄金价格下跌的态势，也使全球经济复苏；1959年第二次世界大战的爆发，通常被认为是使美国工业重获新生，并在1941年底美国参战之前结束大萧条的原因；1970年代大多数工业国家的衰退，是石油生产国决定实施禁运、提高石油价格的直接结果。

最近发生的大多数金融危机，从1987年的股市崩盘，到2000年的互联网泡沫破灭，再到2001年9月11日美国遭受恐怖袭击后的市场崩溃，都是世界上任何一个国家都无法控制的经济和社会政治力量所导致的，并极大地影响了全球市场。

24 ————————

在新的全球经济中，我们如何给国家排名？

　　关于竞选活动，人们以前都基于这样的认知，即经济实力是谁能当选的决定性因素。从历史上看，如果经济增长强劲，几乎所有现任领导人都会连任。但是，在风云突变的21世纪，我们如何比较各国的经济表现呢？

　　当今世界，选民都是从有线电视频道、广播网络和互联网获取新闻信息——统计数据不再被认为是可靠的，经济健康状况也可能不那么容易被界定。2010年代后期，世界各地的政治领导人惊讶地发现，经济增长并不一定会为选民带来幸福感。在全球经济普遍繁荣时期，几乎所有发达工业经济体的 GDP 都在强劲增长，但从华盛顿到巴黎再到波恩的政治领导人却发现他们的公众支持率降到了历史新低。在经济衰退的国家，许多专制领导人却再次当选，获得了创纪录的支持率。政治与经济之间的这种脱节，可以用21世纪的定义经济健康程度的全新观念来解释。

国内生产总值是每年商品和服务总产出的传统衡量标准，基本上是一年中个人、公司和政府机构花费的钱的总和。当我们去商店买东西，或者给油箱加满油，或者在平板电脑、智能手机上观看付费视频时，都是在为经济增长做贡献。当公司购置新的办公楼，或者租用办公楼时，也是在为经济增长做贡献。

国民生产总值（GNP）对GDP进行了补充，并将国际支出纳入其计算口径。例如，美国国外销售苹果智能手机或网飞公司电影获得的收入，会使特定经济体的GNP的衡量范围更加广泛。另外，GNP还包括一国政府出售给另一国政府的股票的收支以及债券的利息支付——都是21世纪经济中重要的考虑因素，特别是一些持有数万亿美元美国国债的出口国家，如中国和沙特阿拉伯。

国民生产总值有时会大于国内生产总值，有时则相反。一方面，像爱尔兰这样的国家，拥有很多外资公司，如位于都柏林的埃森哲总部以及位于莱克斯利普的英特尔工厂。这使该国的国民生产总值小于国内生产总值，因为支付给外国所有者的款项是从国内生产总值中扣除的。另一方面，英国人、美国人和瑞士人倾向于拥有多家国外的公司，因此其国民生产总值通常会大于国内生产总值，因为国民生产总值统计了国内生产总值中未包括的国外生产收入。

如何比较使用不同货币的国家之间的国内生产总值呢？这
很困难，因为每个国家经济活动的价值都是以币值不断变化的
货币来衡量的（各国国内生产总值比较见表24.1）。一种方法是
在年底简单地计算每个国家的国内生产总值，然后利用官方汇
率折算成以通用货币计值的国内生产总值。

表24.1　主要经济体的国内生产总值比较（2018）

国家	货币	按本币计算的 GDP	按美元计算的 GDP
美国	美元	20,412,870,000,000	20,412,870,000,000
中国	人民币	97,748,500,000,000	14,092,514,000,000
日本	日元	579,675,950,000,000	5,167,051,000,000
德国	欧元	3,668,650,000,000	4,211,635,000,000
英国	英镑	2,259,190,000,000	2,936,286,000,000
法国	欧元	2,548,050,000,000	2,925,096,000,000
印度	卢比	209,530,110,000,000	2,848,231,000,000
意大利	欧元	1,901,150,000,000	2,181,970,000,000
巴西	雷亚尔	7,882,550,000,000	2,138,918,000,000
加拿大	加元	2,356,520,000,000	1,798,512,000,000
俄罗斯	卢布	112,423,840,000,000	1,719,900,000,000
韩国	韩元	1,924,712,730,000,000	1,693,246,000,000
西班牙	欧元	1,312,360,000,000	1,506,439,000,000
澳大利亚	澳元	2,118,060,000,000	1,500,256,000,000
墨西哥	比索	23,482,970,000,000	1,212,831,000,000

来源：国际货币基金组织，2018

不幸的是，这种方式不能正确表明许多国家的经济健康状况。由于每个国家的同类商品和服务的成本各不相同，其总价值可能会相差很大。例如，在印度，从可乐到电影票，所有东西的成本都比在美国和新加坡等这些高成本国家的要低，因此它的国内生产总值最终看上去比实际要小得多。

因此，大多数经济学家和统计学家都试图使用"真实"汇率来调整每个国家的 GDP，这通常被称为购买力平价（PPP）。对于那些想清楚了解每个国家的实际经济价值的人，这是一个重要的计算方法。例如，要确定哪个经济体是世界上最大的经济体，就必须使用购买力平价来调整名义 GDP 数据，否则这些数字就没有什么价值。

购买力平价是一种简单的计算方法。其方法是，选择一个国家的货币（如美元）作为基础货币；然后，将选定的一篮子商品和服务的美元价值，与另一个国家相同的商品以传统汇率计算的价值进行比较。在大多数情况下，这两个值是不相等的。

显然，必须谨慎选择纳入购买力平价的一篮子物品。由于不同国家消费的商品和服务不太相同，例如牛肉、香肠、比萨饼在印度并不常见，因此通常很难得出完全可靠的购买力平价。《经济学人》杂志略带戏谑地提出了基于全球麦当劳巨无霸汉堡的成本来计算 PPP 的方法。由于巨无霸在每个国家都是相同的，并且在世界各地销售，因此巨无霸指数现已成为观测全球价格变化的可靠工具。如果在伦敦购买巨无霸的价格是在布宜诺斯艾利斯的2倍，那么意味着当前的汇率无法用来比较每个国家的经济规模；汇率必须通过购买力平价进行调整，例如阿根廷的GDP要翻一番才能更好地进行国家经济规模的比较，并确定谁才是真正的第一名（各国"真实"GDP排名见表24.2）。

表24.2　各国"真实"GDP（2018）

国家	以美元计算的名义 GDP	基于 PPP 调整的 GDP（美元）
中国	14,092,514,000,000	25,238,563,000,000
美国	20,412,870,000,000	20,412,870,000,000
印度	2,848,231,000,000	10,385,432,000,000
日本	5,167,051,000,000	5,619,492,000,000
德国	4,211,635,000,000	4,373,951,000,000
俄罗斯	1,719,900,000,000	4,168,884,000,000
巴西	2,138,918,000,000	3,388,962,000,000
英国	2,936,286,000,000	3,028,566,000,000
法国	2,925,096,000,000	2,960,251,000,000
墨西哥	1,212,831,000,000	2,571,680,000,000
意大利	2,181,970,000,000	2,399,825,000,000
韩国	1,693,246,000,000	2,138,242,000,000
西班牙	1,506,439,000,000	1,864,105,000,000
加拿大	1,798,512,000,000	1,847,081,000,000
澳大利亚	1,500,256,000,000	1,312,534,000,000

来源：国际货币基金组织，2018

　　将一个国家的GDP总量与人口数量联系起来是有意义的，可以让我们对一个国家的真正富裕程度有一个更现实的认识。

因此，人均GDP通常被用来比较国家之间的经济实力（各国人均GDP见表24.3）。试想一下，像斯里兰卡或乌拉圭这样的国家，在夏季奥运会上获得的奖牌数量，与美国或巴西的一样多。通过将每个国家的经济总产出除以居住在该国的人口数量，我们可以更准确地了解谁更富有。不能仅仅因为印度的国内生产总值比加拿大的高，就认为印度比加拿大更富有，这没有什么意义。我们需要研究财富是如何分配的，需要看到更人性化的价值，而不仅仅是冰冷的经济统计数据。

表24.3 各国人均GDP（2018）

国家	以美元计算的名义GDP	人均GDP（美元）
美国	20,412,870,000,000	62,520
澳大利亚	1,500,256,000,000	56,700
德国	4,211,635,000,000	48,670
加拿大	1,798,512,000,000	46,730
法国	2,925,096,000,000	42,930
英国	2,936,286,000,000	42,260
日本	5,167,051,000,000	40,110
意大利	2,181,970,000,000	34,350
韩国	1,693,246,000,000	32,050
西班牙	1,506,439,000,000	31,060
俄罗斯	1,719,900,000,000	10,950
中国	14,092,514,000,000	9,630
墨西哥	1,212,831,000,000	9,610
巴西	2,138,918,000,000	9,130

国家	以美元计算的名义 GDP	人均 GDP（美元）
印度	2,848,231,000,000	2,020

来源：国际货币基金组织，2018

实际上，任何衡量经济增长和经济实力的指标都不能完整地反映经济全貌。例如，生活质量就不包含在传统的 GDP 衡量指标中。因此，一个法国家庭，在普罗旺斯的祖母的乡间别墅度过 5 个星期的暑假所花费的钱，对 GDP 的贡献，肯定不能与在一个五星级胜地度假 1 个月相提并论。同样，日本和美国的家庭因假期短暂，而最终在其他方面支付了更多费用，如将孩子送入夏令营或昂贵的日托班。这种文化效应也会对官方 GDP 统计产生重大影响。

当罗伯特·肯尼迪（Robert Kennedy）于 1968 年指出 "在统计国民生产总值时，并未考虑我们孩子的健康、他们获得的教育的质量或玩耍时是否享受到乐趣" 时，他重申了许多经济学家已经说过的话：GDP 和 GNP 都不能真实完整地反映经济的健康状况。著名经济学家约瑟夫·斯蒂格利茨（Joseph Stiglitz）过去曾谴责美国的 "GDP 拜物教"，而呼吁将更广泛的因素，包括诸如可持续性、污染以及其他无形资产等难以定义的指标，纳入 GDP 统计标准，并将其命名为 "绿色 GDP"（GGDP）。

显然，"环境污染者" 强烈反对这种措施。当美国经济分析局（Bureau of Economic Analysis）考虑将环境破坏纳入 GDP 指标时，像西弗吉尼亚州这样的地区就反对这一措施，担心这样会使该州的煤矿工人处于不利地位。而其他州，如俄勒冈州和佛蒙特州，则持相反的态度，它们希望建立一个真实发展指数（GPI），作为反映经济健康状况的替代指标。这个指数基本包括犯罪、污染和收入分配不均等消极因素，以及公共基础设施、与家人相处的时间等积极因素。

最被普遍接受的衡量经济健康状况的指标是联合国人类发展指数（UNHDI），它根据健康状况、教育和收入水平对每个国家进行评估。该指数包含了预期寿命、受教育的机会、成人识字率、受教育年限、收入的公平分配、按 PPP 调整的人均国内生产总值、医疗保健以及性别平等等因素。毋庸置疑，像挪威、澳大利亚和瑞士这样的高度重视生活质量问题（如教育和医疗保健）的国家，在榜单上名列前茅（排名见表24.4）。

表24.4 联合国人类发展指数排名（2018）
（最高分：1.00 最低分：0.00）

排名	国家	得分
1	挪威	0.953
2	瑞士	0.944
3	澳大利亚	0.939
4	爱尔兰	0.938
5	德国	0.936
6	冰岛	0.935

（续表）

排名	国家	得分
7	瑞典	0.933
9	新加坡	0.932
10	荷兰	0.931
11	丹麦	0.929
12	加拿大	0.926
13	美国	0.924
14	英国	0.922
15	芬兰	0.920

来源：人类发展报告办公室（Human Development Report office），2018

　　一些国家，如不丹，试图减少对具体指标的关注，更多地关注幸福，并在1972年制定了国民幸福总值（Gross National Happiness）指标。还有一些其他指标，例如幸福星球指数（Happy Planet Index），它利用预期寿命、对生活的满意度和生态足迹数据确定每个人有多少幸福感是相对于环境投入产生的。

　　众所周知，幸福和健康是难以衡量的，但是通过跟踪民意调查、搜索请求数据以及社交媒体活动，我们获得了很多有价值的信息，可以用来确定哪个国家才能合乎情理地高喊"我们是第一"。

25

民粹主义领导人是如何利用我们在经济上的无知而获得权力的？

　　正如希特勒在大萧条期间利用德国经济危机来获得政权一样，现在的民粹主义领导人也深悉，利用经济危机和选民的恐惧往往是当选的最有效方法。在第一次世界大战后，德国恶性通货膨胀达到顶峰，希特勒于1923年发动了慕尼黑啤酒馆暴动；在1930年代初纳粹党夺取绝对权力时，德国正处于严重的通货紧缩时期。尽管扩大政府权力和限制公民权利被认为是解决经济危机的手段，但德国的民粹主义领导人却带有更加险恶的用心。

　　在当今复杂的全球经济中，选民同样对复杂的政治格局感到不知所措，并且全世界的政治人物都知道，心怀不满的公民通常更喜欢那些能够提供简单解决方案而不是空谈经济规律的领导人。专制的领导人会利用经济论据来证明"独自发展"和"把我们放在首位"的政策的合理性，使公众普遍对全球贸易协定以及联合国、世界贸易组织的作用持怀疑态度。虽然经济学家可以轻松证明全球经济合作会带来很多好处，但普通工人往往不以为然，甚至会倾向于将停滞不前的工资和增加的失业率归咎于全球化，特别是那些外国工厂或机器人可以以更低的成本进行生产的行业。从伍德罗·威尔逊（Woodrow Wilson）开始，连续四任美国总统都将"美国优先"一词作为竞选口号，这并非偶然。

当面临低工资、失业和承受工作不安全感时，被边缘化的工人通常不希望听到晦涩难懂的经济主张。例如，沃尔玛的工人在2010年代末的平均工资仅为50年前福特或通用汽车工厂工人工资的30％，这自然会导致他们的不满和愤怒。自2008年全球经济衰退以来，民粹主义者倾向于将经济问题归咎于当前政党的功能失调，几乎每一次全国大选都出现了远离主流政党和政客的动向。从美国、法国、意大利到墨西哥、巴西以及其他国家，越来越多的民粹主义政治家利用普通选民的恐惧和不安全感纷纷当选。

在一些国家，由于经济问题和社会动荡，选民开始允许民主进程受到严重的侵蚀。到2010年代后期，包括俄罗斯、土耳其和匈牙利在内的许多国家的选举都受到了严重操纵，即使没有被操纵，选举也只是为了给现任统治者盖上"橡皮图章"。一些国家的领导人甚至试图彻底取消任期限制。在许多国家，媒体已成为执政党或领导人的工具，几乎不会在国内传播反对性或批评性观点。

民粹主义倾向已经越来越严重，导致由独裁者领导的国家的数量开始超过自由民主国家的数量。2010年代末的一项研究发现，在人均收入颇高的15个国家中，超过60%的国家不再被定义为民主国家。经济学人智库（Economist Intelligence Unit）分析了自2008年金融危机（有时被称为民主衰退）以来自由民主制度的转变情况，发现有89个国家的民主制度恶化了，而只有27个国家得到了改善。

民粹主义者一旦上台，就会采取一个典型的策略，即攻击媒体或司法系统，他们认为媒体或司法系统本身就是问题的一部分，而不是解决方案。在极端情况下，民粹主义者通过扼杀任何形式的反对派而成为真正的独裁者，指出只有他们能够解决经济问题并使普通工人受益。

专制的领导人表面上看起来是在保护工人，其实是牺牲工人的利益而让自己及家庭富裕起来。例如，在匈牙利和俄罗斯，与执政党有紧密裙带关系的人控制着大部分经济活动。长期以来，"裙带资本主义"一直是撒哈拉以南非洲国家的一种惯用体系；直到21世纪，才转变为自由的西方经济制度体系。以土耳其为例，总统在2018年任命其女婿为国库和财政部部长，当时正值经济动荡，土耳其里拉在短短几个月内贬值超过40％。新任经济领袖实际上在制定宏观经济决策方面没有任何经验。由此可见，总统似乎并不关心经济的发展，而是将精力重点放在培养其家庭成员成为下一任总统上。

就英国脱欧而言，支持脱欧的政客被指责为了促进英国脱欧而背弃了英国原本最大的市场，他们不是出于经济原因，而是为了获得长期的政治优势。当"干净"的脱欧计划不能实现时，支持脱欧的政客又声称退出欧盟将使英国走上新一轮全球贸易的经济复兴之路，而这又遭到了新的质疑。

经济学家保罗·克鲁格曼（Paul Krugman）就指出，英国做出脱欧的决定是基于错误的经济推理，特别是有悖于引力方程式（Gravity Equation）。该方程式认为贸易伙伴的规模很重要，但贸易伙伴之间的距离更重要。因此，英国脱欧意味着英国放弃了一个在家门口的近距离的拥有4.5亿人口的市场，而寄希望于其更加难以触及的市场。

英国正在面临艰巨的任务，即建立一个全新的贸易纽带以取代自家门口的近距离贸易市场；而与此同时，美国也在努力与加拿大以及其他许多主要贸易伙伴断绝贸易关系，并采取了效果令人质疑的经济措施，如对大量进口商品征收关税，其中包括许多对美国经济平稳运行至关重要的商品。美国采取此举的理由是，认为其贸易伙伴不愿向美国开放出口市场。

美国一定仍记得1930年代对外国进口设置壁垒的结果，同样地，这次也一定会导致相应国家也构建自己的贸易壁垒进行回应，以针对那些为总统当选提供最大支持的州的商品出口。新的贸易战可能会摧毁减税带来的经济利益，最终导致工人的处境更加糟糕，许多人将失业。但讽刺的是，许多工人继续支持民粹主义政策，认为要不惜一切代价保护美国的就业和市场。

"美国优先"政策的支持者没有意识到，美国的贸易逆差实际上并不是由其他国家的高贸易壁垒造成的。根据世界银行的统计，在贸易战开始之前，其他国家对美国商品征收的平均关税其实是微乎其微的，欧洲为1.6％，日本为1.4％，加拿大为0.9％。美国发动全球贸易战并呼吁其他国家降低如此低的关税，在经济上是荒谬的，特别是在经济已经满负荷运行的情况下。

在一国的工厂已经提供了全部的生产力、每个人都已经充分就业的情况下，该国如果仍然试图迫使其他国家进口更多的商品，就会使该国商品的出口价格走高，从而进一步导致其出口吸引力减弱。

更糟糕的是，大国的民粹主义领导人讥讽多边贸易体系并煽动不必要的贸易战，并鼓励其他国家领导人效仿，最终导致全球的无政府状态。其实，专制领导人是心怀鬼胎的，利用普通公民的恐惧操纵他们的投票，更多的是为保护自己的利益，例如保护自己的政治支持者或寡头商人，而罔顾整个国家的经济利益。

26

新世界经济的投资比较

　　备受尊敬的投资人沃伦·巴菲特曾经说过，裸泳者只有在潮水退去时才会暴露他们的身体。在2008年灾难性的金融危机期间，人们在世界金融市场上发现了许多资产萎缩的人。受人尊敬的基金经理伯尼·麦道夫（Bernie Madoff）也是如此，他数十年来一直在实施庞氏骗局，利用新投资者的资金为以前的投资者提供慷慨而稳定的回报。

　　大多数投资者损失尤其惨重，原因是他们正在寻找"安全"的投资方式。通过提供高于通货膨胀率几个百分点的固定收益，这些骗局成功地吸引了那些想要避免不断波动的市场风险的人。无论是大学养老基金还是单身母亲为家庭未来留出的储蓄资金，任何人的投资都是追求最大限度地降低风险，同时获得高回报。

但人们如何判断什么是最好的投资呢？

　　大多数投资者应该问的第一个问题是：损失一部分或全部的钱的概率有多大？例如，债券投资者不仅需要知道利息是否会按时支付，还需要知道本金或最初投资的金额是否也会得到偿还。在2008年金融危机爆发之前，那些投资抵押贷款支持证券的人眼睁睁地看着他们的投资崩溃，基础资产变得一文不值，债券也失去了价值。许多投资不得不彻底注销。

　　如何预测什么是好的投资呢？这就需要审查各种国际公司和借款人的财务文件。而这对任何人来说都是一项非常艰巨的任务，无论他们的学识有多么渊博。因此，大多数投资者开始依赖评级机构来帮助其判断投资世界各地的公司和国家的风险。世界上大型的评级机构，包括标准普尔、穆迪投资者服务公司（Moodys' Investors Service）和惠誉国际评级（Fitch Ratings），它们会向公司和出借人收取费用，然后给他们提供易于理解的评级信息。评级等级划分从风险极高的F级或CCC这样的低评级到最可靠的投资AAA级。例如，当美国在2010年代开始面临极高的债务时，就失去了其梦寐以求的AAA评级。

　　在2008年金融危机后，许多信用评级机构因未能充分判断大量正在出售的新型复杂证券的信用价值而遭到严厉批评，这些证券有着诸如债务抵押证券（CDO）和结构性投资工具（SIV）等晦涩的名称。发行这些证券的银行和信用评级机构都被卷入了国际金融界这一最大的骗局。直到2010年代末，评级机构才同意为其渎职行为支付数十亿美元的罚款，因为其已经被无数投资者起诉，并被美国司法部（U.S. Department of Justice）调查。

最初，信用评级机构还指责其用于分析新型证券的计算机程序存在缺陷，并认为没有人会想到美国所有市场的房价会同时下降。而事实证明，甚至许多内部人士也承认，评级机构更感兴趣的是赚钱和保持市场份额，而不是把投资者的福利作为优先考虑的事项。当房地产市场崩盘前的几年开始下跌时，评级机构并没有改变对包含数千个高风险次级抵押贷款债券的AAA评级（风险评级见表26.1）。而大量最初评级为AAA的证券，最终评级低于Baa或BBB。

表26.1　风险评级

	穆迪	标准普尔	达夫菲尔普斯（Duff & Phelps）
投资级	Aaa	AAA	AAA
	Aa	AA	AA
	A	A	A
	Baa	BBB	BBB
投机级	Ba	BB	BB
	B	B	B
高风险	Caa，Ca，C	CCC，CC	CCC，CC，C

在进行国际投资时，仅仅考虑公司或债券发行人的财务偿付能力是远远不够的，还必须考虑国家本身的信用风险。基本

上，一个国家的主权评级几乎总是优于该国的任何一家公司。这是因为从理论上讲，政府永远是最后一个破产的实体。如果任何一个特定的经济体的情况变得非常糟糕，那么其资产会被政府没收；或者政府会为了避免破产而不遗余力地印发大量新钱，导致公司的价值可能会因增加的税收而受到侵蚀，或者因失控的通货膨胀而缩水。

一家拥有大量海外资产的全球性公司，其信用风险往往高于其注册地所在的国家。例如，雀巢（Nestlé）在国外的业务比在其母国瑞士的业务要多得多。对公司和投资进行估值和比较总是一项困难的任务，特别是当需要考虑会计制度、货币甚至经济制度的国际差异时。

如何将在日本投资股票与在哥斯达黎加购买度假用房产进行比较呢？又如何将购买巴西公司债券与购买美国债券进行比较呢？就像比较两个葡萄园，可以通过观察它们在任何特定年份的收成进行评估，国际投资也可以通过观察它们的总回报或者收益率来进行评估。在经济学术语中，收益率是一项资产随着时间的推移而增值的总和，包括股息和利息的支付。如果债券能够支付较高的利率，其价值将会增加，这就表明购买它的收益率将高于将同等数额的钱放在床垫下或保存在银行中的收益率。

大多数人更倾向于将所有收益换算为一种共同的货币来比较国际投资，这种参照货币通常是投资者的本国货币。例如，耶鲁大学捐赠基金在国外投资数十亿美元，在进行投资比较时，会先将所有这些国际投资的价值换算为美元价值，然后再进行排序。这样，就可以很容易地将一项投资的收益率与其他投资的进行比较（收益率比较见表26.2）。

表26.2　2015年投资10,000美元在2020年的收益率

投资项目	5年后的美元价值	收益率
比特币	336,490.11	3,264.9%
科技股（NASDAQ-100）	19,239.02	92.4%
美国股市（道琼斯工业指数）	16,43.52	64.3%
美国股市（S&P 500股价指数）	15,622.82	56.2%
日本股票（日经指数）	14,411.86	44.1%
中国股票（香港恒生股票指数）	13,072.56	30.7%
巴西股票（圣保罗证券交易所）	13,017.81	30.2%
美国单户家庭房产	12,662.99	26.6%
黄金	12,630.51	26.3%
欧洲股市（斯托克600指数）	11,448.34	14.5%
新兴市场股票（MSCI）	11,442.27	14.4%
石油（布伦特原油）	10,420.37	4.2%
美国国债（10Y）	10,287.12	2.9%
现金	10,000	0%
钻石	9,080	-9.2%
阿根廷股票（梅尔瓦指数）	5,382.75	-46.2%

资料来源：彭博（Bloomberg），Diem Partner AG，UBS–AG

在一项简单的投资中，如投资黄金或比特币，通过将期末的价格与期初的投资价格进行比较，就可以很容易地计算出收

益率。但是如果债券的利率是固定的，甚至是浮动的呢？或者是一支在某年内提供大量股息而下一年却没有股息的股票呢？又或者是因每年都要缴纳高额资产税而遭贬值的房产呢？

大多数投资者计算某一特定投资在一段时间内的收益，是将所有收益和损失相加。而精明的投资者会将所有的收益和损失或现金流量数据输入电子表格，或者利用诸如个人资本（Personal Capital）或谷歌金融（Google Finance）等智能手机应用程序，然后根据收益率或任何其他标准比较一系列投资的表现。最后，需要说明的是，收益率只能告诉我们特定投资过去的表现，而不能说明它将来的表现。

分析和比较投资，还需要考虑许多其他评价标准。如果投资所在国的政府崩溃，或者其制定新的法律来限制贸易甚至禁止将资金转移到国外，正如许多国家在面临大量资金外流到更安全的地区时所做的那样，那么在该国的投资可能会受到严重影响。在2008年经济衰退后的金融危机期间，许多国际投资者抛售管理良好的新兴市场的头寸，以弥补在欧洲和北美洲的损失，这导致世界部分地区的股市崩盘，而这些地区表面上与最初的危机毫无关系。

尽管国外投资具有高度的复杂性，但是大多数投资者仍然懂得购买国际多样化的投资组合的重要性。国际投资的回报往往会超过投资美国、德国和日本等传统市场获得的回报。例如，当印度、中国和拉丁美洲、东南亚的其他快速增长的经济体开始进行市场导向的改革时，大量国外投资会纷纷流入，这会提振它们已经扩大的股票市场，并使其公司的市盈率（P/E）与世界上其他地区的齐平。

市盈率是指股票的价格除以税后利润的比率，这已经成为一种帮助人们确定何时买入或卖出股票的可靠的衡量标准。股票市场泡沫可以通过查看特定市场的平均市盈率来预测。市盈率水平接近历史平均水平（比如从10到20）的公司的市场趋于稳定。当市盈率超出正常范围时，市场可能会出现问题。例如，2000年互联网泡沫破灭时，纳斯达克的高科技股票指数的市盈率远高于50。

预计未来几年业绩将大幅增长的公司的成长型股票，其收益通常会低于老牌公司的，因此会趋向更高的市盈率。这种股票的高价格反映了对未来更高收益的预期。医疗保健或高科技公司通常被认为是成长型公司，因为高科技领域预计在未来几年将显著发展。这不同于"价值型股票"，比如那些以成熟市场为基础的银行和制造业。所谓的 FANG 公司，包括世界上四大科技公司：脸书、亚马逊、网飞和 Alphabet（谷歌的母公司）。它们的股票市盈率到2010年底达到了天文水平，在某些时候超过了300。

最后，投资者需要关注更广泛的指标，而不仅仅是评级或收益率水平，只有这样，他们才能在新世界经济中生存和繁荣。资产负债表、损益表、国家风险排名、信用评级、货币风险等都起着一定的作用，没有任何单个标准能帮助我们判断某项投资是明智的还是愚蠢的。尽管到目前为止，长期的多元化投资是人们为未来做财务准备的最好方法，但应该值得注意的是，正如2,000多年前罗马人所说的："买者自负。"

27

数字经济会如何改变世界？

　　自从大约在半个世纪前发明微处理器以来——它给了我们创造一切的能力，从电子书籍到流媒体数字音乐到视频聊天等——我们进入了一个真正的数字时代，几乎所有的东西都可以变成虚拟的。

　　如今，随着越来越多的人拥有智能手机并联网，很多公司发现，相对于传统的制造业，数字经济可以赚到更多的钱。据估计，数字经济目前的价值达数万亿美元，并仍在以天文数字的速度不断增长，例如苹果公司的市值就超过万亿美元。这些庞大的科技公司经常发现自己坐拥数千亿美元的留存收益，却几乎没有什么其他东西可买，除了购买其他科技公司。

　　在20世纪70年代中期，公司拥有超过70%的有形资产，如工厂和饮水机。而今天的公司，比如那些构成标准普尔指数的公司，拥有的有形资产不到30%。例如谷歌公司，除了坐落在加利福尼亚州的一座华丽的总部大楼和大量的互联网电脑，剩下的基本都是无形资产，比如知识产权和品牌价值。

过去的许多产品，如汽车和喷气发动机，都已经数字化了，它们每分钟能产生千兆字节的数据，并且其中的数字价值可以被挖掘，而这通常会创造出比产品本身更受欢迎的商品。约翰·迪尔（John Deere）制造的农业设备现在提供了大量的数据，而这些数据可用于设计、制造以及预测食品价格趋势等。2019年，帮宝适（Pampers）与谷歌的姐妹公司Verily宣布成立一家合资公司，该公司现在甚至可以在婴儿的尿布上配备传感器，将婴儿的大部分活动和路线等的相关信息上传到应用程序中，这样婴儿的父母甚至其他人都可以获得孩子早期成长阶段的数据。制造商们在向农民出售机器或向航空公司出售喷气发动机后，仍有权获取其产品所产生的数据，这不禁让人们怀疑，制造商们实际上是否只是以很高的初始费用出租了设备。

以电子方式进行的商业交易，通常被称为电子商务（E-Commerce），自21世纪初以来，电子商务呈指数增长。随着企业和政府开始接受签署数字合同，利用诸如区块链这样的先进加密技术，现在任何形式的交易都可以在网络上进行。当嘉信（Schwab）和亚马逊等在线零售商通过向消费者提供比社区银行或购物中心更便宜、更便捷的产品和服务，创造了价值数十亿美元的产业时，针对消费者的电子商务（B2C）也开始发展。

互联网的低成本销售模式也使企业能够接触到许多以前难以接触到的公众群体，这些群体有时被称为长尾消费者。他们对相对稀有的产品和服务感兴趣，而由于传统销售模式的高成本，这些产品和服务以前往往无法提供。在传统的销售模式中，由于销售成本很高，企业对这部分长尾消费者群体并不感兴趣，但网络经营的低成本优势开始让企业能够顾及这些消费者。例如独立音乐，现在可以通过互联网获得，而这在几十年前是不可能的。

互联网的出现使企业开始有能力提供完全符合客户需求和规格的定制产品，包括服装、电脑甚至汽车。亨利·福特（Henry Ford）曾经说过："不管消费者需要什么颜色的 T 型汽车，我生产的汽车都是黑色的。"而现在，福特可以为在线客户提供其制造的任何系列的汽车，客户可以选择任何他们喜欢的颜色。

企业对企业的电子商务（B2B）以全新的方式改变了市场交易方式，并很快就超越了 B2C，成为占最大份额的电子商务模式。最初，B2B 业务是公司之间创建的在线交易，目的是实现彼此购买材料和其他商品或服务。这些电子中心集中了大量供应商和贸易伙伴，从而降低了商品的价格，提高了使用电子中心的企业的生产力。例如 eJuice，作为一家向商店供应千禧一代所喜爱的果汁的公司，它为其零售商开发了一个在线门户网站。该网站有一个为零售商提供的按需储存的虚拟仓库；这种库存方法可以让零售商在经营过程中不必大量采购产品，从而避免在后台的房间里存放大量尚未销售的产品，而这曾是他们面临的重大问题之一。

过去，绝大多数在线电子交易都集中在少数几个富裕国家。而现在，从东欧到亚洲再到大洋洲的许多国家都建设了高速互联网，并成为电子商务强国。例如，韩国互联网的建设速度达到了美国和其他经济发达国家梦寐以求的水平。几十年前，世界上极端贫困地区的人们都被排除在数字经济之外，而现在他们通过智能手机上网的机会增加了。许多国家，特别是撒哈拉以南非洲国家，开始使用移动设备并利用卫星技术，这样无须使用固定的宽带基础设施就能将以前无法连接到的领域接入互联网。

技术提供商意识到，在人们每天生活费不到2美元的国家，要使市场不断增长，就必须以更廉价的方式提供移动技术。因此，在2010年代，像华为和谷歌这样的公司开始向一些发展中国家的人们提供安卓智能手机，价格仅为世界其他地区消费者需要支付的价格的几分之一。数以亿计的新的消费者和用户加入互联网，使电子商务业务大大增加。

在一些发展中国家，新的互联网用户通常通过社交媒体接触互联网，其社交媒体的使用率有时比发达国家的还高。而使用智能手机需要在设备上阅读内容，这会使得许多国家的识字率随着智能手机的普及而迅速提高。随着互联网的其他用途迅速增加，许多国家的人们开始越来越多地在网上购买商品，国内生产总值也在不断增加。在许多发展中国家，人们能够以很低的价格购买太阳能电池板、农产品、抗疟疾网具和 LED 灯，从而大大刺激了相当多的新经济活动。

服务业也正在成为发展中国家电子商务发展的一个重要组成部分。许多国家的农民也在使用智能手机，他们不仅可以获取有关天气和商品价格的最新信息，还可以访问数百个专门应用程序以获得专家建议，甚至有时还可以使用无人机技术和卫星来帮助规划下一轮作物的种植和土地的使用方案。例如，在斐济，一个名为 Farm Ed 的项目就是通过智能手机提供的数字农业建议以及高科技解决方案，来提高农业生产力，帮助缓解饥荒问题的。

在一些发展中国家和其他地方的金融和经济实体领域，电子银行也取得了巨大的进展。在线金融机构大大减少了对人员和昂贵房地产的需求，相比传统银行，其服务成本更低。与传统的信用合作社类似，在线银行汇集了既可以作为借款人也可以作为贷款人的公司、教堂、社区和专业人士，将来自世界各地的借款人和贷款人聚集在一起。与传统银行一样，在线银行通过尽职调查，将来自遥远国度的借款人和贷款人联系在一起。大多数网上银行及其附属机构都受到与普通金融机构相同的监管。例如，Zopa（一个借贷款平台）会受到英国金融服务管理局（British Financial Services Authority）的监管，Prosper 会受到美国联邦贸易委员会（U.S. Federal Trade Commission）的监管以及所在州的银行法的约束，以确保其可靠性与传统银行一样高。

脸书和领英等社交网站也为互联网的经济活动提供了新的发展机会，用户可以交流从求职技巧到在线简历等各种信息。在线广告也已成为新兴数字经济的另一个重要组成部分。例如，谷歌拥有全球数十亿用户的信息，自2010年代末每年通过广告访问赚取了近1,000亿美元，从而成为世界上大型公司之一。在21世纪初，在线广告收入仅占广告费用总额的5%左右；但在短短20年内，这一比例已经攀升到30%以上。许多消费者不愿为访问网站而支付费用，但《纽约时报》（*The New York Times*）、《华尔街日报》（*The Wall Street Journal*）和其他一些优质网站是罕见的例外。除此之外，大多数互联网公司赚钱的唯一途径是广告销售。另外，出售用户数据也成为许多网站的重要收入来源。

点击付费广告已经成为在线广告收入的最大组成部分之一，广告商只需要支付少量费用，就可以在浏览器和其他网站上插入广告。广告商根据用户输入的关键字（如度假或潜水），就可以在使用浏览器的用户面前投放有针对性的广告。这种为用户量身定制的网络广告的发展潜力几乎是无限的，因为广告商可以更容易地确定用户信息，并让网络广告的对象越来越接近营销的终极目标：让广告商可以直接与客户接触，甚至只与真正有兴趣购买广告产品的客户接触。

新数字经济产生的一个负面影响是不平等的加剧。就业市场被划分成两部分：低技能 / 低薪酬和高技能 / 高薪酬。而新数字经济的最大受益者是那些能够提供智力和物质资本而不是劳动力的人。那些推动新世界经济发展的创新者、股东、投资者和高技能工人将获得巨大利益，而那些提供低技能劳动力的人则将继续落后。以前待遇很好的工人阶级中普遍存在不满和不公平的情绪，导致了社会关系严重紧张。

在某些方面，数字经济自身也是受害者。由于现在大量的经济活动都在网上进行，黑客甚至某些政府已经掌握了操纵系统的邪恶力量。例如，2007 年，当爱沙尼亚从一个主要广场上移除一尊苏联时代的雕像时，其银行、政府机关和一些公司的网站受到了攻击，经济几乎陷入瘫痪，因为大部分商业活动都依赖于互联网。另一种形式的网络战是使用包式网络炸弹（Packet Cyberbombs），这些包式网络炸弹可以从僵尸网络（被劫持的计算机群在机器人网络中连接在一起）以波状方式发送，用不受欢迎的活动淹没目标网站，并在此过程中使目标的在线业务陷入停滞。

在外国黑客干预许多国家的选举后，官方试图找到更好的方法来防止网络攻击。但是，当黑客和其他"僵尸牧民"[1]（Bot-

---

[1] 僵尸牧民，指控制受感染的计算机并发起恶意攻击的人。——译者注

herders）能够从全球各地盗用计算机来实施攻击时，例如对爱沙尼亚的攻击使用了从马来西亚和巴西等地劫持来的计算机，世界警察和当局对此也无能为力。尽管这些流氓黑客给网络经济制造了麻烦，但互联网业务仍在不断扩展，并使大大小小的企业在新的全球经济中蓬勃发展。

28 ——————————

机器人和人工智能是如何改变世界经济的？

　　在新世界经济中，人们越来越担心机器人会接管世界，担心我们的数据和生活被邪恶的独裁者、政府或者其他机构控制。为了确定这些担忧是真实的还是人们想象出来的，我们首先需要了解机器人和人工智能到底是什么。事实上，这是两种不同的东西，有时会融合成其他完全不同的东西。

　　从严格意义上说，机器人是指通过编程来完成任务的机器。在汽车工厂，将车门安装在车架上的长臂装置被称为机器人，其通过编程来执行特定的任务。机器人通过传感器探测周围的世界，并自主执行预编程的任务；而人工智能是试图复制人类智能的计算机科学。最重要的是，人工智能要通过数据输入来"学习"和发展新的行动路径，而这并非由最初编写计算机程序的人提前规划的。

当人工智能与机器人融合时，就形成了一种全新的嵌合体，类似于神话中的半龙半人。当我们让 Siri、Pandora 或 Alexa 为我们播放音乐时，它们就像机器人一样，简单地播放预先编程的歌曲列表。但是，机器人一旦有机会从我们的播放习惯中"学"到规律，如当它听到房间中酒杯相碰的叮当声时，可能就会决定为我们演奏柔和的爵士乐助兴。

目前，机器人开始能够做出决定并采取行动，而不仅仅是执行预先编程的任务，这就跨越了机器人和人工智能的桥梁，并将我们带到了全新的前沿领域。在这一领域里，计算机或机器人使用数据来了解和适应周围的世界，让我们的生活更安全、更便利、更有效率。

15 世纪印刷机的发明使人们进入了一个以前只有少数精英才能接触到手写稿的知识世界。现在，我们正在经历一场类似的变迁，大众可以通过互联网获得无限的信息。理论上，我们有能力实现再一次飞跃，但这会使我们的生活变得更有意义吗？

从本质上讲，随着机器人和人工智能在我们的日常生活中扮演着越来越普遍的角色，21 世纪的人类面临两个主要问题：其一，当机器人变得强大和高效，以至开始夺走我们的大部分工作时，会引发什么呢？其二，当先进的人工智能变得强大，以至开始接近奇点（Singularity），即当计算机智能超过人类智能的时候，又会发生什么呢？

许多工人和管理人员对机器人会夺走他们的工作这件事感到恐惧。正如轧棉机和蒸汽机的发明提高了生产力并引领经济进入一个新的时代，将机器人和人工智能引入工作场所最初被认为是更有效率的生产方法，并能带来就业机会净增加。例如，南卡罗来纳州格雷尔的高科技宝马工厂在 2010 年代产量翻了一番，工人数量从 4,200 人增加到 10,000 人。当然，有些重复的、简单的工作，或被称为枯燥（dull）、肮脏（dirty）、危险（dangerous）和细小（delicate）的 d 类工作，被取代了。

起初，工人们欣喜若狂，让机器承担烦琐的工作，他们就有更多精力开展更有趣、更安全的工作。工人们把起重的任务扔给机器，集中精力监督生产过程。甚至有人开玩笑说，未来的工厂将由三样东西组成：机器、人类和狗。机器用来工作，人喂狗，狗防止人类接触机器。

目前，机器人被认为能够复制人类所能做的几乎所有事情，比如下棋或制造汽车。但是，让一个由计算机驱动的机器人取代真正的人类智能，比如自然地说话或唱歌，一直被认为是不可能的。然而，所有这些都在发生变化。结合人工智能和微技术（Microtechnology）取得的突破性进展，下一代机器人将能够做人类所能做的所有事情，并且效率将显著提高。目前，工厂里的机器人几乎可以接管生产过程中的每一项工作，除了那些涉及微调和质量控制等高级技能的工作。与人类一起工作的机器人——有时被称为协作机器人（Collaborative Robots）——可以提高生产效率。在许多情况下，机器可以通过模仿人类学习新的技能。协作机器人通常比传统机器人更小、更灵活。例如，在繁忙的医院里，使用协作机器人帮助护士运送设备和食物，可以让护士腾出更多时间与病人相处。使用协作机器人可以显著减少在工作场所受到的伤害，如经常负重和重复使用关节所造成的背部损伤。2018年，洛杉矶的一家汉堡餐厅引入一个名为 Flippy 的汉堡翻转机器人，它不仅可以通过不断清洗器具减少污染，还大幅降低了油脂烧伤和其他工伤事件发生的概率。

机器人和人工智能还使得工厂可以根据不断变化的市场来调整生产。例如，在南卡罗来纳州，机器人接管宝马汽车工厂的装配线后，由机器人生产的零部件的数量从3,000个增加到15,000个。通过互联网将工厂中的机器人和人工智能网络结合在一起的网络，被称为工业物联网。通过该网络，工厂能够很容易地实现从大批量生产少数几种产品转向小批量生产多样化产品组合。以一种易于适应消费者不断变化的需求的方式生产商品，可以带来更高的生产水平、更高的利润以及更多潜在的就业机会。

随着工厂自动化程度的提高，监督机器人的工人必须受到越来越好的教育。机器人的使用解放了装配线上的工人，让他们可以将更多的时间花在创造性的活动上，比如设计程序和布局工厂。例如，在德国的伊莱克斯（Electrolux）工厂，曾经用手制造洗衣机的工人接受了与机器人一起工作的培训，并尝试了利用机器人提高装配线效率的各种方法。

但是，那些被机器人取代又得不到重新培训的低技能工人该怎么办呢？据估计，在过去的30年里，美国制造业中80%的就业损失是由自动化或技术替代导致的。尽管大多数工业国家的失业率仍然很低，这意味着在正常经济中工资仍不断上涨，但许多低技能工人被自动化所替代，其工资几乎没有变化。许多工人被迫在快餐店或便利店从事薪酬较低的服务性工作。20世纪就业人口迁移的巨大变迁——工人从新兴的机械化农场迁移到工厂，然后又从新兴的机械化工厂迁移到服务性工作——似乎已经走到了死胡同。当低技能的服务业人员被自动收银员和汉堡翻转机取代时，他们将去向何方？

在许多国家，从以前享有声望的高薪蓝领工作转向低薪服务性工作，已经导致了严重后果。社会经济环境从根本上被改变了，导致发生了现代历史上闻所未闻的事情：富裕国家的死亡率上升。例如，在美国，仅受过高中教育的美国白人的死亡率从1990年代开始上升，并一直持续到20世纪，部分原因是阿片类物质的使用和远高于以前的自杀率。这些因绝望导致的死亡主要与部分由技术变革造成的经济机会的丧失有关。许多受影响地区的选民，比如从英格兰北部和法国以前生机勃勃的工业区的选民，到美国的"铁锈地带"[1]（Rust Belt）的选民，开始投票支持那些誓要阻挡技术变革力量的政客和项目。

据估计，在未来的30年里，多达50%的就业岗位可能会被技术取代。一些商界领袖预测，在遥远的未来，几乎所有工作都会消失。当装备有人工智能的机器人最终能够进行3D打印并拥有无限的计算能力时，人们认为它们将能够永无止境地设计和制造其他机器人。

然后呢？以前被认为是"安全"的白领职业，如会计、法律和医学，被人工智能淘汰后又会发生什么呢？最终，机器学习和大数据的结合不仅会从根本上改变我们的经济，还会彻底改变我们的社会和政治。

不可否认，机器人和人工智能的爆炸式发展改善了人类的生活水平。机器人为我们购物，为我们建造房子，为我们做衣服，使我们的生活变得更好了。从理论上讲，随着越来越多的工作开始由机器人接手，我们应该有更多的时间陪伴我们的家人和朋友，在乡村散步或者创作。但随着科技的普及，与工作相关的电子邮件和信息每天24小时都能够出现在我们的设备上；因此在数字时代，没有压力的生活几乎更难以实现了。随着生产资料日益集中在一些公司或个人手中，他们有能力获得更大的利润，但其他人可能会被降级为二等公民。科技的确让我们的

---

[1] 铁锈地带，最初指的是美国东北部–五大湖附近传统工业衰退的地区，现可泛指工业衰退的地区。——译者注

生活变得更简单，但能让我们的生活变得更好吗？

一旦机器人能够以人的形态出现并以人类的方式思考，我们作为人类的角色就变得模糊不清了。例如，无人驾驶汽车系统将被赋予做出几乎所有重大驾驶决策的责任，包括涉及人类生命的决策。当面对撞一个老年人还是一个小孩的选择时，自动驾驶汽车又该如何选择呢？

我们该如何编程设计机器人以使其行为合乎道德呢？或者一旦机器人发展出真正的智力，我们还能控制它们吗？随着机器的进步，机器人开始表现出机器人专家所说的涌现行为（Emergent Behavior），即机器人开始从过去的行为中学习并开发出人类创造者未曾预料到的新路径。例如，一些高频交易公司使用算法来研究市场的特征，这些算法会做出人类"主人"可能从未预测到的投资决策。

更糟糕的是，当机器人和人工智能被利用来伤害我们的时候，又会发生什么呢？在2016年的美国总统选举中，人们通过分析计算机获取的数据，将提取的相关信息投放到社交媒体网站上，用来瞄准并影响关键州的选民。一旦我们的行为内嵌入了传感器并与云连接，机器几乎能够干预我们生活的每个方面。

人工智能造成伤害的形式有很多种，但基本上可以分为三种主要形式：网络攻击、无人机袭击、监控和宣传。网络攻击在当今世界无处不在，通常针对如数据库和公司网站等虚拟网络。无人机袭击是指人类使用先进技术攻击物理目标并用于破坏甚至摧毁几乎任何现代经济体。利用人工智能进行监控或在线宣传的做法，已经被独裁领导人或诚实的政治家所利用以获得政治优势，在未来可能会出现更多这样的情况。

最后，如果我们要限制这些新技术给我们带来伤害的可能性，就需要采取某种控制措施。不幸的是，许多政府无法跟上技术变革的步伐，使得有效的监管措施难以实施。问题的关键不仅在于如何控制机器人和人工智能的结合所产生的巨大力量，还在于由谁来决定、谁有能力监管影响我们日常生活方方面面的技术。

29————————

金砖国家及其他国家：新兴市场如何成为世界经济发展的新动力？

　　在过去的几十年里，随着新兴国家和发展中国家成为世界上强大的经济力量，全球经济发生了深刻的变化。过去被戏称为第三世界的国家，创造了60%以上的经济产出；精英第一世界的概念遭到质疑。

　　从中国到巴西，从南非到印度，20个左右的新兴市场国家已经成为世界经济发展的驱动力。在21世纪的前20年里，这些国家的经济增长超过了美国、法国和日本等"先进"工业经济体。

　　在大多数经济调查中，如国际货币基金组织和标准普尔提供的调查，新兴市场国家包括：巴西、智利、中国、哥伦比亚、匈牙利、印度尼西亚、印度、马来西亚、墨西哥、秘鲁、菲律宾、波兰、俄罗斯、南非、泰国和土耳其。在2009年，四大新兴市场经济体（巴西、俄罗斯、印度和中国）举行了金砖四国（BRIC）经济峰会，以规划共同战略和协调经济增长。2010年，当南非加入这个组织时，其名称被改为BRICS。

一些新兴市场经济体，如中国和巴西，已经利用他们新获得的财富开展了一些项目，以促进其他发展中国家的发展。例如，巴西在2010年初开始投资大量项目，以帮助非洲、南美洲等地陷入困境的经济体以及贫困的海地。与此同时，中国开始为周边国家提供资金开展基础设施建设，为缅甸、巴基斯坦和伊朗等国家建设了从高速铁路和现代管道到高速公路和电网等项目。

中国"一带一路"倡议的目标是构建一个包括欧亚大陆在内的世界各国互惠互利的利益、命运和责任共同体。倡议中的"一带"是指"丝绸之路经济带"，试图在古丝绸之路概念基础上形成一个新的经济发展区域；"一路"是指"21世纪海上丝绸之路"，依托东南亚和非洲部分地区拥有的现代化港口，扩大海上贸易路线。依靠中国和新丝绸之路沿线的其他国家的巨额投资，通过现代化的海路和高效的陆路将欧洲与亚洲连接起来。例如，在阿塞拜疆，一个由当地资金投资的庞大基础设施项目，作为欧亚之间贸易路线的一部分，在未来将会带来巨大的经济效益。

西方的一些专制领导人都想建设隔离墙，限制与邻国的往来。而与此不同的是，中国政府选择通过亚洲基础设施投资银行（Asian Infrastructure Investment Bank）投资数万亿美元，建造无数新的公路、铁路和桥梁，将亚洲与欧洲联系起来。通过此举，中国可以开发新的出口市场和寻找新的原材料来源，并希望从与其他国家的战略关系和友好交往中受益。

建立一个以中国为主要参与者的国际新秩序，一直是许多经济体长期以来的梦想。如今，随着一些西方国家背弃世界贸易和新兴市场的持续发展，中国和其他金砖国家有了巨大的机会来发挥他们新获得的经济实力。例如，在2010年代末，中国开始大力支持世界贸易组织的争端解决制度，并增加了在国际货币基金组织和世界银行的出资，从而增加了其投票权。此外，中国还开始推动建立以太平洋为中心的贸易协定，包括大多数亚洲国家以及澳大利亚和新西兰，并开始改善与印度及其周边国家的贸易联系。

人口统计往往在决定一个国家的经济增长方面起着很大的作用。例如，在日本和德国，出生率下降及其随后导致的人口下降会阻碍经济增长。预计到21世纪中期，日本的人口相比2010年的人口高峰，将减少三分之一，即会减少超过4,000万人。然而，在许多新兴市场，情况恰恰相反。在印度，到21世纪中叶，人口预计将达到16亿，占世界总人口数的17%以上，而世界人口到2050年预计将增至96亿。世界上的人口增长几乎都将集中在新兴市场国家和发展中国家。

据估计，随着国内生产总值的增加和生育率的不断提高，尼日利亚和埃塞俄比亚等非洲国家在未来几年的人口增长将会占到世界人口增长的一半以上，其余的世界人口增长几乎完全来自亚洲和拉丁美洲国家。像印度这样的国家，虽然在经济大幅增长的情况下人均 GDP 也会略有增长，但其人均 GDP 只相当于美国的八分之一。

持续的经济增长依赖于训练有素和受过良好教育的劳动力，但在许多新兴市场和发展中国家，穷人几乎没有机会获得良好的教育。例如，在巴西，只有有钱支付私立学校教育费用的学生才能通过 Vestibular 入学考试进入大学。在印度，女孩经常被要求待在家里帮忙做家务，而不是去上学；尽管政府实施了"Beti Bachao, Beti Padhao"计划以拯救年轻女孩，让她们接受教育，但到2010年代末，印度40%以上的少女仍没有接受过任何形式的教育。据估计，全世界有1.5亿学龄女童没有接受过任何课程教育。

在许多新兴市场国家，雇主无法为21世纪的许多工作岗位找到合格的求职者，这种技能差距严重限制了其经济增长。在印度和巴西，科技行业60%以上的新工作岗位都是空缺的，主要原因是教育的缺乏。三星（Samsung）和一些公司甚至开始建立一些技术学院网络，以提供当地教育机构无法提供的培训。此外，在墨西哥和印度等国家，通过霍尼韦尔"卓越科学与工程计划"（Honeywell Initiative for Science & Engineering），当地学生可以与技术人员交流学习，以发展当地的科学和工程技能。

到2010年代末，中国开始大力增加偏远农村地区的教育和就业机会，努力让每个人都参与到"走向共同繁荣"中来。中国在提高教育水平方面做的努力向许多国家展示了如何帮助农村贫困人口，特别是非洲和东南亚国家。

未来几年，金砖国家和其他发展中国家面临的挑战将是如何从世界发达经济体的成功和失败中总结经验、吸取教训。关键是找到一种方法，为世界上数亿甚至数十亿的贫困人口提供经济发展的机会，同时避免环境破坏的加剧和世界资源的日益枯竭。最后，最重要的还是找到一种方法，让所有人都参与到发展中国家不断高涨的经济繁荣的浪潮中来，而不仅仅是生活在开普敦、上海和圣保罗等现代城市飞地的富人和相对繁荣的中产阶级。

30 ———————————

国家如何利用经济力量获得全球影响力？

在一体化的全球经济中，展示军事力量不再是各国展现自己实力的唯一方式。即使是古罗马人，他们也是综合利用硬实力和软实力来实现自己的目标，将军事力量与文化教育努力结合起来，从建造圆形剧场、高架引水渠到将拉丁语作为全球语言。如今，拥有多媒体技术和网络武器，以黑客的方式攻击计算机文件，已经成为21世纪国家展现自己实力的全新方式。

软实力主要是通过和善的方式开展的文化教育活动来展示的，如派遣芭蕾舞团和管弦乐队到世界各地巡演，或在外国建立图书馆和文化中心。中国与许多西方国家，在外国首都和世界各地的大学校园都设立了文化学院。在许多方面，分散在世界各地的孔子学院，与法国的法语联盟或德国的歌德学院一样，开展展示软实力的活动，教授语言，宣传普及国家的文化并希望对整个世界更有吸引力。但是，当很多国家开始以一种激进的、尖锐的权力方式展示其经济实力时，其往往绝非出自善意。

互联网被用来操纵选民并歪曲国外的选举结果，可能成为新数字经济中最常用的展现经济实力的工具。世界各地的投票，包括英国脱欧公投、美国总统选举，都受到外国势力的操纵，这在过去几十年里是不可能的。外国政府资助的社交媒体平台，利用广告轰炸目标国家的选民，从而影响他们的观点以及最终的投票。

一个国家要利用经济力量影响选民，很少直接通过脸书、推特（Twitter）或领英等平台。其阴谋的主要目标之一，是让人们觉得正在传播的信息是来自关心此事的公民，而不是外国势力。因此，为影响公众舆论和选民行为，它一般会利用第三方机构，如2016年美国总统选举中出现的剑桥分析公司，就是为了掩盖其背后的真实机构。此外，许多政府暗中资助的一些智囊团或媒体，它们表面上是独立的，但实际上也是在精心控制着这些政府想要向世界传达的信息。

一个国家还可以通过其他方式操纵外国的选举，包括在选举过程中挑选一个合适的时刻发布不宜泄露的信息，如电子邮件或黑客窃取的其他数据。在某些情况下，一个国家也会出钱资助外国的竞选或公投；如果资助行为被禁止，则会选择当地机构代表他们提供资助。在2016年的英国脱欧运动中，支持脱欧的有力贡献者之一后来被证实与俄罗斯驻英国大使进行过几项有利可图的商业交易。在一些国家，候选人会因接受外国政府或与外国政府有关的企业的资助而受到调查，例如新西兰和澳大利亚的议员以及2016年最终成功当选的美国总统候选人。

政党的政策和纲领的出台也可能受到各种经济力量的影响。例如，法国民粹主义国民阵线党（Front National Party）公开承认，在2017年总统大选前的几个月里接受了俄罗斯银行提供的贷款。在许多国家，政府试图通过公共资助竞选运动和政党来消除特殊利益集团和外国资金在本地选举中所起的作用。例如，西班牙和斯洛伐克的政党的竞选资金90%都来自国库。但是，在美国和英国，90%以上的政治资金都来自私人和非政府部门，这为国内外通过政治献金推动各种议程打开了大门。

其他形式的经济力量还包括直接提供经济援助，这种经济援助通常是一个国家为寻求在世界的遥远角落提高其政治或经济影响力开展的。一些国家利用其巨大经济实力，资助一些国家的基础设施建设项目，而对方会做出政治让步。这些让步可以是任何事情，从平息对捐助国人权政策的猛烈批评，到影响在联合国或世界贸易组织等全球论坛上的投票。

另外，强国可能会在提供援助时附加经济条件。例如，美国经常向一些发展中国家捐款，但要求将援助资金用于购买美国的农产品或机器。美国还会利用其作为世界主要储备货币持有者的独特地位，将其意愿强加于其他国家，例如废除瑞士银行的保密政策、对伊朗和土耳其实施经济制裁。

　　在世界范围内建立强大的经济联系，不仅会使盟友之间最初想要达到的目标得以实现，还可以促使它们获得共同的政治利益，例如在从气候变化到政府在私营部门的作用等方面达成一致。此外，一旦发生军事冲突，经济联系密切的国家往往会出于实际的经济和政治上的考虑而相互支持。

　　经济力量还会对全球政治产生重大影响。英国脱欧只是外国利用网络媒体和其他手段破坏欧盟长期凝聚力的一个例子。各种各样的经济力量成功地破坏了西方强国原先的普遍认知，即认为东欧原苏联国家在铁幕倒台后将成为西欧忠实可靠的无害的经济伙伴。

　　世界各地日益加剧的选民两极分化现象似乎保证了各国政府能够继续积极影响国内外的公众舆论。无论全球合作和相互依存的代价如何，世界各国专制政府的崛起，从匈牙利到缅甸，从土耳其到委内瑞拉，都确保了经济力量仍将是老牌和新兴经济强国继续使用的重要工具。

31

分享财富：慈善机构、私营企业和非政府组织如何促进经济发展？

在数字时代之前，众筹（Crowdfunding）理念就已经以古老的方式被运用了，例如在基督教堂、清真寺或犹太教堂里，人们通常会被要求捐款；教会通过利益分享机制保证这些捐款被用于社区的共同建设。而在今天的全球经济中，慈善捐赠与所有其他东西一样，已被新技术所改变。从小额贷款到诸如比尔和梅琳达·盖茨基金会（Bill and Melinda Gates Foundation）这样的全球组织，21世纪的慈善捐赠已成为减少一些发展中国家不平等和改善人民生活的关键因素。

在1945年联合国成立的时候，创始人创造了"非政府组织"（Nongovernmental Organization, NGO）一词，意指在公共领域开展业务且不受国家政府或政府间实体机构直接控制的非营利组织。据估计，世界上非政府组织的数量超过1000万个，它们的活动范围遍及保健、人权宣传、环境保护、教育等领域。

在许多情况下，一些大型非政府组织，如拯救儿童会（Save the Children）、乐施会和无国界医生组织（Doctors Without Borders）等，在减少贫困以及提高贫穷国家数百万人的生活质量方面发挥着重要作用。许多组织的目标已经从简单地提供粮食或医疗服务，转变为找到一个根除饥荒和流行病的更全面的方法。

2015年，联合国设立了可持续发展目标（Sustainable Development Goals）项目，目标是将生活在极端贫困中的人的数量减少一半，除此之外，还包括确保获得清洁水、降低婴儿死亡率、保证普及初等教育、实现两性平等和确保获得清洁能源等17个具体发展目标。联合国呼吁慈善机构、非政府组织和政府组织共同努力，到2030年实现所有目标。

许多发展中国家未能为其人口提供最低水平的服务，这并非源于资源的匮乏，而是因为许多国家体制薄弱，法制不健全，加之文化腐败，这造成了大部分资源最终落入特权精英的口袋，而没有被投入到减少饥饿、疾病和文盲的事业上来。大多数在发展中国家工作的非政府组织和慈善组织发现，更加有用的做法是完全绕过腐败的政府，直接向人们提供工具，使他们能够以自己的方式改善自己的生活。正如谚语所说，"授人以鱼不如授人以渔"。

在21世纪，互联网是促进社会和经济发展的唯一重要工具。但直到21世纪第二个十年结束，世界上仍有一半以上的人口无法接入互联网。在许多国家，绝大多数人没有足够的钱支付最基本的互联网服务费用。想象一下，在一个偏远的非洲城镇，新娘需要步行几千米才能拿到政府颁发的结婚证，或者尼泊尔的地毯制造商没有渠道进入世界市场。如果没有互联网接入，就几乎不可能很好地参与全球经济发展。

由于许多政府经营的互联网项目未能向农村贫困人口提供上网服务，一些私营企业，如 Space X、脸书和谷歌，开发了向世界最贫穷地区免费提供互联网的项目，让那些每天收入不到 1 美元的人也能够通过智能手机或其他比电脑便宜得多的设备上网。Space X 的项目基于一个新的卫星网络，脸书计划使用太阳能飞机、卫星和激光，谷歌的母公司 Alphabet 正在开发一个高空气球网络。

政府援助项目、慈善机构和非政府组织发现，许多项目太大，一个机构或组织无法承担，私营企业在推进项目发展方面的作用变得至关重要。美国国际开发署（United States Agency for International Development, USAID）和英国国际发展部（Britain's Department for International Development, DFID）正在利用其资金雇用私营公司，以提高许多国家的发展和援助项目的效率。部分原因是传统的援助项目，如建造学校或分发粮食，正在被"技术援助"项目取代，以增强当地企业家管理援助项目的能力。

公私联合非政府组织开展的项目包括提供清洁用水、教育和卫生保健。例如，近年来，随着非政府组织和慈善机构与马特·达蒙（Matt Damon）和杰斯（Jay-Z）等名人合作，寻找向贫困人口提供清洁水的新途径，越来越多的人针对清洁用水问题提出倡议。这个问题值得关注。全世界有超过10亿人每天连1杯干净的水都喝不到，更不用说做饭和洗澡了。婴儿往往因得不到清洁用水而遭受巨大的痛苦，这导致世界上许多地区的儿童死亡率很高。据世界卫生组织（World Health Organization, WHO）估计，直到2010年代末，每年仍有超过100万人死于饮用不干净的水。

许多投资者坚持把资金投给那些对社会或环境产生有利影响的企业。养老基金、大学捐赠基金甚至大型银行都开始开展影响力投资（Impact Investments），并在其每年数万亿美元的投资中占有越来越大的份额。天主教会也开始考虑其投资对环境和人类的影响。个人投资者也可以购买如MSCI世界指数提供的多支ETF和其他投资工具，选择投资那些高度关注可持续性、社会效益和治理的公司和项目。

向一些发展中世界提供援助的方式也发生了重大转变，人们不再依赖于富裕国家的捐款，转而采用小额信贷模式，将那些愿意向缺乏抵押品、无法从传统银行中获得贷款的人发放小额贷款的投资者聚集在一起。许多生活在贫困地区的人由于缺乏可核查的信用记录，无法获得贷款去购买水过滤系统或挖井。而且，发展中国家的普通银行的贷款利率往往很高，有时周利率高达1%。诺贝尔奖获得者穆罕默德·尤努斯（Muhammad Yunus）发现这一问题后，发起了小额信贷运动，向有需要的人提供小额的无抵押贷款，贷款金额有时甚至只有几美元。第一批贷款被提供给了印度贫困的编织篮子的工人，他们用这笔钱购买竹子和其他物资。

即使按照商业银行的标准，小额信贷的偿还率也是非常高的。许多非政府组织和慈善机构也开始建立自己的小额信贷业务。Grameen、Positive Planet 和 Kiva 就是几家成功的小额贷款机构，它们向一些发展中国家的工匠、农民和小企业主提供小额贷款。

拉丁美洲最大的小额贷款机构——康帕多银行（Compartamos），开始向信用风险高的企业家提供贷款，如袜子制造商或小商店老板；其成功的秘诀是组建了志同道合的企业家团体，其中包括许多以前在当地经济中地位不足的妇女。团体内成员同意为其他成员的债务提供担保。当总部位于加州的红杉（Sequoia）等大型风险投资公司开始投资于从印度到危地马拉的小额信贷业务时，小额信贷显然已经进入世界经济舞台。它为一些发展中国家提供了新的发展机遇。

即使是在相对富裕的国家，如 GoFundMe 和 Kickstarter 这样的众筹平台也开始被使用，允许个人帮助其他需要帮助的人。救助计划的范围很广，例如为经历了一场灾难性火灾的家庭提供帮助，为患有危及生命的疾病的患者支付医疗费用等。救世军（Salvation Army）和Goodwill等传统的慈善机构，也开始转向网络平台，利用Mightycause和Crowdrise这样的众筹平台来扩大资金需求。而且，在几年时间里，这些平台成功地为成千上万的慈善机构和非政府组织筹集了资金。

极其富有的个人也找到了各种方法，以自己的方式促进发展和减少贫困。最引人注目的是，2010年比尔·盖茨和梅琳达·盖茨（Melinda Gates）决定捐赠他们一半以上的财产用于慈善事业。他们鼓励其他富有的企业家也参与进来，并集结了40位美国慈善家一起签署了捐赠承诺。从那以后，来自20多个国家的富有的捐赠者签署了这项承诺。著名投资者沃伦·巴菲特捐赠了超过320亿美元，主要用于资助比尔和梅琳达·盖茨基金会的活动，包括抗击艾滋病、根除疟疾和促进世界发展。该基金会的目标是采用一些可靠的商业技术来解决世界上一些棘手的发展问题。他们的努力已经开始取得成果，全世界死于疟疾的人数减少了，相比21世纪初的超过100万人，现在死于疟疾的人数已不到之前的一半。

世界顶级亿万富翁的财富几乎超过了世界上所有贫穷国家的财富总和，他们决定将很大一部分财富用于帮助世界上的穷人，如果用心去做的话，自然会产生巨大的积极效果。但正如谚语所说的，简单地把钱捐出去只是一个短期的解决方案。慈善机构、非政府组织、政府间组织和富有的捐助者正在与世界各地的领导人合作，寻找能长期解决发展中国家问题的办法，并从经济层面改善大多数人的生活。

32

腐败和逃税：如何洗钱？

　　腐败的政客，甚至是世界上一些大国的高层官员，已经发现"灰色"经济可以用来隐藏和回收各种非法赚取的钱。当2016年美国总统大选获胜者的竞选团队经理之一在2018年被指控洗钱时，调查人员描述了其使非法赚取的收入看起来合法的洗钱的三个阶段：处置（placement）、离析（layering）和归并（integration）。

　　不管资金是来自非法毒品销售、帮派暴力、诈骗（包括网络欺诈）、身份盗窃，还是腐败的政治活动，首要的任务是用这些钱去做点什么。据估计，仅在美国，每年通过非法毒品销售赚取的收入有600亿~1,000亿美元，换算成实物现金大约重2,000万磅（约900万千克）。如果毒贩在法拉利的经销商那里买车用现金付款，或者在纽约第五大道购买一套豪华公寓，而不通过合法的银行账户支付，就会释放各种各样的危险信号。因此，洗钱的第一步——被称为"处置"——要找到一家相信这笔钱是通过合法赚取的银行或金融机构并把钱存入。

为了证明拥有这么多现金是合理的，一种可靠的方法是利用资金密集型行业，如餐饮业或洗车行业，将合法收入与非法收入混在一起，这样就可以掩盖非法资金的真正来源。通过夸大食物的销售量或洗车的数量，一家合法的企业往往可以在无人关注的情况下成功地将大量非法资金存入企业的银行账户。

另一种常用的货币处置方法是将数百或数千笔小额存款存入银行账户；如果是一大笔存款，可能会引起执法部门的注意。例如，在美国，超过1万美元的交易需要向政府报告。从技术上讲，这种进行多笔低于1万美元的存款的行为也是非法的，但如果"价格"是合适的，银行的员工往往可以被说服而睁一只眼闭一只眼。

在一些国家，银行不需要任何理由就可以提供大额存款。许多报告要求宽松的离岸银行中心就是这样，如大开曼岛或瓦努阿图。一旦离岸银行向东京、纽约或伦敦的银行汇款，要追踪资金来源往往为时已晚。

洗钱的第二步是通过几个不同的银行转账，把钱存入一个实际使用的银行账户。这种"离析"的目的是利用诸如贸易或投资等借口，把钱输送到世界各地的许多银行来掩盖钱的非法来源，以至没有人能追踪到。

一些洗钱方案是在处置和离析过程中使用比特币或其他加密货币。由于大多数加密货币交易都是匿名的，因此无法追踪到资金的来源。加密货币的捍卫者指出，有无数合法的途径可以实现匿名转账，包括购买预付信用卡、亚马逊或 iTunes 的礼品卡。

洗钱者也可以通过赌博（如网上彩票或赌场）收回非法资金。基本上，他们不会介意损失一部分钱，只要最后能收回大部分。例如，在小型赌场里花 100 万美元，洗钱者通常可以收回 80%~90% 的钱；当被问及从哪里挣到的钱来购买新的豪宅或豪华游艇时，他们便可以借口说"非常幸运"。

离岸公司，包括假壳公司，经常被用来进一步掩盖非法资金的来源。通过从一家总部设在塞浦路斯的公司向另一家总部设在拥有宽松的税收和审查制度的加勒比岛屿上的公司汇款 —— 通常会以虚高的价格购买或出售某物 —— 资金就逐渐具有了合法性。在巴西"洗车丑闻"事件中，政府控制的石油垄断企业巴西国家石油公司（Petrobras）被发现虚报销售合同金额达数亿美元。这些钱最终流向了几个主要政党的领导人手中 —— 表面上是用来资助政治竞选的，但实际上有大量的钱最终流入了与腐败政客有关的离岸银行账户。

由于许多离岸金融中心不征收所得税或资本利得税，世界各地的公司和富人为避税蜂拥而至。当避税天堂文件 [1]（Paradise Papers）和巴拿马文件（Panama Papers）在2010年代末被泄露时，人们注意到，从英国女王到麦当娜（Madonna）和波诺（Bono），几乎每个人都使用过离岸公司，表面上是为了尽量减少纳税。虽然这种做法不一定是非法的，但引起了许多问题，使许多公司和个人在很大程度上躲避了国内税务机构。许多富有的投资者认为这是税收优化，但其他人却认为是逃税。

虽然离岸账户的保密性使许多富人能够以一种技术上合法的方式避税，但这种离岸银行系统也为政治腐败、毒品交易和洗钱等非法活动提供了便利。近年来，瑞士和英国等国家已同意与包括美国在内的大多数主要国家分享银行客户的财务信息，以消除避税。美国在迫使瑞士放弃银行保密制度方面发挥了重要作用，并要求银行了解包括离岸公司在内的每个公司的账户最终受益人。具有讽刺意味的是，在美国的某些地区，如特拉华州和内华达州，匿名公司仍然可以通过当地银行开设账户并转移大量可疑的资金，直到这些资金最终回到合法的金融体系中。

洗钱的第三个步骤被称为"归并"。在这一阶段，非法资金的所有者可以在没有受到任何怀疑的情况下花掉这笔钱。例

---

[1] 天堂文件，是2017年11月5日由国际调查记者同盟（International Consortium of Investigative Journalists, ICIJ）曝光的1,340万份机密文件，牵扯到众多知名公司和人物的离岸利益。——译者注

如,《绝命毒师》(*Breaking Bad*)中制造冰毒的主角,其部分资金最终被用于支付他的化疗费用。但在大多数情况下,洗钱的归并阶段都会涉及高端商品购买,如豪华房地产、艺术品,甚至是一两艘游艇。

事实上,房地产已成为21世纪颇受欢迎的存放洗钱资金的产业之一,特别是高尔夫球场、豪华公寓或购物中心等大型房产。除了可以产生租金收入和在大多数情况下逐年增值外,投资房地产还可以使金主避免缴纳资本所得税,因为只有在房地产出售时才需要支付资本所得税。在一些资本外流受到控制的国家,购买房地产仍然是被允许的,这也就导致了在伦敦、巴黎或纽约等大城市的许多豪华地区,甚至在瑞士的高端滑雪胜地,都布满了无人居住的房产。据一份报告称,在伦敦,估计有价值60亿美元的财产属于政治家和商人的"可疑财富"。

腐败的政客和政府官员是21世纪经济中相当普遍的洗钱者。在全世界的贫困地区,将数千甚至数百万美元中饱私囊的机会往往是让人无法抗拒的,即使对那些执法人员来说也是如此。在许多国家,收入微薄的警察和政府官员会收受贿赂作为其正常收入的补充,而且经常通过非法交易获得几倍于官方工资的收入。例如,在利比里亚,前总统因藏匿了超过30亿美元的非法资产而受到审判,这一数额相当于利比里亚一年的国内生产总值。

　　接受贿赂的警察和政府官员经常为自己的行为辩护，指出他们的工资非常低，因此人们会理所当然地认为他们会接受贿赂来提高收入，就像洛杉矶的服务员会接受较低的工资，因为他们知道小费是其收入的主要来源。这些补充性收入在墨西哥城叫作莫迪达（Mordida）、在开罗叫作巴克舍什（Baksheesh）、在内罗毕叫作洪戈（Hongo），如果没有它们，许多商业交易将不可能达成。

　　对于国际商人来说，要在国外竞争，如果不使用肮脏手段似乎是不可能的。许多国家已经通过了法律，将腐败定义为非法，即使是将腐败视为标准商业惯例的国家也是如此。例如，美国通过《反海外腐败法》（*Foreign Corrupt Practices Act*）禁止国际贿赂。在实践中，这些法律有助于减少国际市场上的许多非法行为。

　　像总部设在柏林的透明国际（Transparency International）这样的监督组织，其通过提高国际商业交易的透明度来打击腐败。透明国际与总部位于巴黎的由超过30个富裕国家组成的经济合作与发展组织合作，制定了一套禁止在海外开展业务时贿赂外国公职人员的具体规则，共同打击国际腐败。

　　透明国际每年对全球180个国家和地区进行一次调查并排名——从最腐败（0分）到最清廉（100分）。在最近公布的排名中，腐败程度较低的国家有斯堪的纳维亚国家、瑞士和新西兰，排在底部的是委内瑞拉和索马里（全球清廉指数见表32.1）。

表32.1　全球清廉指数
(得分100：最清廉　得分0：最腐败)

排名	国家	得分	排名	国家	得分
1	丹麦	88	11	德国	80
2	新西兰	87	11	英国	80
3	芬兰	85	18	日本	73
3	新加坡	85	22	美国	71
3	瑞典	85	34	以色列	61
3	瑞士	85	45	韩国	57
7	挪威	84	105	巴西	35
8	荷兰	83	138	墨西哥	28
9	加拿大	81	144	肯尼亚	27
9	卢森堡	81			

资料来源：透明国际，2018年

　　随着越来越多的业务通过网络办理以及匿名现金交易逐渐减少，追踪资金流动变得更加容易。在21世纪，银行转账几乎完全是电子化的，这为追踪非法资金从世界的某一地区向另一地区的流动提供了重要工具。在一些国家，所有公职人员的薪金和收入信息都公布在网上，以确保透明度并遏制腐败。

　　一些捐助国开始依据诚信程度，为一些发展中国家的银行和商业提供国际贷款和援助。金融稳定论坛（Financial Stability Forum, FSF）和反洗钱金融行动特别工作组（Financial Action Task Force, FATF）等几个组织已协调一致，共同努力调查世界各地的腐败和洗钱行为，甚至还列出了在处理这一问题上被视为不严格或不合作的国家名单。

不幸的是，在包括美国在内的许多国家，与腐败问题的严重程度相比，因洗钱而被定罪的人的数量微乎其微。联合国毒品和犯罪问题办公室（United Nations Office on Drugs and Crime, UNODC）估计，犯罪所得几乎占全球 GDP 的 4%，约有 2 万亿美元。而在这些钱中，真正被没收的不到 1%。在一些国家，如菲律宾，从来没有一个人因洗钱而被定罪。

不幸的是，即使一个国家加强了反洗钱监管，但在相互关联的全球经济中，其效果往往是微乎其微的。在许多情况下，非法资金最终流向了立法和执法不那么严格的司法管辖区，在这些地区，腐败的政客更关心的是发展自己的事业，而不是让洗钱者的日子难过。

33 ————————

气候变化如何影响全球经济？

    在过去的一万年里，地球的平均温度变化很小，在一个世纪接一个世纪、一个千年接一个千年内都在15℃左右。但是，在过去几十年里，全球经济的快速增长导致地球大气中二氧化碳、甲烷和氧化亚氮急剧增加。由此产生的温室效应导致平均气温急剧上升，这通常被称为全球变暖。从目前的情况来看，即使暂停温室气体排放，地球的平均温度也将上升到前所未有的最高的水平。

    气温上升也会带来一些积极的影响，主要是对世界上较冷的地区，如斯堪的纳维亚，那里的夏季将更长、更温暖，粮食产量将增加，生活环境将更令人愉快。然而，对于世界上更暖的、一般来说也更贫穷的地区来说，全球变暖和气候变化带来的影响将是毁灭性的。较高的温度不仅会对农作物和农业产生负面影响，还会导致灾难性的飓风、洪水和干旱。据国际货币基金组织估计，未来几十年的气候变化将使一些发展中国家的人均国内生产总值损失高达20%。在那些受灾难性天气影响较大的国家，紧急救济和重建费用将耗尽政府的资金。

随着世界人口的持续增长，未来温室气体的排放量肯定也会增加。事实上，发展中国家的人均排放量远远低于发达经济体的。这是个不祥之兆，因为像墨西哥这样的国家的人均二氧化碳排放量开始接近发达国家水平时，全球变暖将更加严重。此外，在许多工业生产效率低下的发展中国家，每1,000美元国内生产总值释放的温室气体的量是发达工业经济体的3倍以上（主要经济体的化石燃料二氧化碳排放量见表33.1）。

表 33.1　主要经济体的化石燃料二氧化碳排放量（2017年）

经济体	化石燃料排放量的占比	人均化石燃料排放量（吨/年）
世界		4.9
中国	29.3%	7.7
美国	13.8%	15.7
欧盟	9.6%	7.0
印度	6.6%	1.8
俄罗斯	4.8%	12.3
日本	3.6%	10.4
德国	2.2%	9.7
韩国	1.8%	13.2

（续表）

国家	化石燃料排放量的占比	人均化石燃料排放量（吨／年）
伊朗	1.8%	8.3
沙特阿拉伯	1.7%	19.4
加拿大	1.7%	16.9

资料来源：世界银行、联合国、维基百科

鉴于在一些发展中国家的人口中有很大部分是靠农业谋生的农村人口，气候变化对他们日常生活的影响将比对生活在发达工业经济体的人的影响要大得多。据估计，在未来二三十年里，非洲、亚洲和拉丁美洲的农村贫困人口将是受气候变化影响最大的群体，一些地区将长期处于干旱状态，另一些地区则会频发灾难性洪水。在拉丁美洲，安第斯山脉冰川的融化将给粮食生产带来灾难性影响，并增加发生大规模洪水和其他恶劣天气事件的可能性。

一些发达国家的农业也将受到气温上升的严重影响。据估计，与墨西哥湾接壤的美国东南部地区的农业产量可能会下降50%以上。另外，在许多地区，随着人们为应对室外不断升高的温度而打开家里和办公室的空调，能源成本将飙升。由于全球70%的淡水被农业消耗，降雨量的任何显著变化都可能对世界粮食供应产生灾难性影响，无论在富裕国家还是贫穷国家。

气温上升也将对世界各地的海平面产生巨大影响。气温升高不仅会导致冰川、极地冰盖、格陵兰岛和南极洲周围的冰原融化，还会导致海洋扩张。据估计，在过去的半个世纪里，海平面上升是由于水温的升高，因为水受热会膨胀。海平面不断上升不仅会导致世界低洼地区更频繁的风暴潮——例如2005年的新奥尔良和2012年的纽约遭遇的洪水——而且还会使一些低洼地区被永久淹没。

在美国于2018年退出《巴黎协定》（*Paris Agreement*）之前，所有参与国都难以在21世纪实现将全球上升温度限制在2℃的目标。假设到2100年温度真的上升3℃，海平面上升将淹没世界各地的城市，特别是亚洲的部分地区；考虑到目前经济产出和温室气体排放的增加，这真不是一个疯狂的假设。据非营利环境组织美国气候中心（Climate Central）估计，目前有2.75亿人生活在这些危险地区。日本大阪的大片土地将被完全淹没，价值损失将超过1万亿美元。埃及的亚历山大也将几乎完全被洪水淹没，有800万人不得不逃往地势较高的地方。里约热内卢将会失去所有著名的海滩甚至整个地区，例如举办奥运会的巴拉－达蒂茹卡（Barra da Tijuca）将被淹没在水下。迈阿密已经经历了周期性的洪水［被称为王潮（King Tides）］，齐膝深的水在城市低洼地区的街道上涌动。受影响最严重的城市可能是上海，如果海平面上升到目前预计的水平，预计将有超过1,700万人居住的地区被洪水淹没。

发达国家中大多数受影响的城市还有资金建设海堤和排水系统，类似于卡特里娜飓风引发洪水后新奥尔良所做的努力。

但在世界上许多贫穷的地区，海平面上升造成的后果将更加难以应对。例如，孟加拉国没有办法保护其低洼地区，如果继续按照目前的轨迹发展，这些地区将完全被淹没，数亿人将流离失所。这些气候难民中的许多人很可能最终会逃往欧洲和北美国家，就像2010年代末逃离饱受战争蹂躏的叙利亚和阿富汗的难民一样。

滚雪球效应（Snowball Effect）会使这些预测变得更加可怕。气温的上升将导致北极大片永久冻土以越来越快的速度融化，向大气中释放更多的二氧化碳。一旦发生这种情况，地球的气候将发生更大的变化，导致温室效应失控。据估计，自19世纪工业革命以来，世界永久冻土融化释放的碳量比化石燃料燃烧释放的碳总量还要多。

在2018年，联合国政府间气候变化专门委员会（United Nations Intergovernmental Panel on Climate Change, IPCC）预测，除非二氧化碳排放量在未来几年里急剧减少，否则不可能防止潜在的灾难性气候变化。它呼吁各国努力共建一个净零排放的世界，即在这个世界，因世界经济活动产生的二氧化碳量要与大气中二氧化碳的消除量一样多。但是，在一个人口接近100亿的世界里，很难有足够的土地种植足够的树木来吸收二氧化碳。最好的解决方案是利用从藻类到地下储藏库[1]的任何东西，更广

---

[1] 地下储藏库，将加压的二氧化碳注入多孔的岩石层的碳地下封存技术。—— 译者注

泛地实现碳回收，并敦促在未来几年里，大幅增加风能和太阳能等可再生能源的发电量。

在美国，一些政治领导人呼吁 "绿色新政"（Green New Deal），旨在将美国经济从依赖化石燃料转变为基于可再生能源，就像20世纪30年代为应对大萧条的罗斯福新政所采取的措施一样，通过提供巨额政府资金来拯救垂死的经济。除此之外，绿色新政的次要目标是刺激整个经济的发展，努力减少收入不平等，并应对向绿色经济转型带来的经济后果。例如，生产或消费化石燃料行业的失业率大幅增加。这可以通过增加政府支出来实现，以保障失业人员得到再培训，以及得到政府提供的保健和其他服务。

从本质上讲，气候变化和全球变暖会带来显著的影响。短期内，气温升高和海平面上升会对数亿人的经济活动和生活造成严重破坏；而从长期来看，其将会以我们无法预测的方式改变人类文明。

34 ————————————

医疗保健：应该以什么样的方式运作？

　　与世界经济中所有其他事物不同，我们真的不能给健康定价。因此，传统的国内生产总值在衡量国家经济福祉时并没有考虑健康或幸福因素。但是，我们可以为医疗保健定价。

　　美国的医疗保健费用是其他国家平均费用的2倍多，美国的医疗保健价格高有很多原因，包括高肥胖率、高糖尿病率、美国人更经常看医生的倾向等。但仔细观察统计数据就会发现，美国人平均去看医生的次数比大多数国家的人要少得多。美国的肥胖率和糖尿病发病率 ——2017年，美国15岁以上的人群中有38.2%的人属于肥胖人群，10.8%的人患有糖尿病 —— 并不比加拿大、墨西哥、匈牙利和英国的高多少，而这些国家的医疗保健支出都低得多。

其他国家是如何保持低医疗保健成本的呢？世界上大多数富裕国家都有一个单一支付系统（Single-Payer System），可以协调医院、制药公司和其他医疗保健提供商保持低价格。例如，在加拿大，由于政府支付了大部分的医疗保健费用，对于医疗保健提供商来说，压力主要是如何达成低价的交易，而不是失去这些业务。

在美国，医疗保健系统中由政府项目支付的部分，如医疗补助、医疗保险和退伍军人事务部的费用，其平均费用要比市场上其他项目的低得多。美国政府机构协调的医疗保健费用约占五分之一，其平均花费不到私人或雇主提供的医疗保健费用的一半。

更糟糕的是，到2010年底，超过10%的美国人，大约有3,000万人，没有任何形式的保险来支付医疗费用。因此，一次紧急就医就可能会使病人破产。通过向没有保险的病人收取比有医疗保险的病人高得多的费用，医院就能够收回它们在其他地方损失的钱。根据哈佛大学的一项研究，美国超过60%的个人破产是由支付医疗费用引起的；在绝大多数的破产案件中，破产申请人都有某种形式的健康保险，但这不足以支付所有的医疗费用。在美国，大多数医疗保健服务的价格居高不下，这是由于相对低效的市场效率和缺乏强有力的定价机制，如缺乏像医疗补助计划或英国国民健康服务（National Health Service, NHS）这样的由政府管理的医疗保健系统。

价格透明是选择如何在所有经济生活中花钱的一个基本因

素，但不仅仅是在美国，在许多国家，医疗保健行业严重缺乏这种透明度。当你因心脏病发作被推进急诊室时，医院的服务费用并不是最优先考虑的事项。这种需求缺乏弹性，意味着大多数病人愿意不惜一切代价来获得药物治疗和护理，以恢复健康。例如，一些在其他国家以几美元的价格就能买到的药物，在美国却要花费数百甚至数千美元（各国医疗保健费用见表34.1）。由于美国众多的保险公司和医疗保健计划无法作为一个统一的整体来运作，它们没有办法迫使医疗保健提供者降低价格——允许医疗保健提供者收取他们想要的费用。

尽管美国在人均医疗保健费用方面位居榜首，但在发达工业化国家中，美国人的预期寿命的排名却往往处于预期寿命名单的末尾。

表34.1 经济合作与发展组织部分成员国的医疗保健费用

排名	国家	健康保健支出（人均支出 / 美元）	健康保健支出（占GDP 的百分比）	预期寿命
1	美国	9,892	17.2%	79.3岁
2	瑞士	7,919	12.4%	83.4岁
3	卢森堡	7,463	6.3%	82.0岁
4	挪威	6,647	10.5%	81.8岁
5	德国	5,551	11.3%	81.0岁
6	爱尔兰	5,528	7.8%	81.4岁
7	瑞典	5,488	11.0%	82.4岁
8	荷兰	5,385	10.5%	81.9岁

（续表）

排名	国家	健康保健支出（人均支出/美元）	健康保健支出（占GDP的百分比）	预期寿命
9	澳大利亚	5,227	10.4%	81.5岁
10	丹麦	5,199	10.4%	80.6岁
13	加拿大	4,644	10.3%	82.2岁
17	英国	4,192	9.7%	81.2岁
23	以色列	2,776	7.3%	82.5岁
25	韩国	2,729	7.7%	82.3岁
29	匈牙利	2,101	7.6%	75.9岁
31	智利	1,977	8.5%	80.5岁
35	墨西哥	1,080	5.8%	76.7岁

资料来源：彭博，2017年

虽然预期寿命受许多因素的影响，如饮食、气候等，但医疗保健在长寿方面是迄今为止最重要的因素。在一些发展中国家，基本医疗保健几乎不存在，数十亿人无法定期获得针对疟疾、艾滋病和结核病的有效治疗，当地人口的预期寿命也非常低。

从高预期寿命和高效率的医疗保健来看，在医疗保健方面取得显著成果的国家通常将政府提供的单一支付制度与充足的私人保险选择结合起来，以实现医疗保健的全覆盖。几乎所有拥有优秀的医疗保健系统的国家都要求以某种方式将医疗保健服务覆盖到几乎每个公民。总部位于伦敦的列格坦研究所（Legatum Institute）在其发布的2017年全球繁荣指数中，认为10个国家／

地区的医疗保健系统较好（见表34.2）。

表 34.2　世界上优秀的医疗保健系统（列格坦研究所排名）

序号	国家 / 地区	平均预期寿命	医疗保健系统
1	卢森堡	82.2岁	全民医保
1	尽管这个小国的几乎每个人都被强制性税收支持的医疗计划覆盖，但仍有约75%的人支付了补充保险，以覆盖额外费用；可以自由选择医疗服务提供者；几乎所有保健服务的费用都是固定的。		
2	新加坡	84.7岁	全民医保
2	国营和私立医院联合；所有新加坡工人都被要求将其工资的约37%存入法定的储蓄账户，用于医疗保健等；政府利用其权力来降低药物和其他医疗费用。		
3	瑞士	82.5岁	全民医保
3	每个公民都必须拥有私人健康保险，大约30%的人会得到政府的帮助来支付费用；医疗保健由私人和政府开办的医院联合提供；保险公司以非营利的方式提供基本的服务，但可以通过提供诸如单人病房等额外服务来赚钱。		
4	日本	84.7岁	全民医保
4	强制购买公共健康保险，通常由雇主支付费用；病人预先支付20%的医疗费用。		
5	荷兰	81.2岁	全民医保
5	所有人都需要强制保险，主要是初级保健；税收支持的政府保险体系涵盖长期护理和老年人护理；私人保险公司被要求对所有病人（不论年龄大小，不论病残程度）收取相同的费用。		
6	瑞典	82岁	全民医保
6	税收支持的医疗保健系统对每个公民在12个月内支付的金额设定上限；处方由政府补贴，价格由政府控制；不到100万的瑞典人单独购买私人健康保险，从而使他们在某些程序和手术方面享有优先权。		
7	中国香港	82.8岁	全民医保
7	公共和私人医疗保健提供者联合；那些拥有私人健康保险的人使用私人医院；但是，大多数人都是去国家支持的公立医院和医疗保健系统就医。中国领土上的妇女是世界上预期寿命最长的。		

（续表）

序号	国家／地区	平均预期寿命	医疗保健系统
8	澳大利亚	82.2岁	全民医保
	大约50%的澳大利亚人拥有私人医疗保险，而其余的人则由国家医疗补助制度承保；政府通过药品福利计划对处方进行补贴；私人和政府开办的医院联合提供医疗保健；公立医院的治疗是免费的，而拥有私人保险的人通常选择额外付费升级服务。		
9	以色列	82.3岁	全民医保
	所有以色列居民都必须加入4个被称为"Kupat Holim"的国家健康保险组织之一；它们是非营利组织，必须向所有居民提供医疗保健服务，无论他们的收入或病史如何。		
10	德国	80.7岁	全民医保
	每个公民都需要购买一个名为"Krankenkasse"的半私人医疗保险；收入较高的人可以购买覆盖范围更广的私人健康保险；无力支付的人的保险费由政府支付；私人和政府开办的医院联合提供医疗保健。		

资料来源：列格坦研究所，2017年；美国中央情报局编写的《世界概况》(*World Factbook*)，2019年

尽管有许多消极的方面，如缺乏可供选择的医院和医生、等待治疗的时间较长以及政府提供服务的成本很高，但全民医疗保健系统还是具有很大的优势的，可以帮助到世界上缺乏医生和基本医疗保健服务的贫穷国家。事实表明，发展中国家的基本医疗保健系统，也能减少许多疾病和并发症的发生，使居民和工人的潜力得以充分发挥。而且，通过将公共和私人医疗保健的优势结合起来，许多医疗保健系统可以不必仅仅依赖于大量的政府资金和过于繁重的税收。

像哥斯达黎加和智利这样的国家意识到，负担得起的医疗

保健实际上有利于经济增长，因此建立了全民医疗保健系统，提供的服务的费用大概是美国医疗保健费用的八分之一，并将所有人同等对待；即使经济增长不是太好，预期寿命也得到了提高。健康的劳动力可以提供必要的劳动和管理服务，医疗保健系统运转良好的国家能够生产更多的商品并提供更多的服务，为今后更广泛的医疗保健提供经济资源。

35 ━━━━━━━━━━

千禧一代以及其他几代人的行为是如何改变世界经济格局的？

在2010年代末的某个时候 —— 确切的年份取决于你看的是哪个国家 —— 千禧一代成为世界上最大的群体。几十年来，婴儿潮一代（Baby Boomers），即在第二次世界大战结束后20年人口激增期间出生的一代人，一直是在社会中发号施令并且占主导地位的群体，其经济选择行为与他们父母的有很大的区别，当然也与他们孩子的截然不同。

在第二次世界大战后的几年里，人们对购买新房子和新汽车的近乎无限的热情刺激了世界各地的经济发展，这带来了前所未有的经济增长。例如，在1950年代和1960年代的繁荣时期，美国和许多其他国家的实际国内生产总值增长几乎是后来几代人的2倍。这种经济活动在很大程度上是受到占主导地位的人群的独特行为的影响。

基本上，不同的人群可以细分如下：

- 1945年至1960年代中期：婴儿潮一代
- 1960年代中期至1980年代中期：X一代（X代，MTV代）
- 1980年代中期至2000年：Y一代（千禧一代，自我的一代）
- 2000年至2020年：Z一代（iGen，智能手机一代）

虽然概括群体的性质很困难，但一旦忽略任何特定群体的许多例外情况，几乎总会有一组基本的核心信念和行为可以用来定义他们，特别是根据经济划分的群体，这相对于根据其他标准划分的群体总是较容易定义的。例如，婴儿潮一代被认为是特别乐观的一代，对二战后强劲的经济增长和繁荣感到放心，总会兴高采烈地致力于购买新车和新房。

接下来的X一代，被认为对市场的力量持怀疑态度。X一代坚持要找到生活与工作的平衡，在经历了20世纪70年代的经济动荡和随后的20世纪80年代的里根－撒切尔（Reagan-Thatcher）推动更加自由的市场经济带来的经济繁荣之后，对经济增长总保有一种怀疑态度。

千禧一代出生于2000年之前的几年，受到2001年9月11日恐怖袭击和2008年经济大衰退的巨大影响，对无限经济增长的价值持更加怀疑的态度，呼吁更加重视社会平等、可持续的环境和生活质量。

数字技术，主要包括计算机、平板电脑和智能手机的使用，对千禧一代的经济行为产生了广泛的影响，甚至更多地影响了下一代（暂时被称为 Z 一代）。新一代的人从小就开始使用智能手机，以及通过手机接触多种形式的社交媒体，导致了人们行为的结构性变化，而这种变化才刚开始被人们所理解。

世界各地的年轻人放弃了在现实世界的社会花费时间进行互动的机会，而去网络上培养虚拟友谊，他们的经济和社会行为也在以各种方式受到影响。例如，自 1990 年代以来，酒精和毒品的使用大幅下降。在许多国家，吸烟人数下降了一半以上，而高中生性行为的发生概率下降了 25% 以上。从看电视到花时间在小屏幕前的转变，也改变了广告商和媒体公司的行为。流媒体的发展，如网飞、亚马逊和苹果提供的流媒体，彻底改变了 21 世纪媒体的生产和传播方式。

新一代的技术头脑摧毁了许多生产、销售商品和服务的旧模式。婴儿潮一代曾经渴望拥有最新的汽车或电视机以跟上琼斯一家的步伐[1]，而 X 一代甚至千禧一代都热衷于拥有最新款的服装或 CD，他们的消费趋势是"随心所欲"，坚持选择能够远离大众市场经济行为而反映更多个人风格的品牌和产品。

这种背离标准化美国梦的经济行为，导致那些依赖销售"被认可的门票"的公司走向衰落，因为它们的产品基于在人们眼

---

[1] Keep up with the Joneses，英语习语，指在物质生活方面和邻居或朋友进行比较。——译者注

中的"精英"的地位。例如，像西尔斯百货（Sears）和凯马特（Kmart）这样的传统公司就受到了很大冲击，西尔斯在2017年关闭了美国的300家门店；甚至像Abercrombie或Fitch这样的依赖传统品牌模式、强调遵从时尚理念而不是更具个人主义色彩的新公司，也受到很大的影响。新一代强调个人主义和独立，使得在21世纪出现了生产和销售产品和服务的全新方式。

社交媒体在为单个消费者和利基受众量身定制产品和服务过程中发挥了重要作用。婴儿潮一代和X一代都是从标准化的网络电视节目和报纸中获取新闻；而新的获取信息的方法是使用红迪网（Reddit）、脸书、播客等在线过滤工具，甚至观看喜剧新闻节目，以获得个性化的信息，而这一模式也开始被老一辈人所接受。

许多政治和经济分析人士担忧，对个体的关注会导致人们把对立的观点或行为视为无效的或"错误"的。前几代人所处的多元化的世界，如20世纪60年代嬉皮士和企业家的融合，正在被一个集中的、浓缩的世界取代，在这个世界里，没有人愿意听到对立的观点和做出另类的行为。加剧这一现象的是，许多年轻人倾向于放弃传统的新闻来源，如网络电视、报纸和杂志，而依赖社交媒体来了解和理解这些信息和整个世界。其最终结果是，世界上的观点越来越片面。21世纪经济行为的政治正确性，例如拒绝从工资极低的国家购买产品，正导致许多人拒绝考虑经济合作带来的好处。另一个例子是，许多人认为在本地购买产品总是最好的方式；但是，如果不以适当的方式进行，在当地的购买行为和种植可能会造成不必要的环境后果。例如，在荷兰或加拿大使用温室种植西红柿，而不是从阳光明媚的西班牙或墨西哥进口西红柿，会导致每生产一个西红柿的碳足迹更高，即使把用船舶或飞机运输西红柿的成本考虑在内。

显然，前几代人的经济行为，比如婴儿潮一代为建造新房子而肆无忌惮地破坏森林和农田，给之后的几代人提供了警示。这一结果导致千禧一代倾向于住在离市中心较近的小房子和公寓里，这意味着他们在到达工作场所以及享受城市提供的其他便利设施方面花费的时间更少，从而减少了污染排放。

即使是婴儿潮一代，随着年龄的增长，达到退休年龄后，他们也放弃了有广阔庭院的大房子，搬进更小的房子和公寓，从而提高他们的生活水平，这也降低了他们经济活动的碳足迹。面临退休的婴儿潮一代，在生命的最后阶段高度关注高质量的生活，选择奢华的生活方式或者尊重另类的生活方式，例如进入高尔夫或板球主题的退休之家或者专门为性少数群体服务的社区。

人口从传统的郊区转移到人口稠密的城市地区，既有积极的影响，也有消极的影响。不再在郊区建造超大的伪豪宅（McMansions），不仅意味着在家具、固定设备以及草坪护理方面的支出减少，也意味着靠建造住宅或制造汽车谋生的郊区居民的工作需求减少。许多蓝领工作的流失加大了贫富差距。从积极的方面来看，都市化的生活方式可以带来诸如减少汽车尾气排放所造成的空气污染等好处，也能大大提高经济生产力。例如，千禧一代倾向于居住在离他们的工作场所以及他们最喜欢的酒吧或咖啡馆近的地方，这就产生了一种被称为协同效应（Synergy）的有趣现象。许多研究表明，当集聚使得员工之间的联系更紧密，他们能够更有效地交流新想法，并有更多的合作可能性时，生产力可以显著提高。越来越多的千禧一代选择搬进更小的公寓，其中很多人虽然生活空间很小，但有足够大的公共空间与其他居民互动，这使得积极合作的机会成倍增加。

千禧一代的主要困境是，他们的收入比父母在他们这个年龄时要低，并背负着大量的学生债务，这迫使他们求助于技术以及由技术支持的活动，如汽车共享和在线平台，以交换从衣服到住房的一切。例如，在英国，年轻的千禧一代拥有的住房的数量大约只有婴儿潮一代在相同年龄时的一半。在许多国家，年轻工人的汽车保有量也在直线下降。

越来越多地强调使用权而不是所有权，导致汽车制造商等公司从根本上重新思考它们的商业计划。例如，福特汽车公司（Ford Motor Company）别出心裁地决定向业务遍布北美250个大学校园的 Zipcar[1] 供应汽车，以吸引千禧一代，希望他们先熟

---

[1] Zipcar，美国一家汽车共享公司。——译者注

悉某一型号的汽车，然后在未来几年内选择购买。但许多千禧一代，以及越来越多的前几代的人，都认为共享会比拥有更简单、更经济。

宏观经济政策，如通过降低利率来刺激经济，也正在被新一代人改变的经济行为所改变。例如，1980年代初经济衰退后的"里根复苏"（Reagan Recovery）就是由婴儿潮一代争相购买新房和新车推动的，当时美联储降低了利率，反税收政府大幅增加了开支，导致了巨额预算赤字。然而，在当今世界，政府赤字支出和较低的利率对千禧一代的消费模式的影响并不明显。许多人表示，他们更喜欢乘坐共享汽车甚至便利的公共交通，并没有兴趣让自己背负更多的债务。截至2010年代末，美国学生的债务总额已超过1万亿美元，平均贷款余额超过3.7万美元。

在许多欧洲国家，购买房屋也被视为一种选择，而不是一种必要。例如，德国和瑞士的住房自有率比美国和加拿大要低得多，但它们的经济并没有因此恶化。在许多情况下，千禧一代和其他人的住房自有率低，可以让他们有更多可支配的财富用于对他们来说更重要的东西，比如额外的教育。在以脑力为基础的经济中，技术和其他相关技能对个人和整个经济都具有巨大的价值。

许多千禧一代，甚至更年轻的Z一代，不再选择买房子或汽车，而选择用他们的钱让世界变得更美好，比如选择为一家食品银行捐款或者在众筹网站上资助慈善事业。许多千禧一代的主要消费可能仅是一部相对昂贵的智能手机，因此他们可以选择减少工作时间，并花时间在非营利组织或政治竞选活动上，甚至是去一家根本没有能力支付高薪甚至不支付任何薪水的初创公司工作。

有些人选择出国旅游，或将他们的时间和精力奉献给贫困国家的慈善活动，例如建造新学校或去世界上因气候变化而遭受干旱的地区挖井。在大多数情况下，这些经济活动并不符合传统的经济增长衡量标准，如 GDP、GGDP，但这并不意味着千禧一代甚至前几代退休人员的活动不会对世界经济产生巨大影响。

新一代人使用可支配收入最明显的选择是投资，因为他们不购买汽车或房屋。但是，世界上绝大多数千禧一代根本没有进行任何投资，部分原因是他们的相对工资较低且背负的学生债务较高。而那些选择投资的人，有时会选择投资于比特币等非传统领域，在未来动荡的岁月里，其价值可能会上涨，也可能不会上涨。然而，长期的财务安全需要仔细的财务规划以及稳定流入投资账户的储蓄。

许多千禧一代的观点是，投资只是富人的事，或者他们可以等到接近退休年龄的时候再去做。千禧一代及其以后的所有人都可以利用他们丰富的技术知识，通过智能手机进行小额投资，或者使用 Nutmeg、Moneyfarm 和 Wealthify 等在线平台投资。其中许多平台都允许小额投资，便捷且安全，人们不必去银行或投资公司设立账户。考虑到不断发展的数字经济提供了巨大的资源，千禧一代的投资者有能力做出令人兴奋、经济上可行的有关生活方式的选择和投资决策，这是前几代人梦寐以求的。

36

21世纪工作和生活的新方式

随着数据、机器人和其他形式的人工智能对21世纪经济产生了颠覆性的影响，国家和个人正被迫重新思考过去的经济模式。在过去的几十年里，实际上是在过去的几个世纪里，工作一直被认为是我们人生中重要的活动之一，甚至在一些经济体中是人类的"最高使命"。而现在，人类的大部分工作都是由机器完成的，我们需要重新思考作为人类的意义。我们终于可以提出这样一个问题：哪种经济模式会给我们带来最大的幸福感？

进入世界经济的新一代工人有新的期望和优先考虑事项，几乎所有人都寻求工作与生活之间的平衡。与那些以尽可能多赚钱为唯一目标的前几代人相比，现在进入劳动力市场的许多人选择减少工作，即使这意味着收入会变少。以前的模式有时被称为"涡轮资本主义"（Turbo-Capitalism），在这种模式下，人们被要求用更多的工作时间来更好地为经济服务，主要目标是增加经济产出和财富，而这种观点在当今世界变得越来越过时。

例如，在丹麦，人们试图平衡他们的职业生活和其他追求，希望得到更多的快乐，即使这意味着更少的财富。这种丹麦式的舒适哲学基于这样的观念，即一旦所有的基本需求都得到满足，更多的钱并不一定能带来更多的幸福。从本质上讲，当我们在生活中的所有需求都可以通过诸如免费医疗、免费大学教育、高效的公共交通等得到满足的时候，赚更多钱可能不再是生活中最重要的事情。

其他国家也涌现出了类似的理念，即要整合人们生活的方方面面，而不一定是仅仅围绕金钱。例如，在日本，"ikigai"这个概念可以大致被翻译为"活着的目的"，它试图指出我们生活中的四个主要部分的交汇点，即"你擅长什么""你能得到什么""世界需要什么""你喜欢什么"的汇聚点。其中，前两个部分的契合点就是职业，第一部分和第四部分的汇聚点叫激情。当这四个部分都统一在一起时，即当你擅长的是你所喜爱的，恰好是世界所需要的，也是你愿意付出的，你就找到了真正的幸福或者活着的目的。典型的例子如下：一位成功的美食评论家，被雇去参观一家顶级餐馆并写下评论，还能够从中获取报酬；或者一位有才华的音乐家，其工作就是在世界各地举办音乐会，通过售出门票获得收入。

在21世纪经济中，其他国家也有类似的将生活和工作结合起来的整体观点。例如，在瑞典，"lagom"（中庸之道）的宗旨就是简单地生活，与环境和谐相处。瑞典家具制造商宜家（IKEA）在其在全球销售的许多产品中都成功地引入了这一理念。在荷兰，"Gezellig"是一种哲学，颂扬围绕在人们周围，令人感到舒适的人、地方和事物的价值。Gezellig真正的意思是"伴侣"或"朋友"。在芬兰，"päntsdrunk"或"kalsarikännit"赞扬了单独放松的价值。在颇受欢迎的荷马·辛普森[1]的表情包中，"kalsarikännit"被幽默地翻译成："独自在家喝酒，穿着内衣，无意外出。"

许多观察家认为，找到工作与生活的平衡点已成为21世纪经济中工人们最关心的问题。一些未来学家预测，机器人最终会使我们所有人都变得多余，主要问题可能是，在新的机器驱动的时代，人类工作还能否占有一席之地。如今，智能机器正在越来越多地执行那些以前只有人类才能完成的任务，从驾驶汽车、读取胸部X光片，到订购我们最喜欢的食物，再到将我们的无线连接的冰箱重新装满。当机器和人工智能结合到几乎所有的事情都可以由它们来完成的程度时，我们将做什么？

---

[1] Homer Simpson，美国动画片《辛普森一家人》（*The Simpsons*）中的主人公。——译者注

一种可能的情况是，虽然机器可以接手本来由低技能工人完成的大部分工作，但也会为人类创造许多新的、更复杂的工作，例如设计机器人。在这种情况下，几乎所有由较低技能的工人从事的工作，比如在工厂车间组装冰箱或在餐厅厨房里切食物，在未来几年都会消失。一些分析师预测，在未来20~30年中，住宿和食品服务行业将有超过60%的工作岗位消失，制造业、运输业、仓储和零售行业也会失去50%的工作岗位。

在短期内，许多低技能工人还能够在就业率有望增长的其他领域找到工作，如家庭保健、个人护理和客户服务。但是，对于大多数因机械自动化而失去工作的人来说，可能很难继续找到高薪工作，因为这通常需要广泛的技术和数字专业知识。因此，技术时代并没有减少收入不平等，反而加剧了收入不平等。

那我们可以做些什么呢？对许多人来说，接受正规的教育正成为一个越来越关键的决定。长期以来，接受传统的学院或大学的教育一直被认为是获得一份好工作并在市场上取得成功的必要条件。目前，在许多领域情况仍然是这样，但随着大专院校培养出越来越多拥有"实用"技能的毕业生，比如那些拥有传统商学学位的毕业生，雇主们发现越来越难找到拥有在快速发展的21世纪经济中取得成功所需的多种技能的员工。在未来，最受欢迎的员工很可能是那些兼有技术技能和更具创造性的非传统思维方式的员工。工人的基本能力是适应变革的能力，他们需要在整个职业生涯中多次改造和再教育自己。

毫无疑问，那些最有可能成功的人不仅应该具备与技术互动的能力，还应该具有机器不具备的思维和能力，如创造力、批判性思维、情商、适应能力和团队协作能力。而自相矛盾的是，获得这些技能的最有效方法是远离机器，花时间接受广泛的文化教育。

一些国家，如德国、奥地利和瑞士，鼓励年轻人完全放弃传统的学院和大学模式，而报名参加课堂学习和在职培训相结合的学徒训练计划。这个想法是将私营企业与公共支持结合起来，为市场提供其所需的确切类型的劳动力 —— 接受过技术能力培训和传统教育的劳动力。这种计划使得以上三个国家的青年失业率在世界上处于低水平，并为许多人提供了再培训的机会，使他们得以以自己的方式在工作中获得晋升。在瑞士，超过三分之二的中学生选择将这种职业教育与传统课堂教育相结合的学习形式。就连当前的瑞银集团（UBS）首席执行官塞尔吉奥·埃尔莫蒂（Sergio Ermotti），最初也是在卢加诺的一家小银行开启他的学徒生涯，并在2010年代初成为世界上一家大型银行的首席执行官的。不幸的是，在许多国家，职业教育却成了那些无法进入传统四年制学院或大学的人背负的一种耻辱。

在某些情况下，自动化最终会增加对产品的需求，并创造对更多员工的需求。这些新工作通常出现在行政和技术支持领域。那些能够掌握新技能的工人，比如获得人力资源管理或组织行为管理的技能的人，已经能够利用因机器提高生产效率和公司发展而创造的许多新工作机会。工人自我"改造"越多——成为同时拥有几种不同技能的工人——就越有能力在未来几年找到报酬更高的工作。

在未来的几年里，编程、设计以及与接管21世纪工作场所的机器一起工作的能力，将越来越受到人们的追捧。不幸的是，许多在职或失业的人——通常是年纪较大的工人——没有接受培训，从而难以适应不断变化的融合经济的需求。另外，大多数雇主不愿意为员工提供额外的培训，因为担心竞争对手会把员工挖走，这样他们就会损失对员工的教育投资。

矛盾的是，虽然机器可以完成更多的工作，但许多人的工作实际上正变得更多而不是更少。例如，那些50岁就失业的人发现，有必要开启第二职业生涯，以补充不够充实的退休储蓄和公共养老金计划提供的无法维持生计的收入。例如，在美国，超过一半的家庭实际上没有退休储蓄，其中的原因多种多样，包括收入低、可能面临意外医疗费用支出以及对投资的恐惧。许多人必须在传统的退休年龄之后继续工作，这在现代经济中创造了一个全新的景象：每个人都熟悉的退休概念即将终结，有些人被迫继续工作，直到他们失去工作能力或死亡。随着生物技术的发展，预期寿命将在未来几十年内大幅增加。因此，当我们大部分人开始活到100岁以上时，在传统职业生涯的几十年里积攒足够多的钱就算不是不可能，也会变得越来越困难。

在21世纪经济环境中，对于许多人来说，包括那些寻求补充退休收入的退休人员以及背弃传统工作理念的年轻人，零工经济正成为一种可行的工作选择。像 Snag Work 和 Wonolo 这样的应用程序和在线平台，可以提供源源不断的兼职工作，帮助像零售商和餐馆这样的在工作安排上存在临时性需求的公司。有一个名为 Directly 的零工经济平台甚至为公司提供临时客服人员。在平台上注册的高级用户也可以在家办公，成为回答其他在线客户的问题的呼叫中心，并从中获得收入。即使是像来福车（Lyft）和优步这样的共享汽车公司，也有很大比例的兼职员工，比如选择在周末工作的员工。一些人认为可以利用临时性工作作为敲门砖或者转折点，以最终获得更长期工作的机会。

零工经济也存在一些不利之处，临时性工作人员往往只拥有较少的权利和保障，例如在工作保障或医疗福利等方面。但许多临时性雇员，尤其是年轻人，表示他们并不是在寻求工作本身的保障。有人指出，不间断的零工工作，相比雇主单一且面临随时可能被通知解雇的工作，可以提供更多的安全感。根据皮尤研究中心发布的数据，到2010年代末，近四分之一的美国人从零工经济中获得收入。

有一点是可以肯定的，在一个以技术为主导的世界里，我们将会以前所未有的方式工作和生活。例如，随着无人驾驶汽车成为可行的交通选择，我们将重新思考交通概念以及汽车所有权的问题。以前，汽车在我们的车库里平均每天闲置22个小时；但现在它们可以加入到共享经济中，为其他人提供交通便利，而我们也可以从中获得一笔很好的额外收入。而工作的整体概念，以前被认为是每天走进一家工厂或一间办公室工作8个小时，也已经为视频会议和云计算等全新技术所改变。现在的工人几乎可以随时随地工作，即使身处加勒比海滩或瑞士滑雪小屋里。

人们认识到，时间是与金钱一样宝贵的资产，这导致21世纪的财富与幸福日益脱钩。这种认识在许多方面得到体现。例如，智能工作（Smart working）就是一种我们可以完全控制自己的时间，选择什么时候工作什么时候不工作的工作方式，这契合了许多员工的愿望，并打破了只能在工作时间在办公室完成工作的普遍观念。

基本上，自上而下的业务模式，即管理者告诉员工该做什么以及如何去做，正日益成为过去式。生产力已不再仅与效率相关，而更多的是与最终实现的成果相关。对于许多千禧一代和其他精通技术的员工来说，当他们学会使用社交媒体以不受限制的形式与人互动时，就不再需要花大量时间在办公室会议上了。

世界各地的工作环境也在不断升级，使工作体验变得更愉快和充实。例如，亚马逊在西雅图总部建设了生态透明球植物园，在丹麦、新加坡的工作场所里建设了睡眠舱和托儿设施，这些新创建的工作场所满足了员工对更高质量的工作和生活的渴望。

最后，未来的工作模式将不得不适应全新的社会、技术和经济环境。工作将不再意味着要去某个地方或要做某件事，而是越来越多地被视为一种有目的的活动，一种让世界变得越来越好的活动。

术语表

在当今世界，我们正遭受太多经济术语的轰炸：比特币、不断上涨的关税、数据挖掘成本、零工经济、暗网等。本术语表罗列了常用的术语，可供定期查阅，以刷新你的记忆并提高你的经济素养。

401（k）计划　许多政府允许个人留出一部分收入（免税）作退休之用。在美国，这一递延收入被存入名为401（k）的特别账户中。在英国，它被称为自我投资个人养老金（SIPP）。在瑞士，它被称为"Dritte Säule"，即"第三支柱"。所有这些计划都是作为政府或公司为个人提供的养老金计划的补充。

安倍经济学（Abenomics）　在日本，政府和大公司形成了错综复杂的关系网，经济增长在21世纪初明显放缓。安倍经济学，是以革新的日本前首相安倍晋三的名字命名的经济计划，试图通过财政和货币刺激计划来推动奄奄一息的经济。

收购（Acquisition） 在并购博弈中，一家公司收购另一家公司可以采取两种方式：一种是用自己的股票合并两家公司的资产；另一种是用现金或借款购买足够多的另一家公司的股票以获得对其的控制权，从而收购该公司。收购通常被称为接管，可以分为两种情况：一种是友好的收购，是在被收购公司的同意下进行的；另一种是敌意收购，收购公司通过购买足够多的被收购公司的股份来获得控制权，而这通常违背了被收购公司董事会的意愿。

附属机构（Affiliate） 与另一公司有关联但没有隶属关系的公司被称为附属机构。在虚拟经济中，附属机构是为了共同利益而聚集在一起的实体。例如，亚马逊网站上的许多零售商都是其附属机构，它们不为亚马逊所有，但受益于亚马逊平台。

算法交易（Algorithmic Trading） 在几毫秒内，大型预编程计算机可以在市场对新事件做出反应之前就做出买卖股票的判断。这使人们能够利用市场上的差异，迅速对新的事件做出反应。到21世纪初，算法交易已经占美国证券交易所全部交易的30%~50%。

阿尔法（Alpha） 阿尔法是用来描述基金经理告知投资者可以获得额外回报的术语。与运用道琼斯工业平均指数和标准普尔500指数等标准证券市场指数相比，投资者通过基金经理可以获得更高的收益。基金经理认为他们为投资者提供了额外的阿尔法回报，因此有理由要求收取几个百分点的费用。

美国存托凭证（American Depositary Receipt, ADR） 美国存托凭证是重新打包的外国股票市场的股票，在美国以美元计价出售。其理念是，让北美的投资者可以像购买国内股票一样投资国外股票。

甚至其股息也是用美元支付的。

增值（Appreciation） 资产价值的上升。增值与折旧相反，折旧指的是资产价值随时间的推移而下降，这在公司账簿中被记为损失；增值被视为收入或资本利得。

套利、套利者（Arbitrage、Arbitrageur） 套利者试图发现世界市场上的差异，然后迅速采取行动，在某种产品售价较低的地方买入，在另一个售价较高的市场出售。许多套利者进行高频交易，以极快的速度进行大量自动交易，并能发现普通投资者看不到的价格差异和机会。

人工智能 / 机器人（Artificial Intelligence / Robot） 人工智能和机器人经常被认为是同一事物，但事实上，它们是不同的，有时会结合形成另一个完全不同的东西。严格意义上说，机器人是通过编程来完成任务的机器。例如，在汽车工厂里，将车门组装在车身上的长臂装置被称为机器人，因为其已经被编程来执行特定的任务。而人工智能是试图复制人类智能的计算机科学。人工智能主要是通过数据的输入来"学习"和开发新的行动路径，而不是由计算机编程人员起初计划出来的。机器人和人工智能的结合创造了能够真正"思考"的机器。如今智能机器已经在执行越来越广泛的基于人的任务，包括驾驶汽车、读取胸部 X 光片、订购我们最喜欢的食物以及为我们的无线连接的冰箱补充存货。

资产（Asset） 就像公司资产负债表上的黄金、现金或有价值的建筑物一样，这些资产被视为正资产；而债务等负债被视为负资产。大多数公司的资产分为金融资产（如现金和证券）、固定资产（如建筑物和计算机）和无形资产（如商誉和专利）。

资产剥离（Asset Stripping） 资产剥离者收购一家估值过低的公司，并出售其资产，如房地产或估值过低的子公司，通常赚到的钱比一开始收购该公司时所需的钱要多。资产剥离通常可以让收购艺术家获得现金来偿还收购公司时所产生的债务。

B2B/B2C 仅限于企业之间的网络交易，例如，汽车供应商向底特律汽车制造商出售消声器，被称为 B2B（企业对企业的交易）；消费者通过网络购买物品的交易，例如个人在亚马逊网站上购买一本书，被称为 B2C（企业对消费者的交易）。

国际收支（Balance of Payments） 一个国家国际贸易和投资的总和被称为国际收支，涉及该国的所有货物、服务和资金的转移。与其他国家之间的商品和服务的购买和销售总是由流向相反方向的资金转移来补偿。它往往与贸易平衡相混淆，其实二者并不相同；贸易平衡只衡量商品贸易，而不包括服务贸易和投资（参见商品贸易平衡）。

资产负债表（Balance Sheet） 公司资产和负债的概况，简要反映公司在某一特定时间点的财务状况。资产负债表有两个方面：资产代表公司拥有的，反映在资产负债表的左边；负债代表公司亏欠的，反映在资产负债表的右边。资产减去负债后剩下的部分叫作股东权益，即属于公司所有者的公司超额价值。

国际清算银行（Bank for International Settlements, BIS） 国际清算银行总部设在瑞士巴塞尔，通常被称为"中央银行的中央银行"。除了管理国际银行系统外，它还充当世界各国中央银行之间交易的清算中心。

破产（Bankruptcy）　一家公司不能按时偿还债务就会面临破产。在许多国家，破产的公司仍有机会设法偿还债权人。《美国破产法》第十一章就对此做出了规定。如果公司无法找到其他解决问题的办法，则进入清算程序（《美国破产法》第七章），其资产将被出售以偿还债务。

破产清算／破产重组（Bankruptcy Liquidation/Bankruptcy reorganization）　《美国破产法》中两个重要的概念（参见破产）。在《美国破产法》中，破产重组（在英国称为管理程序）是第十一章的重点内容，即允许破产公司设法解决自身面临的问题。破产清算（在英国称为接管）是破产法第七章的重点内容，是指当陷入困境的公司被清算时，资产被出售，以尽可能多地偿还公司债务。

易货贸易（Barter）　用一种商品换另一种商品，就像苏联用伏特加交换百事可乐一样，可以让企业或消费者避免货币无法兑换或难以兑换带来的问题。在大多数发达国家，易货贸易是没有必要的，因为使用货币作为中介进行交易要容易得多。

基点（Basis Point）　100个基点组成1个百分点。金融市场调整后变得如此精细，以至在谈论利率变动的时候都不再使用四分之一或16%等计数方式。利率现在都是以很小的幅度变动，如一个百分点的1%即1个基点。利用这种方法，债券收益率上升一个百分点的一半，即0.5%，就是50个基点。

熊市／牛市（Bear Market / Bull Market）　熊市，就像众所周

知的愤怒的熊一样，代表下跌的市场。牛市，就像牛咆哮向前，用来
形容上涨的市场。

无记名债券（Bearer Bond） 无记名债券就像银行本票一样，
是电影《007》中的恶棍选择的支付方式；在理论上，无记名债券不需
要登记持有者的姓名或进行注册，会在没有任何疑义的情况下得到兑
现。债券持有人有权获得债券的全部价值并得到利息支付。1984年，
美国禁止发行无记名债券，主要是为了防止这些债券被用于洗钱。

金融大爆炸（Big Bang） 在日本，金融大爆炸一词指代的是
1990年代末实行的一揽子金融改革。早期对伦敦证券市场的放松管制
同样被称为金融大爆炸。这导致了银行和金融服务的爆炸性增长，许
多国际银行和贸易公司迁往伦敦，在地方当局不加限制或不征税的情
况下开展大量国际证券交易。

双边贸易协定（Bilateral Trade Agreements） 两个国家协议
自由开展商品和/或服务贸易（参见多边贸易协定）。

黑市（Black Market） 每当法律禁止一种市场上需求的商品或
服务时，黑市往往就会如雨后春笋般出现，以满足受挫的消费者的需
求。例如在一些国家，货币兑换是被禁止的，所以黑市（有时被称为
平行市场）就会出现，代替银行或货币交易员的正常角色。

黑天鹅理论（Black Swan Theory） 对世界经济有重大影响的
完全出乎意料的事件，有时被称为"黑天鹅"事件。大多数黑天鹅事
件，如严重的市场下跌，通常在事后被认为是可预测的，但在大多数
情况下会让每个人都感到意外。黑天鹅理论是由黎巴嫩裔美国作家纳

西姆·尼古拉斯·塔勒布（Nassim Nicholas Taleb）提出的，目的是帮助人们和企业在专注于可预测事件的同时，对未知的事件进行筹划，以期最终获益。

区块链（Blockchain） 区块链是一种加密技术，可以确保我们收到的信息是没有被篡改且准确的。它可以用于任何事情，从跟踪加密货币，到跟踪像小鸡到我们厨房里的煎锅的整个过程。区块链的优点是，加密的信息一旦被编成一串代码，就几乎不可能被更改。

蓝筹股（Blue Chip） 蓝筹股是在其行业领域中最好的股票。这个词起源于扑克游戏，其中最昂贵的筹码通常是蓝色的。

蓝领 / 白领（Blue Collar / White Collar） "蓝领"一词源于许多体力劳动者过去穿的衬衫的颜色。从事体力劳动并按小时计酬的工人通常被称为蓝领。白领工人，指赚取工资的专业人员，受教育水平较高，通常比蓝领工人挣得更多。

债券（Bond） 债券是一张纸，上面写着："我，借款人，承诺将来会向你（债券所有者）支付一定数量的钱。"最初，债券上附有一些纸条，称为息票。持有者利用息票有权定期获得支付利息。现在，世界各地的债券都在电子交易所进行交易，但利息的支付仍然经常被称为息票支付。

僵尸网络（Botnet） "僵尸网络"一词源于"机器人网络"（Robotnetwork），用来描述由被劫持的"僵尸"计算机组成的网络，这些网络会发送一波波不必要的流量，从而淹没目标网站，使在线业务陷入停顿。

布雷迪债券（Brady Bond） 布雷迪债券是以美国前财政部长的名字命名的债券，是被重新打包的已经陷入困境的发展中国家的债务，主要来自拉丁美洲。布雷迪债券的优势在于得到了美国国债的支持，这使其对国际投资者更具吸引力。

金砖国家（BRICS） "BRIC"（金砖四国）一词最初由投资银行高盛集团（Goldman Sachs）使用，是21世纪经济中四个发展较好的发展中国家（巴西、俄罗斯、印度和中国）英文名称首字母的拼写。2010年，南非加入该集团，"金砖四国"改名为"金砖国家"。这五个成员国占世界人口的40%以上，会定期举行峰会来协调经济政策。

过桥贷款（Bridge Loan） 就像一座跨越混乱水域的桥，过桥贷款是为了满足短期借款需求。其理念是在借款人安排长期融资时，为其弥补短期资金缺口。国际货币基金组织和总部位于巴塞尔的国际清算银行经常向较贫穷国家提供过桥贷款，以使这些国家得到世界银行或其他长期贷款机构的救助安排。

经纪人 / 交易商（Broker/Dealer） 就像房地产经纪人为了一笔不错的佣金而努力将房地产买卖双方聚在一起一样，证券经纪人是金融交易的中间人。例如，大多数股票经纪人都是根据证券交易量收取一定的费用。证券交易商，像汽车交易商一样，拥有一批可以以一个固定的价格出售给投资者的证券库存。一些投资银行家会同时扮演这两个角色，他们被称为经纪人 / 交易商。

泡沫（Bubble） 经济泡沫，也称为市场泡沫，是由股票或其他资产项目价格过高导致的。自市场交易诞生以来，就存在泡沫经济问题。在荷兰的黄金时代，曾出现过郁金香泡沫；在20世纪90年代末的美国，曾出现过网络泡沫。即使是20世纪30年代的大萧条，在一定程度上也是1929年价格过高的股票崩盘的结果。21世纪初，美国和其他国家的房地产泡沫导致了巨大损失，特别是在房地产泡沫破裂时引发了次贷危机（参见非理性繁荣）。

财政赤字（Budget Deficit） 当一个国家的财政收入（通常以税收形式出现）低于支出时，就会出现赤字。一个陷入财政赤字困境的国家必须通过借款来弥补差额，就像任何花的钱比挣的多的人一样。就美国和其他信誉良好的国家而言，只要有足够的国内外投资者愿意通过购买政府债务来补贴国家的挥霍性支出，赤字支出就会几乎不受控制地继续下去。

C2C 消费者之间的网络交易。消费者对消费者的交易，如 DVD 或足球票的买卖，基本上仅限于个人之间的交易，而不是企业之间的交易（参见 B2B/B2C）。

看涨期权（Call Option） 看涨期权赋予持有者以一定价格在未来购买某物的权利。与其他期权一样，看涨期权通常只能在一定的时间内执行。如果投资者认为某一资产的价格会上涨，他们会购买看涨期权，因为当基础资产的价值上升时，看涨期权的价格会上涨得更多。投资者可以购买股票、商品和外汇等多种工具的看涨期权和看跌期权（参见看跌期权）。

资本（Capital） 资本和劳动力是经济生产的两种主要投入。在会计方面，资本不仅包括现金，还包括房地产、建筑物和机器（包括机器人）等有形资产，以及管理经验和公司品牌等无形资产。

资本账户（Capital Account） 所有与货币有关的国际投资流动都集中在一个国家的资本账户中。资本账户通常包括外国直接投资（参见外国直接投资），以及买卖股票和债券等组合投资。资本账户和经常账户（参见经常账户）加在一起，就决定了该国的国际经济活动总量，即国际收支（参见国际收支）。

资本利得（Capital Gain） 当有价证券或房地产出售获利时，其出售价格与原购买价格的差额被称为资本利得。资本利得通常与其他收入（如利息和股息）的税率不同。在瑞士等一些国家，不对资本利得征税。

资本市场（Capital Market） 投资者买卖证券的地方。资本市场是交易债券和其他债务工具的场所。大多数资本市场交易是在遍布世界各地的银行的交易大厅里进行的。这些资本市场通过电子方式连接起来，形成了一个巨大的国际市场。

资本主义（Capitalism） 一种经济体系，由人们和市场决定生产多少以及以什么样的价格进行交易。资本主义是建立在私有制的基础上的，不同于资产掌握在国家手中的指令经济或共产主义经济（参见共产主义）。

碳足迹（Carbon Footprint） 一个特定行为或一系列行为引起的温室气体排放的量被称为碳足迹。尽管温室气体包括其他物质，如甲烷或二氧化硫，但大多数有关碳足迹的计算都是将排放量换算为二氧化碳当量，以便我们更容易理解和比较。关注世界经济的公民可以利用基于网络的碳足迹计算器来计算，例如位于弗吉尼亚州阿灵顿的保护基金会（Conservation Fund）提供的碳足迹计算器。

碳税（Carbon Tax） 对产生二氧化碳的化石燃料征税，就像征收任何其他税一样，这种方法往往会减少这种燃料的使用。典型的碳税是汽油税，旨在抑制消费者使用污染性燃料。一些国家呼吁在全球对所有碳排放征税。但相应的问题是，如何定位所有的污染活动，以及如何说服世界经济中的所有参与者都加入该计划。

利差交易（Carry Trade） 借入一种利率较低的货币，然后将其投资于利率较高的另一种货币。这种做法是通过两种利率之间的利差来赚钱。

卡特尔（Cartel） 由一系列控制生产和价格的公司构成的组织。在全球经济中最著名的例子就是石油输出国组织（Organization of Petroleum Exporting Countries, OPEC）。该组织成立于20世纪60年代，旨在协调石油生产，从而使成员国能更好地维护各自和共同的利益。

现金牛（Cash Cow） 能够产生持续现金流的公司或股票，通常被称为现金牛。现金牛行业或产品通常不需要任何营销或特别关注，就可以不断地产生利润。

经济作物/粮食作物（Cash Crops / Food Crops） 在许多发展中国家，粮食作物通常只用于养活农民家庭。如果有盈余，可以出售以获得现金。这种可以获得额外收益的作物被称为经济作物。这种盈余可以产生收入，使家庭能够购买衣服、住所和维持生存所必需的其他物品。

现金流量（Cash Flow） 一种能够快速反映公司的资金进出的指标。现金流量可以告诉投资者公司在特定时期内的经营表现。

中央计划经济（Centrally Planned Economy） 由官僚机构决策的经济模式。在中央计划经济中，国家有权决定谁生产什么产品，以什么价格出售。资源分配也由中央决策机构决定。中央计划经济又被称为指令经济或计划经济。

首席执行官（CEO） 首席执行官是经营公司的人，而不是公司的主席，主席负责监督管理层的工作。

首席财务官（CFO） 首席财务官负责管理公司资金的进出，通常直接向首席执行官报告，负责监督财务会计、做财务规划和降低财务风险。

财阀（Chaebol） 在韩国，许多公司被组合在一起，形成集团或财团，有时会变成准垄断企业。在20世纪90年代末的经济危机之后，韩国政府开始采取行动解散这些财阀。

主席（Chairperson） 负责监督公司管理层工作的人。公司主席和董事会是由股东按照固定条款任命并支付工资的，目的是维护公司股东的最大利益。

混沌理论（Chaos Theory） 混沌理论的经典观点是，世界上许多事件根本无法被预测或控制。大量非线性事件，诸如天气、股市波动或我们的大脑的运转等，取决于非常广泛的因素，即使是拥有最强大计算机的人也不能够判断当前行为对未来的影响。

气候变化（Climate Change） 大气中的温室气体急剧增加，导致太阳光线被地球大气层吸收的百分比增加，进而导致世界许多地区的气温升高、严重风暴的出现以及气候的不断变化。交通运输、工业生产和农业活动都会导致地球大气中粒子的增加以及随之而来的全球变暖。全球变暖（包括飓风和洪水等灾难）造成的经济损失，预计将达到数万亿美元。

担保债务凭证（Collateralized Debt Obligation, CDO） 担保债务凭证是一种带有资产或资产组合的贷款。这些资产可以是任何东西，可以是资金流，例如按揭付款，也可以是商品流，例如农民的作物或橙汁工厂未来的产品。贷款和资产通常组合在一起，作为单一的工具出售。担保债务凭证可以确保投资者获得标的资产产生的收入。如果基础资产不再产生收入，就像2007年抵押贷款违约那样，债务担保凭证就会变得一文不值。

商业银行（Commercial Bank） 吸收存款和发放贷款的银行通常被称为商业银行。虽然传统的商业银行，至少在日本和美国，是被禁止参与诸如买卖股票或承销新发行证券（参见首次公开发行）等投资银行活动的，但到21世纪初，商业银行被允许开展与它们的兄弟投资银行一样的一切业务（参见投资银行/投资银行业务）。

商业票据（Commercial Paper） 银行、公司和其他商业实体发行的短期证券或贷款。商业票据是一种相对安全的投资，因为其风险具有短期性。商业票据通常不用于为长期投资进行融资，而是用于短期融资，例如为购买库存融资或增加营运资金。商业票据包括本票、汇票、支票和大额存单。

商品（Commodity） 石油、天然气或大豆等原材料被称为商品。大多数商品是相对同质的，很容易在世界市场上交易，例如西伯利亚的黄金基本上与内华达州的黄金一样。商品可以通过多种方式交易：即时交割的现货交易，或以固定价格在未来的某个日期生效的期货交易。还有一些其他商品，包括玉米、银、锡、牛肉、小麦和猪肉等。

欧洲经济共同体（Europear Economic Community） 欧盟的前身（参见欧盟）。其目标是实现商品和资金不受限制地在成员国之间自由流动。

共产主义（Communism） 共产主义的目标是创造一个完全平等的社会。这种乌托邦式的想法是在19世纪由弗里德里希·恩格斯（Friedrich Engels）和卡尔·马克思（Karl Marx）等经济哲学家提出的，目的是纠正资本主义制度的弊端，特别是在工业革命初期存在的恶劣现象，例如雇用童工、工作条件不卫生和虐待工人。

比较优势（Comparative Advantage） 比较优势法则的基础是，当世界上每个国家被允许生产和出口其具有相对优势的商品和服务时所产生的协同效应。按照这一理论，每个国家最终都会变得更好。

消费者价格指数（Consumer Price Index, CPI） 美国经济中的物价指数，在英国被称为商品零售价格指数（Retail Price Index, RPI）。消费者价格指数概括了一个典型的公民在一个特定的年份购买的一篮子商品和服务的价格。

《濒危野生动植物物种国际贸易公约》（Convention on International Trade in Endangered Species, CITES） 加入《濒危野生动植物物种国际贸易公约》的组织与联合国环境规划署（United Nations Environment Programme）一起，对濒危动植物物种的贸易进行管制。例如，《濒危野生动植物物种国际贸易公约 》通过控制象牙的销售，能够将偷猎水平降到最低限度。《濒危野生动植物物种国际贸易公约》区分了需要全面禁止贸易和狩猎的动物（称为附录一）和那些可持续"收获"的物种（称为附录二）。

趋同（Convergence） 每个国家在不同地区往往有着差异化的经济需求，因此政府试图通过趋同的经济政策来使整个经济同质化。就像美联储很难平衡美国各个地区的需求一样——例如加利福尼亚州可能正在蓬勃发展，而中西部则停滞不前——同样地，欧洲中央银行很难满足欧盟各国的需求。因此，中央银行试图使不同的经济区域尽可能地趋同，特别是在通货膨胀、经济增长和失业方面。

可转换债券（Convertible Bond） 为了使债券或其他证券对投资者更具吸引力，公司有时会将其转换为可转换证券，允许投资者将它们兑换成其他有价值的东西，通常是公司发行的股票。可转换债券通常类似于股票期权：持有者有权利但没有义务在任何时候用债券换取公司股份。

公司财务（Corporate Finance） 当公司或政府需要大量资金时，通常会求助于投资银行，让它们帮助以具有吸引力的价格寻找融资。公司财务顾问的目标是找到债券、股权、互换或其他融资方式的正确组合，以使公司能够以尽可能低的成本获得资金。

公司治理（Corporate Governance） 管理和控制公司运营的规则被称为公司治理。它基本上涉及协调公司利益相关者（股东、管理层和董事会）之间的关系，也包括公司与客户、员工、供应商、银行、监管机构和整个社区的关系。

修正（Correction） 暂时的市场下跌。相对于持续较长时间的崩盘，经济学家用修正这一术语描述股票或债券价值的短期下跌。

创造性破坏（Creative Destruction） 新技术往往会淘汰旧技术。约瑟夫·熊彼特（Joseph Schumpeter）早在20世纪30年代就发展了这一理论。他认为经济发展突飞猛进，如果企业不能适应新技术、新产品，以及生产和分销商品的新方式，就会被摧毁。或者，更委婉地说，公司就会倒闭，被新公司取而代之。

众包（Crowdsourcing） 利用互联网从外部获得特定的商品和服务的做法被称为众包。利用互联网访问能够提供商品和服务的大型网络，个人和公司可以完成各种各样的任务。众包可以用于无限的领域，从天文学 [在线用户帮助美国国家航空航天局（NASA）整理太空照片] 到谱系学（个人协助创建一个覆盖世界范围的有关家庭成员的数据库）。这个词是杰夫·豪（Jeff Howe）于2006年在《连线》（*Wired*）杂志上提出来的。

加密货币（Cryptocurrency） 加密货币是数字资产，如比特币或以太坊，具有与其他形式的货币相同的功能。它们可以用作交换媒介或用于价值储存。几乎所有的加密货币都使用加密技术（通常是区块链）以确保其真实性，并使用其他形式的技术来控制新货币的创建。当一种加密货币的所有者决定购买某种商品或服务时，整个系统都会进行更新，以反映加密货币从买方到卖方的转移。通常，一旦一种加密货币被转移到其新的所有者账户并经过验证，该交易就不能被撤销（参见区块链）。

和（Cum） 在拉丁语中，cum 的意思是"和"。在市场上，附有权证的债券被称为 cum。出售时仍需支付股息的股票将作为附股息（Cum Dividend）一并交易。

货币（Currency） 货币是由中央银行或货币当局印制的，通常只以发行当局的信誉作为后盾。在美国，财政部曾经允许选择用美元兑换黄金；自 1973 年以后，则不再允许。如今，大多数主要货币的价值取决于其他人或企业为得到货币而愿意支付或交易的东西。

货币挂钩（Currency Peg） 有时，一个国家可以通过干预外汇市场，人为地降低或提高其货币在世界市场上的价值。通过大规模买进或卖出某种特定货币，政府可以极大地影响该货币的价值。在 21 世纪初，只有少数几个国家承认直接操纵了货币，但其实有超过 100 个国家或地区会以某种方式操纵货币，通常是将一种货币与另一种货币挂钩或固定。典型的货币挂钩例子有：14 个西非和中非国家将非洲金融共同体法郎与欧元挂钩，以及中国香港、阿拉伯联合酋长国和大多数加勒比国家将其货币都与美元挂钩。

经常账户（Current Account） 衡量一个国家在一定时期内的商品和服务的国际贸易的指标。经常账户既衡量"有形"贸易（如大米和电视机），也衡量"无形"贸易（如银行服务和电影）。经常账户还包括资金转移，例如公民在国外工作时汇回家的钱和支付外债的利息。经常账户会由该国的资本账户进行平衡，而资本账户将所有金融资产转移加在一起，包括股票或债券等金融资产的国际采购和出售。

关税联盟（Customs Union） 贸易同盟成员同意对来自同盟以外的进口商品征收相同关税的同盟被称为关税联盟。加入关税联盟的好处是，一旦商定了共同的关税，任何进口货物都可以运往联盟内的任何其他成员国。例如，从美国进口到意大利的一部苹果手机或一辆汽车可以被送到欧洲关税联盟中的任何其他国家，而无须关心它们的原产地。

暗网（Dark Web / Dark Net / Darknet） 在世界经济表面以下的黑暗水域里潜伏的邪恶部分被称为深网和暗网。这两个术语经常交替使用，但这是两个非常不同的概念。一般来说，深网活动不是非法的，只是偏好于脱离公众的视线。典型的深网包括网络银行、医疗记录存档、公司内部网络和其他私人网络，这些网络有一个共同的特性，就是不希望世界看到它们正在做的一切。暗网活动是互联网活动中最深入、最隐蔽的部分，这些网络里的互动需要被掩盖，通常的原因是涉及非法或其他高度保密的购买或交易。

数据（Data） 数据是一些组织和机构用来分析人们的消费习惯、政治偏好等的信息。数据一旦被编码成一种可以用于分析且方便使用的格式，就可以提供大量的信息，包括经济预测、消费者营销。原始数据是保留了辅助性或不需要的信息的数据，例如用户的姓名、地址和电话号码。描述其他数据信息的数据被称为元数据，允许用户按照自己的需求在集中的数据中找到相关信息，其类似于图书馆中允许用户查找相关书籍的卡片目录。

脱离工薪阶层（Datsu-sara） 日本人发明的一个新词，用来描述一位经理离开公司，不再依靠务工获取薪金，而从事其他相对自由的职业，这在以前是罕见的现象。然而，随着当今全球经济的发展，员工不再期望永远只为一家公司工作。Datsu-sara 字面上的意思是从企业逃离。

公司债券（Debenture） 公司债券是一种只以债券发行公司的良好信用作为担保的债券。购买者依靠对发行者的完全信赖来获得收益，这意味着他们只有在其他更优先的债务被偿还后才能得到收益。次级债券自然会提供更高的利率来回报承受较高风险的投资者。

负债权益比 / 债务比率（Debt-to-Equity Ratio / Debt Ratio） 判断一家公司健康状况的一个好的方法是看看它欠了多少钱和拥有多少钱。债务比率的基本概念是，如果一家公司欠债权人太多的钱，将很难在困难时期生存。在许多新经济企业中，债务比率往往都非常高，而资产和收入（至少在一开始的时候）相对较低。一家初创公司通常需要很多年才能开始盈利。

债务过剩（Debt Glut） 在2007年和2008年的次级抵押贷款违约导致的信贷市场崩溃期间，许多银行积累了大量的商业票据，而投资者拒绝购买。一些银行将这些债务计入自己的资产负债表，实际上是购买了以这些公司和其他实体名义发行的短期债券和其他工具。

违约（Default） 当一家公司或一个国家无法按时向债权人支付债务时，就代表它违约了。现金短缺的借款人通常最先停止支付票据和债券的利息。如果没有找到解决办法，借款人会被迫宣布破产。一个国家违约，会导致其信用评级急剧下降，而这通常会使其很难从国际投资者那里借到更多的资金。

赤字、赤字开支（Deficit、Deficit Spending） 赤字开支允许你支出的钱比赚的更多，这简直好得令人难以置信。在世界经济中，有两种赤字：预算赤字和贸易赤字。当税收收入不足以弥补支出时，政府就会出现预算赤字。为了解决这一问题，政府会发行债券，比如国债，以获得资金。在最坏的情况下，政府可以简单地印刷更多的钱。当一个国家的进口支出超过其出口带来的收入时，就会出现贸易赤字。

通货紧缩（Deflation） 通货膨胀的对立面。当经济减速，购买一篮子商品和服务的成本下降时，通货紧缩就发生了，这是极为罕见的情况，因为大多数生产者不愿意降低价格。日本是近年来遭受通货紧缩的少数几个国家之一。

需求（Demand） 需求是经济学分析的一个重要方面，主要与消费有关。本质上，需求告诉我们消费者或企业在给定价格下会购买什么。经济学家用供求曲线来解释这个问题，当生产者提高价格时，消费者会减少购买，需求就会下降。相反，当价格降低时，需求就会增加。

折旧（Depreciation） 会计师将有形资产的价值随时间的推移而减少称为折旧。例如，随着时间的推移，汽车或计算机的价值降低了，其在公司的账簿中就会贬值。税务机关经常允许公司将折旧作为公司的一项运营成本，从而减少应税收入。因此，公司更愿意尽可能多地折旧，以尽早减少它们的税收。与折旧类似，摊销（Amortization）是公司对随时间而减少的无形资产的价值进行核算。

萧条（Depression） 持续超过两到三个季度的长期经济放缓被定义为萧条。萧条通常表现为生产和需求的急剧下降。随之而来的是股市下跌、公司破产、失业率上升。政府试图通过提供经济刺激来避免萧条，例如增加政府支出或允许货币供应增加。

放松管制（Deregulation） 当政府想要鼓励竞争和提高生产力

时，常常会放松管制，取消对公司行为的限制。像航空公司或有线电视服务提供商这样的公司，在放松管制之后被允许在价格和市场方面自己做决定，而不需考虑对消费者的影响。

衍生产品（Derivative） 从其他金融工具中获得价值的金融工具。衍生产品，如期权或指数期货，会随着标的证券或其所依据的证券的价值上升而增值。这听起来像一座纸牌屋，但衍生产品允许人们以有利可图的方式进行投资。衍生产品往往是一种风险投资工具，当其标的的基础工具上涨时，投资者会得到更多的收益；但在不断下跌的市场中，其可能会损失惨重。

贬值 / 升值（Devaluation/Revaluation） 提高或降低一种货币的价值的决定是不能轻易做出的。政府调节其货币在国际市场上的价值，一般会通过公开市场购买或出售一种货币，或调整利率。然而，当投机者和其他国际投资者开始抛售他们认为疲软的货币时，政府有时会被迫贬值其货币，让其货币价值跌到一个新的、更可持续的水平。过去几年，从阿根廷到土耳其再到泰国，货币贬值无处不在。

发展中经济体（Developing Economies） 从中国到巴西，从南非到印度，超过20个新兴经济体已经成为世界经济的驱动力。在21世纪的前20年里，它们的经济增长速度一直超过美国、法国和日本等工业经济体。大多数经济调查，如国际货币基金组织和标准普尔提供的调查，都将下列国家列入新兴经济体名单：巴西、智利、中国、哥伦比亚、匈牙利、印度尼西亚、印度、马来西亚、墨西哥、秘鲁、菲律宾、波兰、俄罗斯、南非、泰国和土耳其。

报酬递减（Diminishing Returns） 消费者和生产者往往会为

他们的第一次购买支付高价，例如第一瓶可口可乐或者工厂的新设备。但报酬递减规律表明，要防止销售额下降，就需要不断降低价格来鼓励后续的购买。办公室和工厂也受报酬递减规律的影响。当安装了第一台新机器时，生产率会迅速提高。想象一下，在以前通过手工计算的办公室安装第一台计算机，会使生产率大幅提高；当安装了更多的机器时，生产率虽然仍会提高，但不会提高那么多了。

贴现率（Discount Rate） 美国联邦储备委员会向成员银行贷款收取的利率。美联储定期设定这一利率，以影响整个经济的利率，从而控制经济增长。贴现率经常与联邦基金利率相混淆，但美联储能够直接决定的只有贴现率。

去通货膨胀（Disinflation） 有点矛盾的是，去通货膨胀指的是通货膨胀率的下降，即一篮子商品和服务价格的上升。基本上，在去通货膨胀的情况下，价格仍然会上涨，但不会那么快。去通货膨胀不能与通货紧缩混为一谈，通货紧缩是指价格的下降。

红利（Dividend） 公司向股东支付的款项。当一家公司盈利后，没有把盈利继续投资回公司，而是决定将其支付给公司的股东，红利就产生了。

劳动分工（Division of Labor） 当一个经济体中的劳动者分工合作，分别从事屠宰、制作面包、制造烛台等工作，让每个人做他们最擅长的事情时，事情通常会被更有效率地完成。同样的理念也可以应用于世界经济，即让一些国家从事其表现出色的某件事（参见比较优势）。

多哈回合（Doha Round） 2001年，世界贸易组织在卡塔尔的多哈发起的全球贸易谈判，主要目的是让欧洲、北美的富裕工业化国家和日本消除农业贸易壁垒，让发展中国家消除工业制成品贸易壁垒。

休眠账户（Dormant Account） 不活动的银行账户。在大多数国家，休眠账户将会在几年后被关闭，其资金会被移交给政府机构。然而，第二次世界大战后，瑞士的许多银行账户处于休眠状态，直到1990年代，迫于国际压力，瑞士银行才披露了数千个仍然存在的账户，这些账户只被支付了很少的利息或根本没有利息。瑞士银行与国际当局达成了数十亿美元的和解协议，将部分资金转移给战争幸存者或其继承人。

双赤字（Double Deficit） 当一个政府超支时，就会出现预算赤字。当一个国家的进口额大于出口额时，就会出现贸易逆差。当两者同时发生时，这种情况被称为双赤字。

道琼斯工业平均指数（Dow Jones Industrial Average, DJIA） 道琼斯工业平均指数是世界上颇受关注的市场指数之一。尽管它只跟踪了大约30只股票的价格，但被视为衡量整个市场走势的良好指标之一。它以前只包括了纽约证券交易所的"旧经济"股票；后来开始增加纳斯达克的"新经济"股票，如英特尔和微软的股票。道琼斯集团还为许多其他类型的股票编制了指数，包括交通和公用事业股票。

裁员（Downsizing） 裁员一词最早出现在1970年代，是用来描述公司为降低成本提高利润而解雇大量员工的行为。不幸的是，它并不总是有效的。失去有经验的员工往往会导致生产力下降，士气低落通常会导致损失而不是带来利润。

倾销（Dumping） 以低于成本的价格出售商品或服务。倾销并不会对所有人都造成真正的伤害，因为购买该产品的消费者肯定乐于支付比正常情况下更少的费用。但当本地生产商发现外国生产商倾销时，通常会大呼不公平，要求政府对外国生产商进行制裁，使其停止以太低的价格在市场上销售产品。美国政府经常以倾销为借口，对从钢铁到乙醇的所有产品征收高额关税。

电子商务（E-Commerce） 以电子方式开展的商务，包括通过互联网买卖产品和在线服务。例如，从亚马逊网站购买电子图书，利用零工经济平台提供托儿或在线辅导等服务。众筹或众包等活动也被定义为电子商务活动。现在，随着企业和政府开始接受签署数字合同，并利用区块链等先进加密技术，几乎所有类型的交易都可以在网络空间进行。

利润/息税前利润/税息折旧及摊销前利润（Earnings / EBIT / EBITDA） 众所周知，利润是公司生存发展的基础。利润是收入减去所有支出后的余额。利润有时被称为净收入。息税前利润是指支付利息和税收前的利润。税息折旧及摊销前利润是指未计利息、税收、折旧和摊销的利润。

计量经济学（Econometrics） 科学地运用统计学和数学公式来发展和检验经济理论。计量经济学使用复杂的模型来模拟现实生活中的实际情形，并检验利率、税收和投资激励等变量对经济行为的影响。

规模经济（Economy of Scale） 规模经济描述了一次性生产大量产品的好处。工业革命正是基于批量生产的理念，这意味着生产某种东西的成本被分摊到大量的产品或服务中（参见劳动分工和比较优势）。

弹性 / 需求弹性 / 供给弹性（Elasticity/Elasticity of Demand/ Elasticity of Supply） 指的是一种行为在一段时间内能够带来的改变的程度。例如，需求弹性描述了产品价格变化所引起的对其需求量变化的程度。需求弹性较高的顾客往往会在产品上市后立即抢购；需求弹性较低的顾客往往会选择在同一家商店继续购买相同的产品，即使该产品在街上的另一家商店的价格更低。

排污权交易（Emissions Trading） 排污权交易的基本理念是提供经济激励，以减少二氧化碳和其他温室气体的排放，最终抑制全球变暖。排污权交易背后的理念是上限和交易，这意味着限制一个部门或整个经济可以排放的温室气体的总量，然后允许每个参与者交换彼此的排污权，以一种合理的、经济上可行的方式来减少污染。

均衡（Equilibrium） 经济学的理论基础是，经济中的所有力量都趋向于均衡。例如，当产品的价格过高时，人们往往会减少购买。因此，为了销售更多的商品，生产者必须降低价格，直到需求和供应相匹配。大多数经济概念都涉及均衡，如储蓄、投资和就业。

权益（Equity） 权益意味着所有权。在公司的资产负债表上，权益是指公司中属于股东的部分，是公司所有资产减去所有负债后的剩余部分。公司的净值也被称为股东权益。

欧元（Euro） 1999年1月1日欧盟创立了欧元，当时有11个国家将其固定为一种全新的兑换单位。从那时起，德国、法国、意大利、西班牙、葡萄牙、爱尔兰、奥地利、芬兰、比利时、卢森堡和荷兰自己的货币就不复存在了；欧元纸币和硬币被投入流通。英国、丹麦和瑞典选择保留本国货币。到2010年代末，塞浦路斯、爱沙尼亚、希腊、拉脱维亚、立陶宛、马耳他、斯洛伐克和斯洛文尼亚也已放弃本国货币而加入了欧元区。一些国家，如黑山，即使没有成为欧盟的正式成员，也决定将欧元作为本国货币。

欧洲美元（Eurodollar） 欧洲美元是美国境外银行账户中持有的美元。"欧洲"这一前缀用于描述任何在其原籍国以外（即使不在欧洲）持有的货币。例如，人们在新加坡持有的日元被称为欧洲日元，在加拿大持有的英镑被称为欧洲英镑。在欧洲以外持有的欧元叫什么呢？当然是欧洲欧元。

欧洲中央银行（European Central Bank） 在1990年代末欧元即将诞生的时候，在法兰克福成立了欧洲中央银行，其使命是监督制定欧元区国家的经济和货币政策。欧洲中央银行已经取代了各国央行［如德国央行（Bundesbank）和法国央行（Banque de France）］的大部分功能。很明显，如果没有共同利率和货币政策，单个成员国在制定经济政策时都倾向于各行其是；而一旦有了共同货币，单个成员国就不能制定自己的经济政策了。欧洲中央银行行长由欧元区成员国任命，任期为8年。

欧洲自由贸易联盟（European Free Trade Association, EETA） 欧洲自由贸易联盟包括四个国家——瑞士、列支敦士登、冰岛和挪威。它们对加入欧盟采取观望政策，选择通过单独的贸易协定加入欧盟市场。

欧洲联盟（European Union） 简称欧盟，前身是欧洲经济共同体（欧盟成立后改名为欧洲共同体）。最初是1950年代建立的简单的关税联盟。最初的想法是消除成员国之间的贸易壁垒，创造共同市场，取消会员国间的关税。最终，这个"共同体"演变成一个更广泛的经济政治"联盟"。

欧元区（Eurozone） 欧元区由19个使用欧元的国家组成：奥地利、比利时、塞浦路斯、爱沙尼亚、芬兰、法国、德国、希腊、爱尔兰、意大利、拉脱维亚、立陶宛、卢森堡、马耳他、荷兰、葡萄牙、斯洛伐克、斯洛文尼亚和西班牙。

除（Ex） 拉丁语，是用来描述债券或其他证券的权证已经被取消了。除息股票是指已经将其股息分配给之前的所有者的股票（参见和）。

汇率（Exchange Rates） 世界各国货币的价值取决于它们的汇率。货币的价值体现在与其他货币的兑换上，通过汇率，你可以知道每种货币在给定时间点的价值。例如，挪威克朗的价值体现在与固定欧元、美元或日元的汇率兑换。汇率不断调整，使之与其他货币的价值保持相对平衡。

交易所交易基金（Exchange-Traded Fund） 基于投资于构成某一特定指数的所有股票（如标准普尔500）的投资基金被称为交易所交易基金。交易所交易基金本身不受管理。投资者可以避免传统基金经理收取的高额费用。交易所交易基金为投资者提供了广泛的选择，允许他们投资于世界各地的许多市场。许多交易所交易基金允许小额投资者只投入100美元，并只收取较少的费用，或者在某些情况下根本不收取费用。

公平劳工协会（Fair Labor Association） 大学校园里活跃的众多人权组织之一，试图建立由公司、消费者和社会活动家组成的联盟，以解决许多国家的相关问题。目的是让消费者支持该协会制定的有关结社自由、最低工资、最长工作时间、卫生设施和人身安全等领域的安全规则。

公平贸易 / 国际公平贸易标签组织（Fairtrade / Fairtrade Labelling Organizations International, FLO） 公平贸易由非政府组织公平贸易认证组织（FLOCERT）提供"公平贸易"认证，以确保产品符合先前商定的环境和劳工标准。从香蕉到糖和茶的所有产品都应该按照姐妹组织公平贸易组织制定的标准进行生产，而国际公平贸易标签组织则使用独立审计师确保实施。

FANG 指数，FANG+ 指数 FANG 指数是一种股票指数，跟踪全球四大科技公司的股票价格，即脸书、亚马逊、网飞和 Alphabet 的股价。它们都在纳斯达克股票交易所交易。FANG+ 指数包括许多其他高科技公司，如阿里巴巴、特斯拉和推特。这些公司最初都没有大量的诸如装配线或工厂等的传统资产，导致公司估值困难；而这两个指数能够被很好地用于 21 世纪公司的估值。

联邦基金利率（Fed Funds Rate） 美国的银行向其他银行发放隔夜贷款的利率，被称为联邦基金利率。因为银行之间贷款的钱通常都存放在美联储，所以当一家银行在美联储存有超额准备金时，可以将这笔钱贷给其他需要这笔钱的银行，以满足美联储严格的准备金要求。联邦基金利率经常与贴现率相混淆，而贴现率实际上是由美联储设定的。尽管受到美联储政策的严重影响，但实际上联邦基金利率是由银行自己决定的。

联邦公开市场委员会（Federal Open Market Committee, FOMC） 美国的经济和货币政策在很大程度上是由一小群联邦储备委员会成员决定的。这些成员定期召开会议，规划美国经济增长蓝图。联邦公开市场委员会设定一定的增长目标，包括货币供应、通货膨胀、失业率等。联邦公开市场委员会会议记录会定期向公众公布。

美国联邦储备银行 / 美联储（Federal Reserve Bank / Fed） 美国的中央银行——美联储负责管理货币供应、监管银行系统，并充当陷入困境的银行的最后贷款人。美联储是独立的，除了定期向国会提交报告，不对任何人负责。联邦储备委员会有 7 名成员，都由总统任命。

法定货币（Fiat Currency） 一种依赖于人们对发行政府的信心的货币被称为法定货币。世界经济中的大多数主要货币都是法定货币，美元、日元和欧元完全由发行这些货币的政府银行支持。而其他货币的发行有时需要如黄金或白银这样的实物储备的支撑。这些货币被称为商品货币。

反洗钱金融行动特别工作组（Financial Action Task Force on Money Laundering） 反洗钱金融行动特别工作组总部设在巴黎，是一个独立的组织，负责调查世界各地的 "避税天堂"，并定期发布报告说明各国在打击洗钱方面的合作情况。它是经济合作与发展组织的一个分支机构（参见经济合作与发展组织）。

金融稳定论坛（Financial Stability Forum） 全球最大的自由市场经济体（参见 G7）在瑞士巴塞尔成立了金融稳定论坛，旨在促进金融稳定并解决国际市场关注的其他问题。其任务之一是监督全世界的洗钱活动。

财政政策（Fiscal Policy） 与主要由世界各国央行制定的货币政策不同，财政政策由每个国家的政府制定，政府可以决定征税多少、支出多少和借款多少（参见货币政策）。

闪崩（Flash Crash） 在计算机算法的辅助下，强大的投资公司可以在任何特定时间在世界各地买卖数十亿美元甚至数万亿美元的证券；有时，会在几分钟内引发世界各地的由计算机引导的交易员发出大量的抛售指令。这些闪崩有时会在眨眼之间发生，证券（如股票或加密货币）的价格会急剧下跌，在没有任何合理解释的情况下改变整个市场。

弹性工作时间（Flextime / Flexitime） 有些公司不要求员工每天固定工作8个小时，比如从上午9点到下午5点，而且还允许员工自己选择工作时间。通常，员工会被要求在核心期工作，以促进与其他员工的互动，但在其他时间可以随意来去。

资本外逃（Flight Capital） 由于担心即将到来的经济动荡或政府可能实施威胁储蓄的政策，公民和公司往往在危机时期将资金转移到国外的金融避风港。这种外逃资本有时占一个国家财富总额的很大一部分。例如，在高通胀时期，拉丁美洲公民会购买美元和欧元，并将其存入海外银行账户，有时甚至无视货币兑换法规。但政府所做的限制资金向国外转移的尝试最终往往会激发资本外逃，而这正是政府所试图避免的。

浮动利率票据（Floating Rate Note, FRN） 就像利率可调整的住房贷款一样，浮动利率票据是一种可以定期调整利率的证券，通常反映了整个经济的利率变化。大多数浮动利率票据将伦敦同业拆放利率（LIBOR）作为参考，以确定支付给持有人的利率。可调整利率的住房贷款通常与普遍的公司贷款利率（在美国称为最优惠贷款利率）挂钩。银行和投资者更喜欢浮动利率票据，因为在利率大幅波动期间，其价格能够保持相对稳定。

外债（Foreign Debt/External Debt） 一个国家的外债包括个人、公司甚至政府欠国外债权人的所有钱。

外国直接投资（Foreign Direct Investment） 当一家外国公司收购一家国内公司，或者是购买一家国内公司股票达到控股份额时，这种经济活动就被视为外国直接投资。外国直接投资通常能为一个公司和国家提供其所需的资本，这种投资比热钱投资更持久。热钱是在接到投资通知后快速进入和流出。外国直接投资往往能够提供一个公司和国家所需的国外专门知识和新的商业方法。在一些国家，外国直接投资占公司所有权的一半。

外汇（Foreign Exchange / F/X） 货币每天24小时在通常由位于世界主要金融中心的银行构成的"外汇"市场里交易。外汇交易的特殊之处在于买卖的物品都没有内在价值，每种货币按其他货币计价。例如，1美元是以其所值的多少欧元、日元、英镑或人民币来表示的。

外汇储备（Foreign Reserves） 外汇储备，是一个国家的中央银行持有的外币和其他储备，如黄金和特别提款权。传统上，大多数国家以美元作为大部分外汇储备，用于支持由金融机构或国家政府发行的本币或存款准备金等负债。然而，自21世纪初以来，许多中央银行已将其外汇储备头寸多样化，包括欧元、日元和其他国际货币。

森林管理委员会（Forest Stewardship Council, FSC） 世界自然基金会成立了森林管理委员会，为消费者和企业提供购买热带木材的官方许可。森林管理委员会印章证明木材或木材产品是以可持续性的方式获得的。例如，森林管理委员会鼓励有选择性地采伐，而不是砍伐森林，即只砍伐森林中选定的树木，以保持森林和周围生物圈的完整。

远期市场 / 远期交易（Forward Markets / Forward Trading） 远期合同会确定未来某一特定日期执行的交易价格。例如，通过远期市场，一个小麦种植者可以找到愿意以今天确定的价格来购买明年收成的人。与在交易所进行交易的有固定价格和日期的期货合约不同，远期合同是根据买方和卖方的需要量身定制的。

自由市场经济（Free-Market Economy） 决策是由市场而不是政府做出的。自由市场经济的理念是以最优的价格为消费者和企业提供最好的产品。与中央计划经济不同，中央计划经济是由政府决定生产多少和如何分配，而自由市场经济是让市场决定一切，从价格到生产。

美洲自由贸易区（Free Trade Area of the Americas, FTAA） 1994年，西半球的领导人决定将从育空地区至火地岛的所有不同的经济体和贸易集团联合起来，最终建立一个包括北美洲、中美洲和南美洲的所有自由市场经济体的美洲自由贸易区。不幸的是，政治上的内斗和根深蒂固的特殊利益使得这项决定变成一个仅仅出于善意的想法。

摩擦（Friction） 摩擦是指可能干扰消费者或企业购买特定商品或服务的障碍。经济理论认为，较小的摩擦会导致更高的需求。例如，在线音乐销售多年来一直萎靡不振，因为购买的歌曲受到数字版权管理等的限制，从而限制了消费者与朋友分享的次数。当这些限制被取消后，歌曲的销售额飙升。

米尔顿·弗里德曼（Milton Friedman） 著名自由市场经济学家，诺贝尔经济学奖得主，芝加哥大学经济学家。他坚持认为自由市场是发展经济的最佳途径，并做了大量工作。"自由选择"是弗里德曼的经济学目标。从理论上讲，如果允许消费者自由购买他们想要的东西，生产者可以自由出售他们想要的东西，那么（几乎）所有人的世界将变得更美好。

期货合同/期货交易（Future Contract / Future Trading） 期货是一种可以买卖的证券，就像股票或债券一样。本质上，期货合同是一种以固定价格在未来固定时间买卖商品或金融工具的合同。它不同于远期合同（参见远期市场），其条款是标准化的。由于期货合同的时间与其他合同相对应，期货可以在世界各地的交易所里进行交易。

G7/G8/G20 七国集团（G7）是为协调经济战略而设立的第一批国家集团，包括加拿大、美国、日本、法国、德国、意大利和英国。七国领导人定期会晤，讨论广泛的政治和经济问题。1997年至2014年，俄罗斯加入该集团，称为八国集团。在2008年世界金融危机（参见大萧条/大衰退）之后，一个更大的涵盖世界主要经济体的国家集团成立了，包括七国集团以及一些发展中国家（参见金砖国家）。该集团的20个成员是：阿根廷、澳大利亚、巴西、加拿大、中国、欧盟、法国、德国、印度、印度尼西亚、意大利、日本、墨西哥、俄罗斯、沙特阿拉伯、南非、韩国、土耳其、英国和美国。西班牙是永久的特邀嘉宾。

杠杆比例（Gearing） 通过运用杠杆——借钱来补充类似以股份资本形式提供的资金的方式，公司可以花最少的钱得到最大的回报。杠杆比例也称为负债比率。

X 一代，Y 一代和 Z 一代（Generations X, Y, and Z） 出生于婴儿潮一代（1945 年至 1960 年代中期）之后的几代人，都被赋予了令人回味的名字——是用字母表示的。X 一代（也称为 MTV 一代）指出生于 1960 年代中期至 1980 年代中期的一代人。Y 一代（被广泛称为千禧一代或自我的一代）指出生于 1980 年代中期至 2000 年的一代人。Z 一代（或称为 iGen 或智能手机一代，在中国被称为 "零零后"）指出生于 2000 年之后的 20 年里的一代人。

零工经济（Gig Economy） 零工工作包括临时性的工作以及实施弹性工作时间制度的工作。零工雇主通常雇用的是不能或不愿意做全职工作的独立自由职业者。一般认为，零工经济工人是由于在市场上难以找到全职工作，而被迫从事临时工作；但一些人发现，零工经济工人实际上更喜欢具有多样性和新颖性的工作，而不是单调的全职工作。

基尼系数（Gini Coefficient / Gini Ratio） 在衡量收入和财富差距的多个指标中，基尼系数是最常用的衡量标准。完全平等的国家（大多数观察者认为是乌托邦）的基尼系数为 0，完全不平等的国家的基尼系数为 1（基本上是一个单个家庭拥有国家的所有财富）。它是在 20 世纪初由意大利统计学家、社会学家科拉多·基尼（Corrado Gini）提出的。

金本位制（Gold Standard） 过去，一种货币的价值要么由政府决定，要么与黄金等其他有价值的商品挂钩。例如，在1973年以前的美国，你可以按固定汇率将美元兑换成黄金。金本位制可以确保货币始终具有最低价值。现在大多数货币使用浮动汇率制度，让市场决定每种货币的价值。

黄金降落伞（Golden Parachute） 由于担心被恶意收购，许多高层管理人员将巨额保证奖金纳入他们的离职补偿金中，以确保新老板强迫他们离开工作岗位时，他们的口袋可以在他们站起来离开时装满钱。

商誉（Goodwill） 公司会将其不能归属于有形资产和负债的部分称为商誉，尽管这可能与公司的善意无关。商誉的一个典型例子是品牌名称。21世纪的许多公司，如网络创业公司或网站，它们没有有形的价值，但它们的商誉价值可达数百万，甚至数十亿。

大萧条 / 大衰退（Great Depression / Great Recession） 1929年华尔街股市崩盘，导致了持续了20世纪30年代的大部分时间的经济衰退，这被称为大萧条。这是20世纪世界经历的程度最深、最严重的萧条。世界范围内的国内生产总值下降了约15%。相比之下，在2008至2009年的大衰退期间，全球国内生产总值下降了不到1%。大衰退始于2007年美国房地产市场崩溃后，并持续了数年，几乎影响了世界经济中的每一个国家。

绿地 / 棕地（Greenfield/Brownfield） 绿地项目是一个不受先前工作限制的项目，类似于在开阔的草地上建造一些新的东西。例如，新推出的一个蜂窝网使用的是全新的技术，不需要适应现有的网络。而棕地项目是必须适应以前构建的系统的项目，例如改变现有数据库中的计算机代码。许多以前建造的棕地建筑工地给建造者带来了额外的问题，如污染的土地或老化的基础设施。

温室气体（Greenhouse Gases） 如果大气中没有某些气体，地球的温度就会降到冰点以下。大气中的水蒸气、二氧化碳、甲烷、一氧化二氮和臭氧，会导致温室效应 —— 捕获一些太阳射线，使地球变暖（参见气候变化）。

绿色新政（Green New Deal） 为结束美国20世纪30年代的经济萧条，美国政府实施新政，通过大量政府支出来推动奄奄一息的经济；与此类似，许多政治领导人呼吁实施绿色新政，将美国的依赖化石燃料的经济转变为基于可再生能源的经济。但这必然会导致严重的经济问题，例如那些生产或消费化石燃料的行业（如汽车行业）会出现大规模失业；因此政府将通过大规模的政府支出来缓解这些问题，确保那些失去工作的人得到重新培训并得到政府提供的医疗保健和其他服务的支持，以减少后化石燃料时代经济中的收入不平等。

国内生产总值 / 国民生产总值（Gross Domestic Product/ Gross National Product） 国内生产总值和国民生产总值都是衡量经济活动的指标。国内生产总值是一个经济体在一年中生产的所有商品和服务的总和，而国民生产总值增加了一些国际组成部分，如海外业务收入。但是，无论是国内生产总值还是国民生产总值，都不能反映整个经济状况。表达国内生产总值 / 国民生产总值含义的另一个词是产出。

成长资本（Growth Capital） 与其他大多数专注投资于年轻初创公司的风险资本相比，成长资本主要集中投资相对成熟的公司。成长资本通常帮助公司寻找一个伙伴来分担一项新的重大活动的风险，如收购、重组或大规模业务扩张。这些公司可能已经开始盈利了，但它们缺乏下一步发展所需的大量资金。而且，由于银行通常不愿意为高风险的新项目提供资金，寻求成长的公司会转向私募股权基金或其他成长资本投资者，来将自己提升到更高的水平。

对冲（Hedge） 采取对冲措施，可以确保在面对未来不确定事件时受到保护。例如，房主在通胀时期会感到更安全，因为他们知道房子可能会升值，从而对冲其他损失。股票组合投资者可以通过购买看跌期权来对冲，使其有权在市场急剧下跌时以相对较高的价格出售股票。

对冲基金（Hedge Fund） 对冲基金是一种大型投资基金。老练的客户会聘请精明的经理为他们经营这种投资基金。这些经理的做法与早期的套期保值实践仅有些许关联。对冲基金通常与高风险押注类似，基金经理将客户的钱用于投资一些投机性工具，如衍生品和贷款证券化产品（参见算法交易）。一些对冲基金，包括许多大学捐赠基金和养老基金，能够成功地为客户带来持续的高回报。

高净值个人（High-Net-Worth Individual） 高净值个人是大多数银行梦寐以求的客户。高净值个人拥有大量可支配资产而很少负债。世界各地的银行已经发现，为这类客户服务是有利可图的。世界各地都有可以满足高净值个人需求的业务，如在纽约、伦敦、巴黎、日内瓦、卢森堡、东京、圣保罗、新加坡和苏黎世。

热钱（Hot Money） 用于短期国际投资的资金通常被称为热钱。为寻求高回报，数十亿美元资金可能会涌入一些发展中国家。但是，当经济基本面发生变化，或者世界金融危机发生时，这些资金可能会在瞬间流出。

人类发展指数（Human Development Index, HDI） 经济统计数据只能反映部分情况。因此，联合国开发计划署设立了人类发展指数，以跟踪成员国在改善其公民生活水平方面取得的进展，包括平均预期寿命、识字率和死亡率等方面。

恶性通货膨胀（Hyperinflation） 物价上涨失控。恶性通货膨胀通常发生在有严重的经济和政治问题的国家，如20世纪20年代的德国和20世纪90年代的阿根廷。在一些陷入恶性通货膨胀的国家，物价每年上涨1,000%以上。

进口替代（Import Substitution） 政府有时会使用保护性关税或配额来迫使企业和消费者用当地生产的商品和服务替代进口。一些发展中国家经常采用这种进口替代政策，以避免花费宝贵的外汇储备，并刺激当地经济发展。但问题是，许多国家没有能力生产与进口商品相同质量的商品。例如，如果政府强迫农民购买劣质的国产拖拉机，那么作物产量就会降低，每个人都会受苦。

收入政策（Incomes Policy） 收入政策是各国用来控制通货膨胀的一种方式，以减少消费者的实际可支配收入。冻结工资是实现这一目标的一种途径；通过减少支出，让经济增长放缓，最终控制通货膨胀。

工业革命（Industrial Revolution） 18世纪中叶英国发起的技术革命被称为工业革命（第一次工业革命）。蒸汽动力的使用使经济得以飞速发展。机器代替了手工劳动，财富迅速增加，但也导致了分配不均。这场工业革命的范围很快扩展至其他发达国家。

通货膨胀（Inflation） 简单地说，通货膨胀就是衡量价格上涨百分比的指标，通常以年度数据形式公开，尽管有时很难判断这一数字是指年度还是季度还是更短的时间内的价格上涨。自20世纪70年代以来，通货膨胀已成为各国央行最关心的问题；尽管最终目标是在不过度提高价格的情况下实现经济增长，但这并不总能实现。在大多数经济体中，通货膨胀是用一篮子商品和服务的消费价格指数来衡量的。

首次公开发行（Initial Public Offering, IPO） 当一家公司上市时，其股票被允许在公认的交易所出售和交易，这使得公司有机会接触到大量的投资者，并且当原始所有者出售股票给新的投资者时，他们就可以获得大量资金。对许多初创公司来说，首次公开发行已成为必经之路。

内幕交易（Insider Trading） 公司内部人员是指那些能够接触到公司财务报表或其他公司机密的人。通常，内部人员是公司的高层管理者，他们的行为会受到市场和金融监管机构的严格监督。在大多数国家，内幕交易是非法的。

机构投资者（Institutional Investor） 与小型散户投资者不同，机构投资者每天在世界市场上投入大量资金，如数十亿美元、日元、英镑或比索。典型的机构投资者包括保险公司、银行、养老基金、对冲基金和主权基金。

银行同业拆借利率（Interbank Rate） 银行同业之间的短期资

金借贷利率，称为银行同业拆借利率。银行同业拆借利率通常是市场上最低的利率，被用作其他贷款的基准或标准。

国际开发协会（International Development Association, IDA） 世界银行向发展中国家提供贷款的分支机构。国际开发协会利用富裕的世界银行成员国提供的资金，以优厚的条件（包括慷慨的利率）提供贷款。

国际劳工组织（International Labour Organization, ILO） 国际劳工组织总部设在日内瓦，负责监督世界经济中与劳工有关的所有问题。其主要目标之一是确保贫困国家的工人能获得最低工作场所标准。

国际货币基金组织（International Monetary Fund, IMF） 1945年，国际货币基金组织与世界银行同时成立。国际货币基金组织的首要任务是调节世界汇率；现在在调整债务国经济结构以及向有需要的经济体提供短期贷款方面同样发挥了主导作用。

国际标准化组织（International Organization for Standardization, ISO）在日内瓦设立的国际标准化组织，虽然其将自己定义为一个非政府组织，但其制定的工业和商业标准往往成为世界经济中大多数国家的国家标准之一。例如，ISO9000系列标准涵盖了公司从质量控制到记录保存的所有方面，确定了公司如何生产、交付商品和服务。

互联网名称与数字地址分配机构（Internet Corporation for Assigned Names and Numbers, ICANN） 互联网名称与数字地址分配机构负责管理网络域名系统，包括以 .com、.org、.gov 等结尾的域名。互联网名称与数字地址分配机构的董事有一部分是由互联网服务提供商选派的，有些则是由世界各地的普通网络用户选举出的。

物联网（Internet of Things） 在全球数亿个家庭中，数百亿台设备通过语音控制设备（Alexas 和 Siris）以及其他控制系统战略性地接入互联网中。物联网已成为新世界经济中的一支主要力量。现在，世界各地的冰箱、门锁及汽车和拖拉机等设备与数据处理设施连接，并被允许每天24小时进行交互和交换数据。

倒挂的收益率曲线（Inverted Yield Curve） 传统上，投资者会坚持提高长期贷款的利率，这基本上是为了弥补长期贷款增加的风险。他们的想法是，有偿付能力的借款人将来可能会破产，时间越长，风险就越高。因此，大多数收益率曲线都是向上倾斜的：短期债券提供的利率是低于时间轴上更远的债券的。但当投资者担心他们的其他长期投资（如全球股市）在未来可能会下跌时，他们倾向于将资金投入更稳定的投资项目，如政府债券市场。正如在街头市场，当所有人都想购买同一件商品时，该商品价格就会上涨，当全球资金大量涌入时，长期债券的价格也会随之上涨。而且，由于债券价格上涨时收益率下降，长期债券的收益率可能会在投资者感觉股市即将暴跌的情况下迅速下降。因此，倒挂的收益率曲线（即长期债券的收益率低于短期存款的收益率）被视为股市即将崩盘的警告信号。

投资（Investment） 经济学家用投资一词来指经济生产中没有被储蓄或消费的那部分。会计师用这个词来指公司购买生产性资产，如厂房、设备、车辆和计算机。

投资银行／投资银行业务（Investment Bank / Investment Ban-

king) 投资银行与商业银行不同，商业银行通过吸收存款和发放贷款来赚取收入，而投资银行主要从事证券发行和交易，以及向公司提供财务咨询。在一些国家，投资银行被称为商人银行（Merchant Bank）。在日益融合的21世纪，许多银行会同时开展投资银行业务和商业银行业务，这通常被称为全能银行（Universal Bank）。

投资者关系（Investor Relations） 在针对公司的社会沟通中，公司与投资者之间的关系管理被称为"投资者关系"。其想法是实现与整个投资界的有效沟通，向投资界呈现公司的积极形象，并希望能鼓励新的投资。

看不见的手（Invisible Hand） 18世纪的经济哲学家亚当·斯密（Adam Smith）提出：市场是一只无形的手，引导消费者和企业做出正确的经济决策。他的理论认为，如果任其发展，市场会找到最有效的运作方式。

无形贸易（Invisible Trade） 服务，如银行、保险和媒体公司提供的服务，被经济学家称为无形的，因为这些业务实际上并没有被运往国外。无形贸易可以是从电影的销售到咨询服务再到在线音乐下载的任何非实物形态商品的贸易。在许多经济体中，无形贸易已经变得比汽车等有形商品的贸易更有价值。

非理性繁荣（Irrational Exuberance） 美国联邦储备委员会主席艾伦·格林斯潘（Alan Greenspan）最初使用非理性繁荣一词，来描述任何被高估的市场，至少是与传统价格相比被高估的市场。格林斯潘所说的第一个非理性繁荣的市场是网络泡沫，一些公司没有利润，没有资产，仅仅依靠对未来收益的承诺，就被评定为具有与世界上一些重要的大型公司并列的价值。当这些公司的股票或对公司的持股下降到更现实的水平时，这些纸面上的百万富翁在一夜之间就可能会成为穷人（参见泡沫）。

合资企业（Joint Venture） 两个或两个以上的企业合力，以获得在特定市场中的竞争优势。在外国，合资企业可以很好地发挥作用，外国公司与当地公司合作，能够充分利用合作伙伴在当地的知识和技能。

垃圾债券（Junk Bonds） 信用评级较低（通常低于 BBB）的公司，要获得扩张或收购所需的资本，通常必须发行利率较高的债券。这些低于投资级别的债券通常被称为垃圾债券；但发行这些债券的公司及其投资顾问，更倾向于将其称为高收益证券（High-Yield Securities）。

经连会（Keiretsu） 用来描述日本经济中一种高度组织化的相互关联的公司体系。它将企业、银行、批发商、分销商和品牌忠诚零售商等多个层次联合起来，从而限制了外国公司和品牌在当地市场的渗透。

凯恩斯主义经济学（Keynesian Economics） 英国经济学家约翰·梅纳德·凯恩斯（John Maynard Keynes）是20世纪颇有影响力的经济思想家之一。凯恩斯认为利用政府支出（参见财政政策）可以对抗经济衰退，这彻底改变了现代经济科学。一般，凯恩斯主义经济学主张在经济增长放缓期间超额支出或赤字支出，在经济扩张过快期间减少支出或预算盈余。大多数政治家很容易被说服利用赤字支出来刺激经济，但在经济快速增长时期减少支出绝非凯恩斯主义者的作风。

窃盗统治（Kleptocracy） 有些政府或国家中有着腐败的统治者，他们会利用自己的权力和影响力来压榨整个经济体系以牟取非法利益，例如控制公司或接受贿赂。窃盗统治最常见于一些法制不健全、监督不足的国家，通常也是一些独裁者、寡头政治或军事统治的国家。但即使在一些现代民主国家，一些统治者也会利用他们的职权以许多不同的方式获得商业利益，特别是在法院或政府立法部门这样的监督机构无法或不愿意采取行动的时候。

库兹涅茨曲线（Kuznets Curve） 经济学家西蒙·库兹涅茨（Simon Kuznets）在20世纪五六十年代设计的曲线。该曲线反映污染和财富不平等最初会随着经济增长而增加，然后会随着人均收入的增加而减少。因为未预测到技术革命的影响，库兹涅茨曲线也被一些人诟病；而技术革命虽然使世界人均收入提高到创纪录的水平，但也加剧了财富和收入不平衡的情况。到2010年代末，地球上最富有的30个人积累的财富相当于世界上50%的贫穷人口的财富之和。

拉弗曲线（Laffer Curve） 有传言说，美国经济学家阿瑟·拉弗（Arthur Laffer）在餐巾纸上画了一条曲线，表明减税会导致更多的税收，而不是更少。他认为，如果一个政府减税，就会释放出更多的资金，人们将比政府更有效地使用资金，从而刺激经济。这种新的经济活动将带来比以前更多的税收。拉弗曲线在开始的时候呈下降趋势，表明短期内税收减少，但最终呈上升趋势，表明减税的积极影响。

滞后经济指数（Lagging Economic Indicators） 滞后于经济活动的综合经济指数，包括7项经济指标。它们往往告诉我们经济的发展状况；而不像"新房开工"这样的指标（参见领先经济指数），往往告诉我们经济的发展趋势。

自由放任主义（Laissez-Faire） "Laissez-Faire"，一个法语词汇，字面意思是"让他们自己去做"。它被用来描述一种与市场相关的政策，即让市场决定什么是最好的。从理论上讲，如果让消费者和生产者自己决定消费什么和生产什么，他们通常会做出正确的决策。

领先经济指数（Leading Economic Indicators） 有助于经济和政治领导人预测未来经济走势的综合经济指数。领先经济指数包括卖方状况、新住宅建筑许可数、消费者价格指数等。这些指标会告诉我们经济的发展方向，而不是经济的发展结果（参见滞后经济指数）。

信用证（Letter of Credit） 在国际贸易中，进口商在进货时往往被要求证明有足够的资金用于支付货款。信用证通常由一家银行提供，由该银行向卖方保证进口货物一旦收到将立即支付货款。

杠杆收购（Leveraged Buyout, LBO） 杠杆收购是指利用借来的钱收购一家公司。买方提供一定数额的资金，然后以银行贷款或高收益证券（参见垃圾债券）的形式筹集剩下的资金，以使投资者获得收购目标公司的杠杆。

负债（Liability） 在资产负债表上，负债列在右边。负债通常包括债务或公司必须在未来某个时间偿还的其他预期债务。流动负债是指必须在12个月或更短时间内清偿的债务。比12个月更长的负债简称长期债务。

有限责任（Limited Liability） 世界上几乎每个公司都使用基于有限责任的结构，这意味着如果公司破产，公司的所有者会受到保护。有限责任在公司名称后面的表示方法，在大多数英语国家是 Ltd.，

而在美国是 LLC 和 Inc.。西班牙和法语国家的相关缩写 SA，是与有
限公司相同的概念，即公司的所有者是 "匿名的"，因为破产公司的
债权人无权追查股东的个人资产以弥补损失。在美国的一些地区，股
东被允许直接获得公司赚取的利润，而无须在公司层面纳税。而这些
S 型公司的股东每年都要根据他们在公司利润中所占的份额进行缴税，
不管股息是否实际分配。

流动性（Liquidity） 在交易层面，流动性是指可以轻松地执行
交易，这意味着有足够多的买家和卖家来保证一个市场的稳定。在企
业层面，流动性描述的是一家公司手头有足够多的现金来偿还债务。

伦巴第利率（Lombard Rate） 许多欧洲国家的央行对抵押贷
款收取的利息被称为伦巴第利率。借款的银行通常会以高评级的政府
债券作为抵押品，以获得优惠的伦巴第利率。这个名称源自欧洲早期
的银行家们，他们通常来自米兰所在的伦巴第大区（属意大利北部
地区）。

长尾（Long Tail） 长尾商业模式不是专注于向大众销售批量商
品，而是向那些在电子商务出现之前被市场排除在外的客户销售少量
难以找到的商品。随着互联网企业对数据的利用以及有针对性的营销，
以前被忽视的客户，例如那些想要购买稀有的黑胶唱片或独特服装的
顾客，现在已经成为电子商务主要的收入来源人群。长尾概念是指反
映人均销售情况的图表中销售量较少的部分，这远远超出了主流零售
商所瞄准的最佳客户范围。

宏观经济学（Macroeconomics） 宏观经济学研究的是一个经
济体的综合因素，如失业率、经济增长、通货膨胀和政府支出等。与

宏观经济学相对,经济学的另一个组成部分被称为微观经济学,其着眼于有关经济的更详细的方面,主要与企业和消费者的行为有关。

管理浮动 / 肮脏浮动(Managed Float / Dirty Float）　许多发展中国家采取管理浮动汇率或肮脏浮动汇率制度,而不是自由浮动货币制度,以使其货币相对于选定的参考货币或一篮子货币保持价值稳定。例如,中国香港和沙特阿拉伯传统上一直将其货币与美元挂钩。许多欧洲国家,包括匈牙利、立陶宛、爱沙尼亚和保加利亚,都将其货币与欧元挂钩。在21世纪初,世界经济中有超过100个国家使用管理浮动汇率来保持其货币汇率的稳定。

保证金(Margin）　保证金交易是一种让资产增值更多的方式。在保证金账户中,投资者从银行或经纪商那里获得贷款,以便购买更多的股票和债券。客户自己出一部分钱,银行支付剩余的费用。从本质上讲,客户利用账户中已有的资产作为抵押品,借钱购买更多的证券。如果市场上涨,客户会得到巨大的回报。但当市场下跌时,客户也可能会损失更多。如果市场下跌过多,银行会电话通知客户关于保证金的情况（margin call）,要求其提供额外的钱或更多的抵押品;如果不能,客户所持有的证券将在市场进一步下跌之前被立即出售。

边际分析(Marginal Analysis）　边际经济行为研究。边际分析研究的是,当个人或公司面对可以选择拥有或生产"多一点"某种东西的情况的时候,会如何行动。例如,在一顿大餐之后,再吃额外的"一个薄饼"就不那么诱人了。边际消费描述的是,在价格降低的情况下,消费者会多买一些。

边际税率(Marginal Tax Rate）　理论上,那些收入较高者应缴纳更高的税率。例如，那些收入超过100万美元的人将支付更高的边际税率，如50%，而收入略高于起征点的公民缴纳较低的税率。但在许多国家，情况并非如此。

总市值 / 市场价值（Market Capitalization / Market Value） 一家上市公司的市值是通过将其发行在外的股票数量乘以股价得出的。市值数字能让我们了解一个公司的相对规模，可以使我们从跨国和跨市场的角度进行公司比较。

做市商（Market Maker） "我出价25英镑买入，标价26英镑卖出。你想干什么？你是想买还是想卖？"做市商是一个专业的交易者，为一个有价值的商品提供双向报价。做市商愿意支付的价格（Bid Price，即买入价），总是低于卖出价（Offer Price）。通过一整天的低买高卖，做市商通常会赚取很多钱。

卡尔·马克思（Karl Marx） 共产主义之父（参见共产主义），德国经济哲学家、社会学家。卡尔·马克思撰写了《资本论》（*Das Kapital*），这是第一部阐述共产主义经济模式的重要著作。在这本书中，他预言了资本主义的消亡，并呼吁建立一个基于以下原则的社会主义经济体系："各尽所能，按需分配。"

工商管理硕士（Master of Business Administration, MBA） 攻读工商管理硕士成为进入世界商务管理领域的主要途径。世界上大多数大学现在都提供工商管理硕士课程，让学生学习管理组织的技能。

平均值 / 中位数（Mean / Median） 这两个词都用来描述平均水平，但使用了不同的计算方法。平均值是简单的平均，即简单地将一组数字相加，然后将总和除以列表中的项目数。在大多数经济统计中，如人均收入或平均失业率，会使用到平均值。但有时，有必要去了解经济数据的分布情况。例如，收入中位数更贴近普通民众收入水平。就像高速公路中央分隔带一样，中位数是一个点，在这个点上，列表中 50% 的数字是高的，这个点以下，50% 的数字是低的。

重商主义（Mercantilism） 利用持续的贸易顺差积累财富和权力的经济政策。重商主义经济强调出口多于进口。采取重商主义政策的国家的消费者会深受其害，但企业和政府得以积累巨大的外汇财富用于储蓄和投资。

商品贸易平衡（Merchandise Trade Balance） 衡量一个国家贸易情况的最狭义的标准。商品贸易平衡只涉及如葡萄酒和笔记本电脑这样的"看得见的"商品，而不包括服务，尽管一国的贸易应涵盖所有贸易，包括金融服务和外国投资（参见经常账户）。这一衡量指标在媒体上经常被称为贸易平衡、贸易赤字或贸易盈余。

商人银行（Merchant Banking） 商人银行业务是指银行或证券机构投资于其客户业务的行为。在一些国家，商人银行也被称为投资银行。

合并 / 并购（Merger / Mergers and Acquisitions） 在国际银行界，买卖公司或把公司整合在一起，称为并购。许多并购都是公司为获得更多的协同效应所推动的，这样可以利用各方的优势并减少冗余成本。

梅特卡夫定律（Metcalfe's Law） 梅特卡夫定律认为，参与网络的组织或人越多，网络的效率就越高。这在新经济中尤为重要，因为在新经济中，当有更多参与者时，网站和在线交流往往会更好地发挥作用。梅特卡夫定律认为一个网络的价值会随着参与者数量的增加呈指数增长，例如，当参与者的数量增加2个，网络的价值将增加4。

小额信贷（Microcredit/Microloan） 小额信贷是指向无法从传统银行获得资金的一些发展中国家的企业主提供小额贷款或微型贷款的方式。由于缺乏抵押品、稳定的就业或可核查的信贷记录，一些发展中国家的许多人甚至无法达到获得传统信贷的最低条件。当小额信贷的偿还率即使按照商业银行的标准都明显很高时，许多非政府组织和慈善机构也开始建立自己的小额信贷业务。Grameen、Positive Planet 和 Kiva 是向世界各地发展中国家的工匠、农民和小企业主提供小额贷款的几个成功的例子。

微观经济学（Microeconomics） 以单个经济个体和公司的经济行为为对象的研究，被称为微观经济学。宏观经济学着眼于失业和国内生产总值增长等，而微观经济学就像显微镜一样，观察个人的经济行为，以及企业在各种经济条件下如何做出决策。

最低工资（Minimum Wage） 一个经济体允许支付给在法定工作时间内提供了正常劳动的劳动者的最低薪酬。在大多数现代工业经济体中，都有最低工资规则。许多经济体将最低工资作为减少贫穷和收入不平等的有效工具。一些政治家和许多经济学家批评最低工资规则的使用会适得其反，因为规定过高的最低工资，会损害小企业的利益，并妨碍他们雇用新员工。

现代货币理论（Modern Monetary Theory, MMT） 一些经

济学家和政治家不再利用中央银行的权力通过所谓的货币政策提高或降低利率，而是开始利用另一种被称为现代货币理论的有力工具，其允许政府规避中央银行通过发行大量货币来增加货币供应，从而刺激经济增长。问题在于，通胀可能会在短时间内卷土重来，许多国家的政府缺乏央行做出正确的经济决策时那种谨慎的态度，所以无法做出正确的经济决策。令人担心的是，许多政客会通过发行货币来为增加的政府支出买单，而不考虑引发新的通胀的可能性。

货币主义（Monetarism） 一种经济理论，认为货币供给的变化会影响经济增长。货币主义者认为，通过限制货币供应来控制通货膨胀是最好的方式。

货币政策（Monetary Policy） 与由政府决定的与税收和支出有关的财政政策不同，货币政策是由中央银行（如美国联邦储备委员会和欧洲中央银行等）决定的。货币当局可以通过调节货币供应和利率来促进经济增长，并控制通货膨胀率。

洗钱（Money Laundering） 洗钱的目的是将非法获取的钱转移到合法的商业活动中，如一家几乎没有财务监督的离岸公司。最终，这些钱看起来像是合法赚来的，并可以在不引起怀疑的情况下使用。

货币市场（Money Market） 把短期借款人和贷款人聚集在一起的市场被称为货币市场。大多数短期投资（如国库券、信托存款和定期存款）通常是在分散在世界各地的银行和证券公司设立的电子交易所和特殊交易大厅进行交易的。

货币供应量（Money Supply） 一个国家的货币供应量有几个

不同的组成部分，从硬币和钞票到储蓄和支票账户的存款。新闻中最常提到的货币供应量是 M1，它包括流通中的所有货币以及易于交易的银行账户中的存款货币，但不包括长期存款（参见货币主义）。

垄断（Monopoly） 经济中的某个生产部门的完全控制行为被称为垄断。理论上，一种商品的唯一生产者可以无限制地提高价格。在大多数发达工业经济体中，垄断行为是非法的。

穆迪（Moody's） 世界上大型的信用评级机构之一。穆迪和标准普尔一样，对世界经济中的国家、公司和其他借款人的财务健康状况进行最新分析。穆迪最高品量的标签（AAA）只被授予世界上信誉最好的借款人。

抵押支持证券（Mortgage-Backed Security） 抵押支持证券是由抵押贷款的支付来支持的。开展抵押贷款业务的银行和金融公司并没有保留预期将在未来流入的资金，而是将这些贷款打包成证券出售给其他投资者。对银行和贷款公司来说，好处是可以提前收回钱，而不必担心借款人破产。投资者面临的问题是，如果有足够多的借款人停止偿还抵押贷款，他们手中的证券最终将变成一张毫无价值的纸。

最惠国待遇（Most-Favored Nation, MFN） 贸易伙伴享受到的最优待遇。美国过去将这一待遇给予某些国家，意味着其商品和服务可以通过最优惠的政策进入美国市场。在贸易蓬勃发展的时代，最惠国待遇现在被赋予更加温和的头衔：永久性正常贸易伙伴关系。

多边贸易协定（Multilateral Trade Agreements） 三个或三个以上贸易伙伴之间签订的协议，以实现商品或服务贸易自由。迄今为止，签订区域和全球贸易协定是确保各国通过相对优势获得回报的最佳途径，让每个国家都做各自最为擅长的。到21世纪初，大多数多边贸易谈判停滞不前，主要原因是各国政府不愿取消半永久性的贸易壁垒，如农业补贴和对制成品进口征收的保护性关税。大多数国家认为，临时订立贸易协定（参见双边贸易协定）并采取一步一步实现贸易自由化的方法会比较容易。

共同基金（Mutual Fund） 共同基金是作为单一投资交易的债券或股票的集合。共同基金的优势在于，投资者能够通过投资多种证券实现风险分散。共同基金特别适合希望进行国际投资的人。投资于共同基金可以很容易地避免犯错，特别是在不容易获得关于个别公司信息的情况下。

纳斯达克（NASDAQ） 美国全国证券交易商协会自动报价系统（纳斯达克）是世界上第一家大型电子证券交易所。纳斯达克交易大量新经济类股票，如英特尔和亚马逊的股票。其目标是通过合并或收购世界上许多其他国家的电子交易所，成为全球交易所巨头。纳斯达克不仅提供国内市场指数，如纳斯达克综合指数，还提供几个全球市场指数，包括纳斯达克全球精选市场和纳斯达克全球市场指数。

国有化（Nationalization） 政府获得私有企业的所有权被称为国有化。在社会主义或共产主义政权下，国有化是很普遍的，政府更喜欢把所有的生产资料掌握在自己手中。征用也是一种国有化，但不向先前的所有者支付对价。

负利率（Negative Interest Rates） 当中央银行意图刺激经济增长时，它们有效的工具之一就是降低存款利率。其目的是鼓励企业和消费者增加借贷和消费，而不是把钱存放在银行里。但当利率降至零，而经济仍需要刺激时，一种由瑞士、丹麦和日本等拥有强劲货币和低增长率的国家首创的新工具会将利率降至零以下。这些负利率有向存款人收取存款手续费的效应，从理论上讲，这更能刺激他们把钱花出去，而不是存起来。但在什么情况下人们会把钱存在一个要收钱的银行账户里呢？只有当存款人拥有的钱多到床垫下都装不下的时候，或者存款人认为货币的价值会继续攀升的时候，这种负利率的投资才会成为最终的利润来源。

资产净值（Net Asset Value, NAV） 为了计算共同基金或开放式基金中股票的真实价值，需要将基金的所有资产（如证券和现金）相加，再减去所有负债。然后，用这个数字除以该基金流通在外的总份额，就可以让投资者知道每一份基金的价值。

净资产（Net Assets） 一家公司真正拥有的东西。公司的净资产或净利润，是指扣除所有经营成本或负债后剩下的部分。基本上，净资产是公司资产减去债务后的净额。股东会将净资产视为他们自己的资产。净资产又称股东权益。

净收入（Net Income） 利润的另一种说法。净收入是从公司总收入中减去所有费用来确定的。它告诉我们一个公司在一段时间内赚了多少钱。

净值（Net Worth） 个人资产净值的计算方法是将包括房屋、汽车和银行账户在内的所有资产的货币价值相加，再减去所有负债，如抵押贷款和信用卡。公司的净值被称为净资产。

非政府组织（Nongovernmental Organization, NGO） 联合国于1945年成立时，创始人创造了非政府组织一词，意指在公共领域工作，但不受国家政府或政府间实体直接控制的非营利组织。据估计，世界上的非政府组织的数量超过1,000万，其活动范围从保健和人权宣传到环境活动和教育等。无国界医生组织（Doctors Without Borders）、世界野生动植物基金会（World Wildlife Fund，后发展成现世界自然基金会）、塞拉俱乐部（Sierra Club）和红十字会（Red Cross）都属于国际非政府组织。

离岸／离岸公司（Offshore / Offshore Companies） 在母国很少或根本没有业务的公司被称为非居民或离岸公司。许多国家将离岸公司的利润与正常公司的利润区别对待，通常对离岸公司征收的税率较低。

寡头政治（Oligarchy） 源自希腊语中的"少数人统治"一词，寡头政治是一种权力由少数人掌握的政体类型。寡头领导人往往表面上保护工人利益，实际上以牺牲工人利益为代价来充实自己和家庭。在许多实行寡头政治的国家，那些与执政党关系密切的人控制着经济的大部分。这种经济制度有时被称为"裙带资本主义"。

石油输出国组织（Organization of Petroleum Exporting Countries, OPEC） 成立于20世纪60年代，旨在协调石油生产，从而使成员国能够更好地维护各自和共同的利益。石油输出国组织有12个成员国，包括伊朗、委内瑞拉以及主要的中东阿拉伯石油生产国。

公开市场业务（Open Market Operation） 中央银行利用公开市场业务来控制经济增长。通过在公开市场上买卖证券，美联储和其他中央银行能够向金融系统注入资金，或者如果它们愿意的话，也可以将资金撤出。由于中央银行持有的货币不被认为是货币供应的一部分，美联储购买任何有价证券都会增加美国的货币供应量。或者，当美联储在公开市场上出售证券时，美国的货币供应量会减少，因买方支付的资金会被存入央行金库。在公开市场业务中，买卖的证券大多是政府债券。

期权（Option） 期权赋了持有者在未来以一定价格买卖某物的权利。例如，股票期权是一种看涨期权，持有者有权在未来以一定的价格购买一定数量的股票（称为标的股票）。相反，出售标的股票或其他资产的权利被称为看跌期权（参见股票期权）。

经济合作与发展组织（Organisation for Economic Co-operation and Development，OECD） 经济合作与发展组织总部设在法国巴黎，目标是将世界主要经济体集中在一起。除了提供经济统计数据和记录成员国有关经济的所有方面之外，经合组织还充当讨论和协调经济政策的论坛。

产出（Output） 表示国内生产总值的另一个词（参见国内生产总值）。产出是指一个经济体在某一时期内销售的商品和服务的总量。

外包（Outsourcing） 利用先进的电信和计算机能力，富裕国家的许多公司决定将许多低技能业务转移到国外。到21世纪初，这些业务包括印度的呼叫中心以及东欧的后台簿记业务等。这样做是为了利用国外工资较低的优势。甚至在线辅导（通常设在一些发展中国家）也可以让接入宽带的学生与导师实现低成本的互动，从而使学生在语言、数学等科目上获得在线帮助。

场外交易（Over-the-Counter, OTC） 场外交易不在已建立的证券交易所里，而是通过电子方式进行，从而减少管理费用和监督。大多数场外交易的股票都是那些不符合在如纽约证交所或纳斯达克这样的大型交易所上市所需的严格财务要求的小公司发行的。

票面价值（Par） 债券按面值（名义价值）的100%出售的交易，即按票面价值出售的交易。对于大多数以美元计价的债券来说，债券面值一般为1,000美元。大多数债券的价格不会长期保持在面值上。一旦债券发行，当出现市场利率上涨或下跌的情况时，债券的价格就会被调整到高于或低于票面的价格，以使该债券在回报率方面能与市场上的其他证券相竞争。

范式（Paradigm） 在经济学中，通过改变经济构建以及运作的规则来改变经济范式。例如，互联网改变了生产、销售商品和服务的经济范式。从世界观的概念角度看，一个范式由构成一个社会或经济体系的信仰和价值观的总和组成。

《巴黎协议》/《巴黎气候变化协定》（*Paris Agreement / Paris Climate Accord*） 2015年，196个国家集中在一起签署了《巴黎协定》，以努力减少气候变化。这份协定中采取的措施包括从限制碳排放到投资可再生能源等方方面面，目标是将全球平均气温上升幅度保持在2℃以下。

专利（Patent） 在特定市场上推广销售特定产品或服务的专有权利。专利通常由政府部门发放，如美国专利局（U.S. Patent Office）。如果没有专利保护，公司将永远不会在研究和开发上大量投入。而在一些发展中国家，专利经常被忽视（如救生药物的专利），因为专利产品往往太昂贵，低收入的人负担不起。

人均（Per Capita） 常翻译成每人。把人均数字加入经济统计中可以更好地理解这些数字对经济中的居民的真正影响。例如，人均支出有助于我们理解诸如医疗或教育之类的"真正"影响。它能让我们从更人性化的视角衡量这些统计数字。

改革（Perestroika） 是指俄罗斯的经济重组。改革是米哈伊尔·戈尔巴乔夫（Mikhail Gorbachev）在20世纪80年代大胆实行改革苏联计划时所流行的术语。改革的目标不仅是增加政治开放性（被称为 Glasnost），还包括通过分散决策来提高经济效率（参见中央计划经济）。

永久性正常贸易关系（Permanent Normal Trade Relations, PNTR） 是有关互惠贸易的最新词汇。美国过去曾给予某些国家最惠国待遇，以鼓励它们与之进行贸易，允许它们特别进入美国商品和服务市场。在一个完美运作的世界经济中，所有国家都应该是永久性正常贸易关系。

菲利普斯曲线（Phillips Curve） 表示的是通货膨胀与失业之间的关系。为纪念推广它的经济学家，该曲线通常被称为菲利普斯曲线。菲利普斯曲线表明低通货膨胀通常伴随着高失业率，反之，高通货膨胀伴随着低失业率。其中的逻辑是，在低失业率时期，没有足够多的人来承担工作，员工会要求并能得到更高的工资，这会导致通货膨胀，物价上涨。然而，在新经济中，一些经济体能够利用技术避免雇用更多的员工，从而减少对更高工资的需求，进而可以不必提高工资和价格。

《广场协议》（*Plaza Accord*）　1985年9月22日，在纽约广场酒店达成的协议——对国际货币市场进行协调干预，使美元贬值，特别是相对德国马克和日元而言。目标是使美国的工农业在国际市场上更具竞争力。该协议由五个国家签署：法国、联邦德国、日本、美国和英国。

毒丸（Poison Pill）　当一家公司想要保护自己免受敌意收购时，它可能会通过某些"不健康"的财务策略使自己失去吸引力。公司采取毒丸防御计划，通过大幅增加债务或出售公司的宝贵部分，以阻止邪恶的收购者。不幸的是，即使采取毒丸防御计划可以成功地将公司控制在最初的所有者手中，但最终往往会对公司和管理人员造成不可挽回的损失。

优先股（Preferred Stock）　支付固定股息的股票被称为优先股。在某些方面，优先股就像债券，其支付的固定股息类似于利息。优先股通常被认为是"高级"的普通股，其意味着在公司破产的情况下，优先股持有人可以在普通股持有人之前得到分配。但是，通常情况下，优先股持有者就像债券持有者一样，没有表决权。

一级市场（Primary Market）　当股票和债券首次发行时，通常在一级市场被交易，然后才能进入世界市场上久经考验的证券行列。例如，债券真正进入一级市场之时应是开始计算债券利息之时，此时债券的寿命真正开始，直到到期付款日。一级市场交易通常在银行和证券交易商之间进行，而不是在已建立的交易所里。

最优贷款利率（Prime Rate）　最优贷款利率是美国银行向最优质的企业客户贷款收取的利率。与伦敦银行同业拆借利率一样，最优贷款利率通常被用作确定银行向风险较大的客户收取贷款的利率指南。遵循 "低风险、低回报" 的原则，银行的最优质的企业客户通常能够支付市场上最低的利率。

本金（Principal） 任何贷款的人都希望在某个时候收回贷款，并赚取一点利息。贷款人必须收回的金额称为本金。债券的本金通常被称为面值。

私募股权（Private Equity） 21世纪的私募股权企业开展的业务广泛，一般涉及三个主要领域：风险资本、成长性资本和杠杆收购。私募股权是指私募股权业务活动的主要目标，即购买私人拥有的公司或从交易所中除名的上市公司。这些公司在私募股权经理手中，会变得更有效率，最终被出售；而这些经理通常可以获得丰厚的利润。

私募发行（Private Placement） 新发行的股票或债券的规模太小，不能被视为如大规模 IPO 或正式债券这样的完全公开发行，这种小规模的发行被称为私募发行。私募发行的证券通常只出售给一小部分机构投资者。通常，对私募发行的报告要求较少，而且这些证券一旦被置于投资者手中，通常不会在公开市场上交易。

私有化（Privatization） 私有化是指将国有企业的所有权出售给私人，这样可以提高效率，并让政府获得更多的资金。一些国家的国有企业，往往因经营不善而承受债务负担和损失，因此采取私有化的方法来解决问题。私有化是相对国有化而言的。

生产者价格 / 生产者价格指数（Producer Prices / Producer Price Index） "在工厂门口" 测算的商品价格。生产者价格指数跟踪的是商品进入零售环节之前的价格。这些数字可以作为通货膨胀的预警信号，使中央银行能够在其更加关注的 CPI（参见消费者价格指数）出现上涨之前就调整经济。

生产率（Productivity） 生产率是指在给定单位的劳动、资本、土地等投入的情况下生产的商品或劳务的数量。21 世纪经济的一个特点是生产率显著提高，因为新技术使人们在相同时间内生产的产品比以前更多。

利润（Profit） 众所周知，利润的"胡萝卜"可以平衡破产的"大棒"。一个公司的利润是在一个特定时期内支付所有的账单后剩余的、留给公司股东或所有者的。在自由市场经济体中，利润是经济活动的主要推动力。在会计中，公司的利润通常被称为净收入或收益。

损益表（Profit and Loss Statement） 反映公司在一定时间内经营成果的财务报表被称为收益表，亦称损益表。一个典型的损益表，从收入开始，然后扣除所有业务的成本和支出的费用，最终达到底部一栏的净收入，这是从利润中扣除税收和其他费用后剩下的部分。

程序交易（Program Trading） 与购买股票并持有和珍惜多年的投资不同，程序交易者总是试图利用市场上的差异，在一个与世界其他市场价格略有不同的市场中，购买大量股票或期权、债券或期货。程序交易者使用计算机跟踪世界各地市场上各种证券的价格，利用这些信息在价格便宜的地方购买，在价格稍高的地方出售（参见套利）。

购买力平价（Purchasing Power Parity, PPP） 与由市场决定的货币汇率不同，购买力平价理论关注的是货币在每个国家能够实际购买的东西，从某种意义上讲，是计算货币的购买力。通过购买力平价跟踪一篮子商品和服务的价格，包括从住房到理发，或从面包到电影票等，最终可以得到"真实世界"的汇率。购买力平价通常可以用来比较世界各地经济体的规模，而传统的汇率并不能反映整个情况。例如，如果使用官方汇率进行比较，中国生产的商品和服务的价格远低于欧洲或美国的；如果对中国生产的商品和服务使用与欧美同等的价格，那么中国的排名就会高得多。

看跌期权（Put Option） 看跌期权赋予持有人在一定时期内以一定价格出售某物的权利。与其他期权（参见看涨期权）一样，它是一种权利，而不是一种义务。因此，如果股票或债券的实际价格较低，持有人就会行使卖出的权利，以固定价格出售。其中，允许持有人出售标的证券的价格，称为履约价格。一个投资者如果认为某物的价格在未来会下跌，就会购买看跌期权，他希望在市场朝着预期方向发展的时候获利。随着标的资产的价格下降，看跌期权的价格将上涨。

量化宽松（Quantitative Easing） 面对2008年的经济崩溃，一些中央银行选择通过量化宽松政策刺激垂死的经济，利用其毫无限制的购买力在公开市场上购买大量债券，从而注入资金。中央银行使用量化宽松政策创造出以前市场中不存在的货币。基本上，中央银行每次潜入其"金库"（本质上是一个毫无限制的金融黑洞）"创造"资金，并用这些资金从银行或其他投资者手中购买现有债券。这种购买——通常被称为公开市场业务——最终为经济注入了新的资金，因为银行持有的不再是债券，而是从中央银行那里获得的现金。这些资金可以被用于向消费者和个人提供贷款，从而刺激经济增长。

配额（Quota） 在国际贸易中，配额是一国在一定时期内对进口商品数量的限制。与关税相比，配额能够更加有效地干扰国际贸易。面对关税，还可以降低商品的价格，以使其在实施贸易壁垒的国家中具有竞争力。而面对配额，一旦进口商品的数量达到了限量，实施贸易壁垒的国家就不会再进口任何价格的商品。幸运的是，当各国签署自由贸易协定时，配额通常是第一个被除去的贸易壁垒。

评级（Rating） 通常情况下，债券和股票会由专门的中介机构进行评级，以让投资者在不知悉所有财务细节的情况下进行比较。AAA 通常是最好的评级。公司或政府拥有 AAA 评级，意味着可以获得最优惠的贷款和其他融资条件。其他投资级包括 AA、A 和 BBB（或 Baa）。投资级（BBB）以下的评级都是投机级，包括 C 评级，一般拥有此等级的债券和股票都是有很大风险的。

理性预期（Rational Expectations） 现代经济理论大多都是基于理性预期的概念，即当人们掌握了所有可以获得的信息时，就会做出理性的决定。例如，在产品相同的情况下，人们就会购买低价的产品。不幸的是，消费者和商人并不总是理性行事；他们经常会购买自己喜欢的产品，即使这种选择可能不符合最佳经济利益。即使在经济学界，犯错也是人之常情。

真实（Real） 通常情况下，特别是在高通胀时期，最重要的还是关注数据，尤其是那些考虑到通胀影响的真实数据。例如，即使名义收入上升，一旦通货膨胀升高到足以抵消高工资，真实收入仍可能会下降。根据通货膨胀调整的任何价值都被称为真实价值。

房地产投资信托（Real Estate Investment Trust, REIT） REIT 投资者购买的是一种证券，一种代表在购物中心和公寓等"一篮子"

房地产投资中拥有的所有权凭证，而不是一处房产并持有多年，最后通过房地产经纪人出售。房地产投资信托不仅拥有某些税收优势，还可以让投资者像在报价市场上买卖任何股票或债券一样买卖这些证券，且不必担心还要修剪草坪或修理屋顶。

应收款项（Receivables） "小鸡被孵出来之前就要数清楚"。在资产负债表上，公司被欠的资产在实际回收之前，能够被公司看作一笔资产。实际上，这些应收资产可以出售或包装成证券在公开市场上被交易。应收款项一旦入账，就变成流动资产。

经济衰退（Recession） 经济衰退指长期的经济减速。通常情况下，如果经济连续两个季度停止增长，就 "官方"定义为衰退。当一个经济体被认为正走向衰退时，中央银行通常会降低利率，以刺激商品和服务的购买和商业投资。这种措施的实施通常会带来有益的影响，如经济的增长和失业的减少。不幸的是，情况并不总是如此。在21世纪的前几年里，即使日本将利率降至零，经济仍然萎靡不振。

回购协议 / 回购（Repurchase Agreements / Repos） 回购协议是指以一定的价格、在未来的某一时刻将出售的证券买回来。本质上，回购是一种贷款或一种短期投资。美联储或日本银行等中央银行经常使用回购协议向整个经济注入资金或从经济中撤出资金。当交易员听说美联储正在进行回购时，他们往往会采取相应的行动 —— 购买或出售，期望美联储的行动导致利率的上升或下降。

延期还付（Rescheduling） 当客户欠银行一小部分钱而不能偿还时，客户就有麻烦了；但当客户欠银行大量钱而不能偿还时，银行就有麻烦了。面对无法偿还贷款的问题借款人，债权人（银行或债权国）经常会将贷款延期，意味着给债务人更多的时间来还钱。如果一个国家在经济方面没有增长的希望，不能获得额外的资金，比如21世纪前几年的许多非洲国家，其贷款就会被免除，从债权人的账簿中删除。

留存收益（Retained Earnings） 公司在盈利的时候，可以选择以股息的形式将其净收入分配给公司股东，或者将其保留以备将来使用。仍然留在公司账簿上的没有分配的收益，被称为留存收益。

股本回报率（Return on Equity, ROE） 股本回报率反映了净收益与公司股票价格之间的关系。计算方法是，将公司在一年内赚取的利润除以公司用来创造这些利润的净资产。ROE用来衡量投资者运用资金创造收入的效率。

道路定价（Road Pricing） 为了减少公共道路污染和拥挤的情况，城市建立一个电子系统来监测道路的使用和收费状况。从圣地亚哥到伦敦，道路定价已经帮助大幅减少了进入城市中心的汽车数量。通过提高汽车在一天中的某些时间使用道路缴纳的费用，道路定价可以成为减少交通堵塞的强大经济诱因。进一步，往返上下班的人将更有效地利用道路，甚至转而选择污染较少的上班方式，如拼车或使用公共交通。

《萨班斯－奥克斯利法案》（*Sarbanes-Oxley*） 2002年，美国国会通过了《萨班斯－奥克斯利法案》，以应对公司滥用权力的行为，特别是针对安然公司（Enron）和世通公司（Worldcom）的破产。《萨班斯法案》（*Sarbox*），被官方称之为《2002年上市公司会计改革和投资者保护法案》，为上市公司开展业务的方式制定了新的标准，特别是公司董事会、管理层和会计师事务所的运作方式。

　　储蓄（Savings）　在任何经济中，储蓄是指没有被花费的收入。高储蓄率意味着有更多的钱可以用于企业投资，因为大多数储蓄都存放在银行里，银行可以将其贷出去用于其他用途。

　　储贷机构（Savings and Loan）　储贷机构是一种金融机构，吸收储户的钱并发放贷款，主要是为客户购买房地产提供资金。在英国，储贷机构式的银行通常被称为"房屋抵押贷款协会"（Building Societies）。

　　证券交易委员会（Securities and Exchange Commission, SEC）　SEC 是一个联邦机构，负责监督和监管美国的金融市场和证券交易。其首要目标是保护公众免受证券舞弊和欺诈。在世界经济中，职能最接近 SEC 的是设在瑞士巴塞尔的国际清算银行。

　　有价证券 / 证券化（Security/Securitization）　有价证券是一种代表价值的金融工具。有价证券可以是任何东西，从股票到污染权到储蓄债券；甚至欠条也是一种证券，因为它是一种承诺，预期会给持有人一些有价值的东西，通常是金钱。有时候，银行会将抵押贷款或信用卡债务等资产证券化，将它们分组打包，以债券或其他证券的形式出售给投资者。

　　A 轮 /B 轮（Series A/Series B）　风险资本的融资通常分几个阶段进行。风险投资者的第一笔重大投资赋予他们获得 A 股的权利，以补偿其提供的资金，这笔投资通常在 200 万到 1,000 万美元。一个典型的 A 轮风险投资会给予投资者 10%~30% 的股份，其余的由公司的创始人和初始投资者持有，如天使投资者（参见风险投资）或朋友和家人，他们为早期公司创立提供了资金。一轮融资通常持续一到两年，让公司开始建立公司品牌，并雇用第一批员工。下一轮被称为 B 轮，公司会继续发行新股（减少所有者的股份）给新的投资者，从而获得其提供的资金。

共享经济（Sharing Economy） 共享经济可以让我们接触到其他人未使用或闲置的资产。从汽车到名牌服装到度假屋，共享经济可以让每个人在不拥有所有权的同时，仍然可以永久获得所需的商品和服务。

做空（Short Sale） 在世界大多数股票市场，投资者只要同意在未来某个时候归还证券，就可以出售当前还未持有的股票。做空的原因是投资者认为股票的价格会下跌，并希望从未来的价格下跌中获得收益。投资者可以以较高的价格提前卖出。当他们在稍后的日期购买证券来弥补他们的空头头寸时，他们就能赚取价差。做空与做多相对，后者是比较传统的投资策略，买入证券并持有，期待价格在未来某个时候会上涨。

塞拉俱乐部（Sierra Club） 是世界上大型的环境组织之一。塞拉俱乐部在寻找经济激励措施方面发挥了主导作用，如实施道路定价以减少污染和环境破坏。塞拉俱乐部成立于 1892 年，由户外运动爱好者、保护主义者约翰·缪尔（John Muir）发起。

单一市场（Single Market） 欧盟不仅实施了共同的外部关税制度（参见关税同盟），还建立了一个单一的市场，确保商品、服务、资本和人员的完全自由流动。任何希望完全进入欧盟经济体的国家，包括坚持不加入欧盟的瑞士、冰岛和挪威，要想自由进入这一世界最大贸易体，就必须允许持有欧盟护照的人在他们的国家生活和工作。

亚当·斯密（Adam Smith） 现代经济学之父。亚当·斯密是18世纪一位开明的苏格兰人，他相信市场在自由发展时会运作得很好。他向世界介绍了一些概念，如市场是看不见的手、劳动分工等。他的著作《国富论》（*The Wealth of Nations*）为现代资本主义经济制度奠定了基础。

斯穆特－霍利关税法案（*Smoot-Hawley*） 1930年的斯穆特－霍利关税法案，提高了美国数千种进口商品的关税。其目的是通过鼓励本地生产来刺激经济，结果却偏离预期。当其他国家也提高关税进行报复时，美国的出口急剧下降，导致就业减少，经济恶化加剧。

社会意识投资/社会责任投资/企业社会责任（Socially Conscious Investing / Socially Responsible Investing / Corporate Social Responsibility） 有社会意识的投资者努力把他们的钱投资于符合特定世界观的公司或基金。例如，许多有社会意识的股票基金只投资于那些已经履行社会责任的公司，包括善待工人、使用可持续的资源、为砍伐一棵树而再种植一棵树。许多投资者也开始坚持认为，他们投入世界经济的资金是要支持对社会或环境产生有利影响的企业。养老基金、大学捐赠基金，甚至大银行，已经日益将每年投资的万亿资金的大部分作为影响力投资，以支持对社会或环境产生有利影响的企业。个人投资者也可以选择各种交易所交易基金（MSCI世界指数提供的多个ETF）和其他投资工具，集中投资于特别强调可持续性、社会效益和治理的公司和项目。

主权债务评级（Sovereign Debt Rating） 主权债务主要包括中央政府发行的债券或其他证券。与公司债务不同，主权债务得到了充分的支持——政府的信用和安全，被认为是最不可能违约的。如果主权债务是以本国货币发行的，则几乎不可能违约，因为政府所要做的就是发行货币来支撑债务。评级高的主权债务主要来自欧洲、北美和亚洲的富裕国家。例如，美国国债、英国国债和瑞士国债都被评为AAA级，是目前可以得到的高评级。

主权基金（Sovereign Fund） 许多国家没有将超额储备投资于债券或隔夜存款，而是建立了主权基金来进行股票投资，购买来自世界各地的公司或公司股票。

特别提款权（Special Drawing Right, SDR） 由国际货币基金组织创造的货币，作为黄金或其他货币的替代品。SDR在货币基金组织系统内用于记账和付款。许多国家也使用SDR作为储备货币。SDR的价值基于一篮子货币的价值，包括美元、日元和欧元。

经济特区（Special Economic Zone） 当一个政府想吸引外国投资和贸易到一个特定的地区时，有时就会建立一个特殊的经济区，在其中实施降低税收或减少进出口壁垒等激励措施。其目的是刺激经济活动，创造就业机会，提高区内生活水平。深圳是中国成功的经济特区之一。其他成功的经济特区包括巴西的马瑙斯（Manaus）、菲律宾的苏比克湾（Subic Bay）和约旦的亚喀巴特别经济区（Aqaba Special Economic Zone）。

投机（Speculation） 投机者购买或出售某物，只会出于一个目的：从投资后的价格上涨中获利。与利用市场差异赚钱的套期保值者和套利者不同，投机者认为自己了解市场上其他投资者没有发现的东西，然后通过在市场上买卖来实现获利（参见套利和对冲）。

现货市场（Spot Market） 现货交易的一种方式是立即交货并付款；另一种方式是在远期或期货市场上买卖，以固定的价格在未来的某个日期进行交割或支付。

价差（Spread） 购买价与销售价的差额。例如，当买卖外币时，买价和卖价会不同。如果买价和卖价之间的差额足够大，交易所就可以在价差上赚很多钱。理论上，如果价差足够大，且进行交易的时间足够长，买家最终几乎什么也得不到。

滞胀（Stagflation） 经济停滞和通货膨胀同时存在的现象。滞胀发生在高通货膨胀和低增长的经济体中。这种现象很少出现，是因为通货膨胀通常是经济过热的产物，而不是经济停滞的产物。对于中央银行来说，滞胀是一种最坏的情形，在很大的通胀压力下，即使是经济衰退也不足以缓解物价上涨的压力。

标准普尔（Standard & Poor's） 标准普尔是世界上大型的评级机构之一，通过浏览一家公司或一个国家或其他实体的账簿，对该公司、国家或其他实体的信誉做出评价。这种评价通常以字母的形式给出，例如 AAA 被用来描述最有信用的债务人。

股票（Stock） 持有股票意味着享有公司的部分所有权。这种所有权通常以称为股票或股份的纸张或电子簿记分录表示。股票持有者（又称股东）对公司的收益和资产享有所有权。如果公司盈利，任何持有公司股票的人都可以分享收益，通常以股息的形式得到支付。如果公司内部保留收益，股东仍然可以受益，因为积极的消息和现金的增加通常会使得公司股票价格的上涨。

股票指数（Stock Index） 股票指数是跟踪一组有代表性的股票的价格，以让投资者了解整个市场的运行情况。大多数股票指数都是加权平均的，因此投资者更重视大公司的股票；但道琼斯工业平均指数在技术上只是一个平均值，无论每一股的价格和交易规模如何，在判断任何一天的市场走势时都有相同的权重。

股指期货（Stock Index Future） 通过买卖股指期货，投资者可以从香港的恒生指数或纽约的标准普尔500指数等股票指数的上涨（或下跌）中受益。买入或卖出股指期货相当于买入或卖出指数中的所有股票。如果指数上涨，股指期货的买方将获得丰厚的利润。如果股票指数下跌，卖出股指期货空头的人也会获利（参见做空）。

股票期权（Stock Option） 股票期权赋予持有人在未来以一定的价格购买一定数量的标的股票的权利。卖出标的股票或其他资产的权利，称为看跌期权（卖出期权）。许多公司为员工提供看涨期权，允许他们在股价上涨时获利。股票期权的持有人，就像持有任何其他期权一样，在某种意义下不承担风险，因为如果市场波动不够大，不值得执行期权，期权就会简单地过期作废。

股票分割（Stock Split） 股票分割意味着上市公司的股票数量增加了，但公司的总市值未发生改变，唯一改变的是股票的价格。例如，100美元的股票通常被分割成两个50美元的股票，以便于交易。

股东权益（Stockholders' Equity） 有时称为净值。股东权益是公司资产减去公司负债后余下的部分。理论上，如果一家公司所拥有的资产可以清偿所有负债，剩下的部分就属于股东。

结构变化（Structural Change） 当劳动力或投资等生产要素发生根本变化时，经济就会发生结构性变化。在21世纪的经济中，技术进步和互联网的利用使经济增长和生产水平远远超过正常水平。

结构化投资工具（Structured Investment Vehicle, SIV） 是一种虚拟银行。结构化投资工具，可以让投资者利用短期资金，通常是商业票据，为购买长期证券提供资金。由于短期利率通常低于长期利率，大多数 SIV 可以通过利差或两种证券之间的利率差异赚钱。

次级债务 / 次级抵押证券（Subprime Debt / Subprime Mortgage Securities） 发放给信用评级不完善或不良借款人的贷款。次级债务通常需要提供较高的利率来补偿借款人承担的更高的风险。有时候，这种次级债务会被重新包装成理论上风险较低的证券（参见担保债务凭证）。

附属公司（Subsidiary） 被另一个公司控制的公司称为附属公司。控股公司是附属公司的母公司，其通过拥有足够多的股份来控制附属公司董事会的组成，最终获得控制权。会计处理上，附属公司被视为一个单独的实体，自行缴纳税款，并受当局的单独管制。完全融入母公司的公司称为部门。全资附属公司，其全部股份归母公司所有，也称为分支机构。

补贴（Subsidy） 补贴是政府向企业提供的一种补偿，表面上是为了帮助其渡过经济困难时期。大多数补贴被指责是浪费纳税人的钱，因为最终往往"奖励"了低效；在许多经济体中，管理不善和效率低下的行业，如果不能得到慷慨的政府补贴就无法生存，如造船、炼钢以及制糖和棉花生产这样的农业企业。

供给和需求（Supply and Demand） 所有自由市场经济的运作都是基于以下约束：任何商品或服务的供应量都是有限的。任何商品，比如汽油和小麦，越稀缺，其价格就越高。供求定律会让消费者和企业以最经济合理的方式决定资源的分配。

供给学派（Supply-Side Economics） 供给学派认为生产者和消费者比政府更能刺激经济增长。他们的观点是减少税收，减少政府手中的钱，把资金转移给更有生产力的公司和个人。通过减少税收，消费者和企业可以将更多的资金用于储蓄和投资，相对于增加政府支出向经济注入资金，这种方式刺激经济增长的效率更高（参见拉弗曲线）。

盈余（Surplus） 当有更多的资金进来而不是出去时，就出现了盈余。例如，当一个国家对国外的销售出口超过进口时，就会出现贸易顺差，从而增加了外汇的流入。当政府的税收超过支出时，就出现了预算盈余。

互换（Swap） 互换是指两个或两个以上的交易对手（如银行）之间进行交易，以交换不同的资产或负债。互换使得交易双方可以获得恰当的资产和现金流组合。例如，一家银行将日元资产换成美元资产，或者将浮动利率贷款换成固定利率贷款，以降低风险并提高盈利能力。

协同作用（Synergy） 当两个或两个以上的主体结合各自特定的技能或资产获得了共同利益时，就被认为是产生了协同作用。在国际贸易中，协同作用是指让每个国家更有效地生产和出口其具有相对优势的商品和服务。理论上，当每个国家都被允许做其最擅长的事情时，每个人就会过得更好。

收购（Takeover） 任何人一旦拥有或控制足够多的股份，就可以收购公司。例如，在敌意收购中，外部投资者通常借入大量资金购买足够多的股票，以达到收购公司的目的。收购之后，他们就会按照他们认为合适的方式对公司进行重组，通常会出售公司资产来偿还用于收购的债务。在许多情况下，管理层会通过重组公司使新投资者难以盈利，从而避免敌意收购（参见毒丸）。

有形净值（Tangible Net Worth） "真实世界"中的公司。有形净值是一种会计方法，通过查看公司的有形资产和负债（包括从汽车和现金到银行存款和贷款的一切）来评估公司。无形资产，如品牌名称和商誉，因为没有可量化的价值，被排除在外。但21世纪的许多公司，如网飞或脸书，几乎没有有形资产，其通过在线服务创造利润的能力是其净值的大部分。

关税（Tariff） 关税是对进口商品征收的税。在大多数情况下，关税是对进口商的一种"惩罚"——政府向其征收申报价值的百分之几到超过百分之百不等的关税。政府将这些钱装进口袋，并使得进口商品与当地市场生产的商品相比不再具有竞争优势。事实上，就贸易壁垒而言（参见补贴和配额），只要你有足够多的钱来支付进口的额外成本，关税是最容易绕过的贸易壁垒。大多数自由贸易协定的目标是消除配额，降低关税和补贴。

避税天堂（Tax Haven） 对个人或公司征收极低税率的国家被称为避税天堂。如加勒比或太平洋的小岛屿，通过减少甚至取消对利润或收入的税收，吸引了大量商务和私人财富。一些国家，如摩纳哥和瑞士，尽管税率不像其他离岸岛屿那样低，只是比邻国低，也被认为是避税天堂。

第三世界（Third World） 在第二次世界大战后的几十年里，世界被划分为三个不同的经济区域：发达资本主义国家（第一世界）、共产主义或苏联国家（第二世界）和世界其他新兴经济体（第三世界）。然而，到21世纪初，"第三世界"一词已经失去了许多原来的含义。苏联的第二世界已经崩溃。许多新兴经济体，如智利、新加坡和韩国，其发展水平已经超过了第一世界中许多经济发达国家。

贸易余额（Trade Balance） 一个国家的贸易余额包含了所有进出口货物和服务的购买金额和销售金额的差额，还要加上如外债利息支付等的所有国际金融转移。这种余额让我们知道谁有贸易逆差，谁有贸易顺差。许多人将经常账户称为贸易余额，但它们并不完全相同。经常账户除了进出口货物和服务的贸易外，还包括收入的使用情况。

透明国际（Transparency International） 透明国际是一个总部设在柏林的国际组织，其宗旨是与经合组织等其他国际组织合作，调查和揭露世界各地的腐败现象，从而打击世界经济中的贪污贿赂行为。其有效的工具之一是发布鼓励和纵容商业腐败行为的国家和公司名单。

未充分就业（Underemployment） 经济学家所定义的未充分

就业是指劳动力未得到充分利用的状态，这些劳动力大多从事非全日制工作或工作水平远远低于其培训和资格水平。计算失业率通常不会将未充分就业的人计算在内，而只计算那些正在积极寻找工作的人，比如在政府就业办公室等官方机构登记的人。

失业（Unemployment） 失业率是颇受关注的经济统计数据之一。它可以告诉政治家和经济学家一个经济体该如何更好地运行、该如何监管。当失业率过高时，经济需要刺激；当失业率过低时，经济需要放缓，通货膨胀可能会重新抬头（参见菲利普斯曲线）。有观点认为，一定数量的失业对经济是有利的，而必须有一些人处于寻找工作的状态，以保持经济的平稳运行。

独角兽（Unicorns） 创造的价值超过10亿美元的初创公司被称为独角兽，它们在风险投资者中树立了罕见的神话地位（参见风险投资）。独角兽的例子包括爱彼迎、Pinterest和滴滴出行。这个词是风险投资家李爱玲在2018年提出的。价值超过100亿美元的公司被称为"十角兽"。

单边贸易壁垒（Unilateral Trade Barrier） 就像一只手在黑暗中挥舞一样，单边贸易壁垒是由一个国家自行实施的进口限制。这些壁垒通常是为了保护当地生产者免受外国竞争的影响而实施的；理论上，这给了他们更多的时间来提高自己的生产力和效率。但问题是，当地生产者的市场一旦乐于得到政策的保护，就很少会为改进产品或降低价格做出更多的努力。另外，单边贸易壁垒也往往会导致其他国家实施自己的壁垒。

联合国贸易和发展会议（United Nations Conference on Trade

and Development, UNCTAD) 联合国贸易和发展会议是联合国大会的主要机构，主要处理与贸易、投资和发展有关的问题；定期召集相关国家参加论坛，以解决与国际贸易和发展有关的问题。

联合国开发计划署（United Nations Development Programme, UNDP） 联合国开发计划署的设立是为了促进世界各地的可持续发展。其目标是帮助一些发展中国家创造就业机会，保护环境，并最终消除贫困。它的总部设在纽约市，其资金来源于联合国成员国的自愿捐献。

美国－墨西哥－加拿大协定（*United States–Mexico–Canada Agreement, NAFTA*） 2018年达成的这一协议取代了《北美自由贸易协定》，它是在《北美自由贸易协定》的基础上对其进行略微修改而成的。这项新协议更新的内容涉及知识产权保护、数字版权、环境政策和劳动政策等方面。对原来的《北美自由贸易协定》的唯一重大改变与汽车制造业有关。为了获得进口汽车免关税的资格，75%的汽车零部件必须在北美制造，至少40%的汽车制造工作必须由时薪高于16美元的工人完成。美国企图插入一条"日落"条款，即在没有获得三国政府批准的情况下每5年自动终止协议，但加拿大和墨西哥均拒绝接受美国这一试图改变争端解决机制的做法。

全民基本收入（Universal Basic Income） 为了减少收入不平等，一些人建议建立最低收入制度（有时称为普遍基本收入），为经济中的每个成员提供不依赖于个人需求的生活工资。与美国的粮食券或英国的救济券不同，全民基本收入将提供给所有人，而不论其收入水平如何。在大多数情况下，全民基本收入的资金基本来源于政府。在没有石油或天然气特许权使用费等独立收入来源的情况下，全民基本收入的资金将来自向公司或有工作的人增加征收的税费。

增值税（Value-Added Tax） 在生产的每个阶段，产品的价值都会增加，个人或公司必须每次为增加的价值支付额外的税，这种税称为增值税。其想法是使税收累进，并在生产者和消费者之间更均匀地分配税收负担。与仅在最终销售时才支付的销售税相比，生产过程中每个主体都支付增值税。除美国外，几乎所有现代工业经济国家都征收增值税。

货币流通速度（Velocity of Money Circulation） 经济学家用"货币流通速度"一词来描述经济增长情况下货币的利用状况。货币的"速度"告诉我们，一个经济体是如何利用由其支配的货币的。当一个国家的国内生产总值很大而货币供应量相对较小时，货币的流通速度就很高。

风险投资（Venture Capital） 向没有利润而有很大增长潜力的新公司投资，称为风险投资。风险投资者认为需要尽早投资一个公司。一旦公司最终繁荣发展并开始赚取利润时，公司股价会飙升，风险投资者以及其他早期投资人就可以获得巨大的回报。利用自己的钱进行投资的风险投资者，有时被称为天使投资人，这反映了一个事实，即如果没有风险投资者的进入，这家新兴公司就无法生存。

波动（Volatility） 波动指价格随时间的推移而变动，例如一支高度波动的股票，其价格变化很大，并且经常变化。从本质上说，波动衡量的是变化的频率和幅度。大多数投资者不喜欢波动。波动是决定价格不断变化的股票或债券或任何其他证券的价格的一个重要因素。

工资-价格螺旋形上升（Wage-Price Spiral） 工资-价格螺旋形上升的通货膨胀是指，价格迅速上涨，然后同样迅速地要求更高的工资，这进一步导致价格上涨更多。就像众所周知的有关鸡和蛋的问题一样，没有人知道二者中谁是第一个出现的，是工资先上涨还是价格先上涨，人们也不得而知，但最终的结果总结为一个词：不受控制的通货膨胀。

华尔街 / 伦敦城 / 班霍夫街 / 东京都中央区（Wall Street / the City / Bahnhofstrasse / Kabuto-cho） 金融交易的中心，通常是在一些主要街道或地区。伦敦城是大多数银行和交易公司的所在地；纽约金融中心被称为华尔街；在苏黎世，是在班霍夫街；在东京，是在东京都中央区；在中世纪，威尼斯是世界经济的中心，银行和货币商聚集在里亚尔托桥（Rialto Bridge）周围。因此，在莎士比亚（Shakespeare）的《威尼斯商人》（*Merchant of Venice*）一书中，夏洛克有句著名台词："里亚尔托有什么消息？"

权证（Warrant） 权证代表一种权利而不是义务，其持有人有权在一定时间内以一定价格购买股票或其他证券。这就像期权（参见看涨期权），但权证通常不在公开的交易所交易。认股权证通常附在债券上，以使债券更具吸引力，并使得发行人可以支付较少的利息。

福利国家（Welfare State） 福利国家是指其政府对公民的健康和福祉承担主要责任的国家，而不是期望个人照料一切的国家。许多现代经济体都建立在福利国家模式的基础上，教育、医疗保健甚至创造就业机会都是由中央政府提供的。

白衣骑士（White Knight） 在商业上，白衣骑士是指帮助别人的公司或人。在收购的博弈中，白衣骑士是指帮助管理层的人，其帮助管理层阻止不必要的收购 —— 通过同意购买足够多的股份。

预扣税（Withholding Tax） 在收到股息或其他形式收入时要扣除的税款称为预扣税。在大多数国家，支付债券利息和股票股利须缴纳预扣税，税务当局会要求先行缴纳预扣税，也即预扣税会自动从归于股票或债券持有人的款项中提前扣除。

世界银行（World Bank） 世界银行与国际货币基金组织同时成立，每年向一些发展中国家提供数十亿美元贷款，主要用于消除贫困和鼓励经济增长的长期项目。与国际货币基金组织主要提供短期贷款和援助不同，世界银行主要寻求解决世界贫穷国家的问题的长期办法。世界银行的大部分资金来自发达国家的捐款和国际资本市场的借款。

世界经济论坛（World Economic Forum） 世界经济论坛每年在瑞士达沃斯举行。会议通过一个非正式的场合，将商业领袖和政治家聚集在一起，讨论和指导世界上的主要社会和经济问题。

世界知识产权组织（World Intellectual Property Organization, WIPO） 世界知识产权组织总部设在瑞士日内瓦。从其名称可以看出，它是一个促进世界经济中知识产权保护的组织。这个联合国组织提供了一个国际论坛，以解决棘手的知识产权问题，如制药专利和音乐版权的有效期。

世界社会论坛（World Social Forum） 世界社会论坛每年举行一次，汇集有社会意识的领导人，在一个比世界经济论坛（达沃斯世界经济年会）更少涉及 "资本主义" 的环境下讨论世界问题。这两个会议通常同时举行（参见世界经济论坛）。

世界贸易组织（World Trade Organization, WTO） 世界贸易组织总部设在瑞士日内瓦，它为争端国提供了一个论坛，以达成协议消除或减少贸易壁垒。当世贸组织做出裁决时，有错的国家应该消除非法贸易壁垒。如果不这样做，遭受贸易壁垒的国家就被允许建立自己的贸易壁垒，这种贸易壁垒通常是以关税的形式。

世界自然基金会 / 世界野生动植物基金会（World Wide Fund for Nature / World Wildlife Fund, WWF） 世界自然基金会总部设立于瑞士格朗，是世界上保护濒危物种的首要组织。在美国和加拿大，人们仍采用它原来的名称——世界野生动植物基金会。

收益率（Yield） 收益率，即投资的回报率，通常以百分比表示。例如，当说债券的收益率为 8% 时，购买者就会期望每年平均获得 8% 的收益，直到债券被赎回为止。收益率几乎可以用来衡量世界经济中的任何投资，从房地产到股票和共同基金。

无息债券（Zero-Coupon Bond） 显然，无息债券必须提供一些额外的东西，以使其对投资者具有吸引力。无息债券几乎总是以折价出售。买方支付的价格低于债券的票面价格，因为他们知道，在未来的确定时间点能够获得债券面额的全额偿还。购买价格和赎回价格之间的差额，就是投资者投资的债券所提供的利息。

零和博弈（Zero-Sum Game） 零和博弈，即一方的损失等于另一方的收益。这个概念是在博弈论的背景下发展起来的，在博弈论中，各主体会合理地做出经济和政治决策，并产生明确的赢家和输家。但是，在现实世界中，很少有真正的零和游戏。发明更好的捕鼠器并不会伤害任何人，除了一些效率低下的捕鼠器制造商和老鼠之外。